교육학의 이해

조발그니

◆

류정희

◆

오선아

◆

김진영

◆

김선미

박영story

머리말

　학생들에게 '교육'은 지겨운 것입니다. 거기에 '학'이라는 것이 더 붙었으니 얼마나 지겹고 얼마나 따분하고 얼마나 머리 아프게 느껴질까요? 그래서 교육학을 가르쳐야 하는 저희는 교육학을 어떻게 하면 조금 더 쉽게 조금 더 편하게 조금 더 친숙하게 담아낼 수 있을까를 먼저 마음에 두었습니다.

　이 책은 교육학개론을 수강하는 학생들을 위해 구성되었습니다. 즉, 개론이라는 것이 그러하듯 교육학을 처음 접하는 학생들을 위한 것입니다. 따라서 이 책을 쓰게 된 첫 번째 목적은 학생들이 이해할 수 있는 언어로 그들의 눈높이에서 책을 쓰는 것이었습니다. 이를 위해 우선 교육학의 여러 가지 내용 중에 가장 핵심적인 내용을 선별하였습니다. 그러다 보니 일부 영역이 배제되어 또 다른 '영 교육과정'이 이루어졌습니다. 교육학을 배우는 데 있어서 기초가 되는 이론과 내용에 중점을 두었습니다.

　둘째, 설명을 자세히 하려고 노력했습니다. 학생들의 시선에서 이해가 수월할 수 있도록 많은 예시를 사용했습니다. 그래서 되도록 저희가 강의 중 사용하는 예들을 글로 풀어 쓰려고 노력했습니다. 이런 예들의 대부분이 저희가 강의 중에 사용하는 것이어서 때로는 투박하고 어설프기도 합니다. 하지만 학생들이 교육학에 다가가는 데 도움이 되기를 바랍니다.

　셋째, 보충자료를 충분히 활용하고자 하였습니다. 글로 부족한 예를 그림을 이용해 보충하였습니다. 그리고 참고자료로 교육학을 처음 접하는 학생들의 이해를 돕고자 하였습니다.

　넷째, 각 장마다 도란도란 토론을 첫머리 혹은 마무리에 두어 교육학이 학생들의 삶의 문제와 관련되어 있음을 나눌 수 있게 하였습니다. 교육학개론의 특성상 여러 과가 같이 듣거나 혹은 저학년 학생들이 수강하기 때문에 자신들의 교육과 관련된 경험을 나눔으로써 교육학과 관련된 삶의 문제를 공유하며 공감대를 형성하고 학생들끼리 '라포(rapport)'를 형성하는 기회를 제공하려고 했습니다.

　다섯째, 각 장 마무리에 각 장의 내용을 정리하는 의미로 기출문제를 구성했습니다. 이를 통해 학생 스스로 각 장의 내용을 돌아볼 기회를 제공했습니다. 갓 대학을 들어온 신입생들의 경우, 고등학교 때처럼 핵심 정리가 없는 대학 강의에 당황해하는 경우가 있는데 이를 통해 조금이나마 도움이 되었으면 합니다.

여섯째, 참조할 영상을 기재하였습니다. 지문으로 읽는 것보다 때로는 영상이 내용을 효과적으로 이해하는 데 도움이 됩니다. 각 장의 참조할 영상들은 실제 저희들이 강의 때 활용하는 영상이기 때문에 교육학과 친숙해지는 데 도움이 될 것입니다.

2장과 4장은 조발그니 교수, 1장과 9장은 류정희 교수, 5장과 10장은 오선아 교수, 7장과 8장은 김진영 교수, 3장과 6장은 김선미 교수가 집필하였습니다. 이처럼 각 저자의 주요 관심에 따라 각 장의 주요 집필자가 구분되었지만, 저자들은 용어의 사용, 교재의 구성 체제, 내용 범위 등에 대해 여러 차례 논의하고 윤독하면서 함께 이 책을 완성하였습니다.

교육학개론이라는 과목은 교육과 관련된 직업을 택하려는 학생들이 처음 접하는 과목입니다. 따라서 이 과목에서의 수강 경험을 통해 자신이 택한 전공이 적성에 맞느냐 맞지 않느냐를 결정할 수도 있습니다. 그렇기에 더더욱 저희 저자들은 학생들이 좀 더 편하고 쉽게 교육학을 만나게 하고 싶었습니다. 적어도 저희에게 교육학은 '자세히 보면 예쁘고 오래 보면 사랑스럽기' 때문입니다. 그리고 한 학기를 마쳐 갈 무렵 강의실에서 만나는 학생 모두가 '그렇다'는 것을 깨닫기를 희망하기 때문입니다.

저희와 함께 강의실에서 웃고 울고 즐기고 싸웠던 학생들에게 먼저 감사를 드립니다. 그들과의 시행착오가 없었다면 이 책의 많은 내용은 갈피를 잡지 못했을 것입니다. 또한 더불어 부족한 책을 흔쾌히 출발하게 허락해 주신 박영사 이영조 부장님, 이후근 대리님, 편집과정에서 수고해 주신 김다혜 선생님께도 감사드립니다. 이 책의 의도와 목적처럼 교육학을 처음 접하는 학생들에게 친숙하고 편하지 못하다면 순전히 저희 탓입니다. 그리고 이러한 부족함이 다음에는 더 매만져지고, 다듬어져서 세련되어질 수 있도록 노력하겠습니다.

2022년 2월

저자 일동

CONTENTS
목 차

도란도란 함께 나누기

내가 교육을 통해 얻은 것과 잃은 것은 무엇인가?

우리는 왜 교육을 하고, 교육을 받을까?

1

교육학의 이 해

우리는 모두 긴 시간 교육을 받아왔다. 사교육을 제외하더라도 어린이집, 유치원, 초등학교, 중학교, 고등학교라는 15년 이상의 과정을 거쳤다. 최근에는 제도권 교육이 아닌 홈스쿨링이나 대안학교를 선택하는 학교 밖 청소년도 많아지고 있지만 그들 또한 어떤 형태로든 교육을 받고 있다. 그렇다면 우리는 왜 교육을 받는가? 교육은 과연 나에게 어떠한 영향을 주는가? 교육과 나는 무슨 관계가 있는가? 이러한 질문에 대한 답을 찾기 위해서 교육에 대한 이해가 선행되어야 할 것이다.

교육을 한마디로 정의하기는 쉽지 않다. 왜냐하면 교육은 언어보다 더 먼저 있었기 때문이다. 따라서 우리는 교육이라는 말이 동양과 서양에서 어떻게 시작되었으며, 그들은 교육이라는 개념을 어떻게 이해했는지, 나아가 교육에 대한 비유적 설명을 통해 교육을 어떻게 설명하고 있는지를 살펴볼 필요가 있다. 더불어 교육의 구성요소와 교육의 목적, 교육의 유형을 살펴보고, 교육학과 교육학의 하위영역에 대해 알아보는 것으로 교육학에 대한 개괄적인 이해를 하고자 한다.

어원으로 보는 교육

가. 동양의 어원

동양에서 교육(敎育)이라는 단어가 처음 등장한 곳은 『맹자(孟子)』의 진심장(盡心章) 상편(上篇)이다. 여기에 군자의 세 가지 즐거움(君子有三樂)이 소개되어 있다.

"부모님이 살아계시고 형제들이 아무 탈 없이 살고 있는 것이 첫 번째 즐거움이요, 우러러보아 하늘에 부끄럽지 않고 굽어보아 사람들에게 부끄럽지 않은 것이 두 번째 즐거움이며, 천하의 영재를 얻어 교육하는 것이 세 번째 즐거움이다(父母俱存 兄弟無故 一樂也, 仰不愧於天 二樂冶, 得天下英才 而教育之 三樂也, 부모구존 형제무고 일락야, 앙불귀어천 이락야, 득천하영재 이교육지 삼락야)."

군자삼락 : 군자의 세 가지 즐거움

군자의 세 가지 즐거움 중에서 세 번째 즐거움, 즉 천하의 영재를 얻어 '교육'하는 것에 처음으로 교육(敎育)이라는 단어가 등장하였다. 한자어의 뜻을 명확하게 풀이해주는 중국의 자전(字典) 『설문해자(說文解字)』에 따르면, 교육(敎育)의 첫 글자 가르칠 교(敎)는 "윗사람이 베풀고 아랫사람은 본받는" 가르치는 이의 행위를 의미하기도 하고, "윗사람이 베푸는 것과 아랫사람이 본받는" 가르치는 내용을 일컫는다. 두 번째 글자 기를 육(育)은 "자녀를 길러 착하게 만든다. 혹은 자녀를 착하게 살도록 기른다."는 뜻을 갖는다. 이러한 의미에서, 교육이란 어떤 사회(공동체) 안에서 살아가는 방식에 대해 잘 알고 있는 부모나 교사가 미성숙하고 불완전한 자녀나 학생에게 살아가는 데 필요한 삶의 방식을 솔선수범하여 가르치고 양육하는 것을 의미한다. 이때 교육이란 윗사람과 아랫사람의 수직적인 관계를 가정하고 있다. 윗사람인 교사, 부모, 어른이 교육의 주체로서 가르치고, 아랫사람인 학생, 자녀, 아동은 가르침을 수용해야 함을 내포하고 있다. 국립국어원 표준국어대사전에서는 '교육'을 지식과 기술 따위를 가르치며 인격을 길러준다고 정의하고 있다.

우리말 '가르치다'는 'ᄀᆞ르치다'를 어원으로 하고, 표준국어대사전에 다음과 같이 정의되고 있다.

① 지식이나 기능, 이치 따위를 깨닫게 하거나 익히게 하다.
　예) 저는 지금 초등학교에서 어린아이들을 가르치고 있습니다.
② (주로 '버릇', '버르장머리'와 함께 쓰여) 그릇된 버릇 따위를 고치어 바로잡다.
　예) 이번 기회에 아이의 버릇을 제대로 가르칠 작정입니다.
③ 교육 기관에 보내 교육을 받게 하다.
　예) 그는 자식을 가르치느라고 재산을 모으지 못했다.

이 '가르치다'라는 말은 '가르다'와 '치다'의 합성어이다. '가르다'라는 말은 '가라사대'와 같은 어근으로 '말하다' 혹은 '가리키다'라는 의미를 지닌다. 또한 '가르다'는 '분별하다', '나누다'와 같은 뜻을 지닌다. 반면 '치다'는 '쇠붙이 따위를 달구어 두드려서 연장을 만들다'의 의미를 지닌다. 이러한 어원적 의미를 해석하면 교육을 의미하는 우리말 '가르치다'는 어른이 말이나 지시를 통해서 아이들을 분별이 없는 상태에서 세상의 이치를 잘 깨닫고 이해할 수 있는 상태로 만드는 것을 의미한다(성태제 외, 2012).

나. 서양의 어원

교육을 뜻하는 대표적인 영어 단어에는 'education'과 'pedagogy'가 있다. 라틴어에서 유래한 'education'이라는 단어는 두 가지 어원을 지닌다. 하나는 educare(에듀카레)인데, 이 말은 e(ex, 밖에서)＋ducare(dare, 주다)가 결합되어 '양육하다(bring up)'라는 의미를 지닌다. 즉, 부모가 자녀를 양육하는 것과 같이, 미성숙한 상태에 있는 아동을 성숙한 상태로 끌어올리는 것을 뜻한다. 다른 하나는 educere(에듀케레)인데, 이 말은 e(ex, 밖으로)＋ducere(docere, 일러주다)가 결합되어 '이끌어내다(lead up)'라는 의미를 지닌다. 즉, 부모나 교사가 자녀나 아동이 내면에 가지고 있는 잠재능력과 적성 등을 잘 실현하도록 도와주는 것을 의미한다.

이 두 어원은 혼용되기도 하지만 엄밀한 의미에서는 다른 의미로 사용되고 있다. 즉, 한쪽은 미성숙한 아동을 양육하는 것에 주안점을 둔다면, 다른 한

쪽은 아동의 가능성 실현에 초점을 둔다. 이는 사자성어 "줄탁동시(啐啄同時)"를 떠올리게 한다. 줄탁동시에서 줄(啐)은 병아리가 알에서 깨어날 때 알 속의 병아리가 껍질을 깨뜨리고 나오기 위하여 껍질 안에서 쪼는 것을 의미하고, 탁(啄)은 어미 닭이 밖에서 쪼아 깨뜨리는 것을 의미한다. 즉, 알에서 병아리가 나오기 위해 줄과 탁이 동시에 이루어진다. 이와 같이 교육은 가르치는 자와 배우는 자 간의 동시적 행위이다.

병아리가 알 속에서 우는 소리를 내면
어미가 밖에서 껍질을 쪼아
새로운 생명이 세상에 태어납니다.
모든 새로운 탄생을 위해서는
줄과 탁이 동시에 이루어져야 합니다.

신영복, 『처음처럼』 中

줄탁동시(啐啄同時)

'pedagogy'는 그리스어 παιδαγογος(paidagogos)에서 유래했다. 이 단어는 παιδος(paidos, pais, 어린아이)와 αγογος(agogos, ago 인도하다)의 결합어로 어린이를 이끈다는 의미를 지니고 있는데, 고대 그리스 시대에 가르치는 노예인 교복(敎僕)을 뜻한다. 교복은 귀족의 자녀를 학교에 데려다 주고 데려오는 일을 하고, 가정에서 기본 예의범절과 생활태도 등을 가르치는 보호자이자 가정교사였다. 귀족 자녀는 신분상으로는 자유인이지만 성인이 될 때까지는 교복 없이는 집 밖으로 나갈 수 없을 정도였고, 노예인 교복의 지시에 따라야 했다. 이 말에서 유래한 pedagogy는 미성숙한 아동을 가르치고 양육한다는 의미를 가지고 있다. 현재의 pedagogy는 교육학을 뜻한다.

비유로 보는 교육

가. 주형의 비유

주형(鑄型, mold)이란 거푸집과 같은 의미로 만들려는 물건의 모양대로 속이 비어 있어 거기에 쇠붙이를 녹여 붓도록 되어 있는 틀을 말한다. 붕어빵 틀이 그 예이다. 주형의 비유는 교육을 장인이나 제작자가 쇳물이나 진흙을 일정한 모양의 틀에 부어 어떤 모양을 만들어 내는 일과 유사하다고 보았다. 이 비유에서 교사는 장인이나 제작자에, 학생은 쇳물이나 진흙과 같은 재료에 해당한다. 즉, **주형의 비유**에 따르면 교육이란 교사나 사회가 원하는 대로 혹은 이미 정해진 방식에 따라 학생들을 가르치고, 학생들은 수동적으로 교사의 지도에 따라 틀에 맞게 변화하는 것이다.

주형의 비유는 교육에 대한 전통적 관점으로 인간이 타고난 유전보다 환경, 즉 교육의 힘에 의해 결정된다는 주장이다. 대표적 학자는 로크(Locke)와 행동주의 학자들이다. 로크는 인간이 태어날 때의 상태는 백지와 같으며, 인간은 경험을 통해 백지에 어떤 그림을 그리게 된다고 주장한다. 즉, 부모나 교사가 아동에게 어떤 경험을 제공하느냐에 따라 아동은 변화한다고 본다. 행동주의 학자들도 이와 같은 주장을 한다. 이들은 자극과 반응에 따른 조건화를 통

주형의 예: 붕어빵 틀

해 어떤 인간도 원하는 방식으로 만들 수 있다고 주장한다. 대표적 행동주의 학자인 왓슨(Watson)은 몇몇 반사행동과 기본 정서를 제외한 정신능력이나 성격은 모두 학습된다고 주장하였다. 왓슨의 이러한 극단적인 주장은 "나에게 건강한 유아 열두 명을 주십시오. 그러면 잘 만들어진 나의 특별한 세계에서 그

들을 키울 것이고, 그들의 재능, 기호, 버릇, 적성, 인종과 관계없이 의사나 변호사 혹은 예술가나 기업의 사장 등 원하는 어떤 전문가로도 키울 수 있습니다. 거지나 도둑이 되게끔 훈련하는 것도 물론 가능합니다."라는 말에 잘 나타나 있다(신현숙 외, 2020).

이처럼 **주형의 비유**는 교사가 계획한 대로 학생에게 무엇인가를 가르치고 변화를 유도할 수 있다는 교육의 가능성을 말한다. 이 비유는 의도적인 교육에 설득력을 제공하지만, 교사는 일방적으로 가르치는 존재이고, 학생은 그러한 가르침을 일방적으로 받아들이는 수동적인 존재로만 인식된다는 문제가 있다.

나. 성장의 비유

성장(成長)**의 비유**는 주형의 비유와는 상반된 입장이다. 이 비유는 식물이 시간이 지나면 스스로 자연스럽게 자라는 것처럼 아동 역시 강요나 주입이 없을 때 잠재 가능성을 자연스럽게 실현한다는 관점이다. 이때 교사는 식물을 가꾸는 정원사처럼 아동이 잘 성장할 수 있도록 환경을 조성해주거나 도와주는 역할을 한다. 이 비유에 따르면 식물의 성장이 전적으로 식물의 고유한 특성과 자연법칙에 따라 이루어지듯이 교육도 아동이 가진 특성과 잠재 능력을 발달단계에 따라 자연스럽게 발현해 가도록 도와주어야 한다(성태제 외, 2012).

대표적인 학자 루소(Rousseau)는 가지고 태어난 본성(nature)을 실현하는 것을 교육으로 보는 자연주의 교육론을 주장했다. **자연주의**란 궁극적 실재를 눈에 보이는 자연 안에서 찾는 것을 말한다. 자연 안에는 아름다운 질서가 있고, 그것에 따라 살아가는 것이 올바르다는 생각이다(정윤경, 2010). 루소의 교육론이 집약된 책 『에밀(Emile)』은 소설 형식으로 에밀이라는 아이가 성장해가는 발달 과정을 그리고 있다. 에밀을 통해 루소는 인간의 선한 본성과 발달단계에 따른 교육을 주장하였다. 이러한 루소의 교육사상은 진보주의 교육학자들에 영향을 미쳐 아동중심교육의 근거가 되었다.

성장의 비유는 아동의 요구나 흥미, 잠재 능력 그리고 심리적 발달단계에 관심을 두고, 교육이 '무엇을 가르칠 것인가'에서 '누구를 가르칠 것인가'로 관

> **⊃ 에밀의 서문 중 일부**
>
> 모든 것은 조물주의 손으로부터 나올 때는 더할 나위 없이 선하나 인간의 손에 들어오면 모든 것이 타락한다. 인간은 어떤 땅에 다른 땅의 산물을 재배하려 하고, 또 어떤 나무에 다른 나무의 열매를 열리게 하려 애쓴다. 인간은 기후와 환경과 계절을 뒤섞고 혼동시켜 버린다.
>
> (중략)
>
> 인간은 자연이 만든 것은 아무것도 그대로 원하지 않는다. 인간 그 자체까지도 마치 조마장의 말처럼 인간을 자신을 위해 길들여 놓는다. 마치 정원수와 같이 자기 취향에 맞추어 구부려뜨려 놓는 것이다.
>
> 정윤경(2010) 참조.

점을 전환했다는 데 의미가 있다. 그러나 이 비유는 교육에 있어서 교과와 그것을 가르치는 교사의 역할을 과소 평가하는 경향이 있다(성태제 외, 2012).

다. 성년식의 비유

주형의 비유는 교육내용을 강조하고 교육방법을 간과했으며, 성장의 비유는 교육방법을 강조하고, 교육내용을 간과한 경향이 있다. 성년식의 비유는 교육내용과 교육방법이 분리될 수 없음을 주장하여 주형의 비유와 성장의 비유를 통합하는 입장이다. **성년식의 비유**는 교육이 아동들을 '문명화된 삶의 형식으로 입문시키는 일'이라고 보았다(이지헌 외, 2010).

성년식이란 사회의 공식 구성원으로 인정을 받는 것을 의미한다. 원시부족사회에서는 성년식을 성공적으로 마칠 경우, 성인으로서 인정받고 자기 역할이 부여된다. 아프리카 원주민의 경우, 낭떠러지에서 떨어지거나, 맹수를 손으로 사냥하는 등의 예식을 거쳐 용맹을 시험한 후 구성원으로서 인정한다. 성년식의 비유는 교육이 사회의 일원으로서 살아가는 데 필요한 것들을 알려주는 것임을 강조한다. 하지만, 성년식을 치른 후에는 스스로 개척해야 한다는 점에서는 성장의 비유와 유사하다.

마치 자전거를 배울 때 처음에는 지도자의 단계적 도움이 필요하지만 스스로 익혀 할 수 있는 시기가 되면 지도자의 도움이 필요 없는 것과 같이 교육 역시 초기에는 정보를 제공하지만, 이후에는 아동이 잘 성장하도록 도와주고 지지하는 것이라는 관점이다.

교육의 정의

교육에 대한 정의는 어떠한 관점을 지니느냐에 따라 달라질 수 있다. 그중 조작적 정의, 준거적 정의, 기능적 정의를 살펴보면 다음과 같다.

가. 조작적 정의

조작적 정의는 추상적이어서 설명할 수 없는 개념이나 용어를 측정 가능한 방법으로 조작하여 의미를 나타내는 것이다. **교육에 대한 조작적 정의**는 교육의 개념을 보다 분명히 하기 위해 교육활동의 요소와 그것이 작용하는 실제 과정을 관찰할 수 있는 형태로 말한다(성태제 외, 2012). 또는 교육 개념의 추상성을 제거하고 교육활동을 명확히 규정한다.

우리나라 최초로 교육의 개념과 교육학을 체계화한 저서인 『교육과 교육학』에서 정범모(1968)는 교육을 **"인간 행동의 계획적인 변화"**라고 정의하였다. 조작적 정의에 따르면 하나의 활동이 교육인가의 여부는 전적으로 의도한 인간 행동의 변화가 실제로 관찰되는가에 달려 있다. 정범모의 교육에 대한 정의에는 세 가지 핵심 준거인 '인간 행동', '계획적', '변화'가 포함되어 있다.

1) 인간 행동
여기서 말하는 인간 행동은 가시적이고 관찰 가능한 외적 행동만이 아니라 드러나지 않는 지식, 사고력, 가치관, 태도, 동기, 자아개념과 같은 내적 행동 모두를 포함한다.

2) 계획적

계획적이라는 것은 교육이 의도하지 않은 우연한 사건이 아니라는 점이다. 즉, 교육은 의도하는 목표와 그것을 위한 구체적인 프로그램을 통하여 변화를 도모하는 것이다. 이런 점에서 교육은 단순한 성장, 성숙과 구별되는 활동이다.

3) 변화

교육이 인간 행동을 변화시킨다고 할 때 이 변화는 몰랐던 기술을 알아 사용할 줄 알고, 공식을 알아 수학 문제를 풀 수 있게 되고, 어떤 관점이 다른 관점으로 바뀌게 되는 등 교육을 통해 이뤄진 결과라고 할 수 있다. 행동을 변화시키기 위한 계획적, 의도적, 체계적 노력이 있었음에도, 행동이 의도하는 방향으로 변하지 않았다면 그것은 교육이라 부를 수 없다.

이러한 정범모의 조작적 정의는 다음과 같은 논란이 있을 수 있다. 첫째, 변화에는 좋은 변화와 나쁜 변화가 있다. 소매치기 기술 습득과 같은 비윤리적 변화도 교육이라 할 수 있는가와 같은 질문이 제기될 수 있다. 둘째, 상담을 통한 변화나 치료행위도 인간 행동의 변화를 계획적으로 이뤄내는데 이러한 가치중립적인 행위도 교육에 포함해야 하는가와 같은 문제도 제기된다. 셋째, 변화가 일어났는지 안 일어났는지의 기준이 불분명하다. 변화가 단시간에 일어날 수도 있지만, 일으킨 변화는 지속적인 효과를 발휘해야 한다.

나. 준거적 정의

준거적 정의에 의하면 어떤 활동이나 행동이 모종의 기준에 합치되었을 때 교육이라고 부를 수 있다. 영국의 교육철학자 피터스(Peters)는 그의 저서 『윤리학과 교육』에서 어떤 활동을 교육이라고 부르기 위해 적용해야 할 세 가지의 준거를 제시했다(이병승 외, 2008). 그는 교육과 교육 아닌 것을 구별하는 세 가지 준거로 규범적 준거(normative criterion), 인지적 준거(cognitive criterion), 과정적 준거(procedural criterion)를 제시하였다.

1) 규범적 준거

교육의 **규범적 준거**는 '헌신할 만한 가치가 있는가?'라는 질문으로 표현된다. 여기서 가치란 교육의 내재적 가치(intrinsic value)를 말한다. 교육은 다른 것의 수단이 아니라 그 자체로 가치를 추구하는 일이어야 한다. 이 준거에 따르면, 학교에서 많은 지식을 전달하고 가르치더라도 그것이 학생들의 삶을 가치 있게 변화시키지 않는다면 교육이라고 부를 수 없다.

2) 인지적 준거

교육의 **인지적 준거**는 '교육의 내용이 지식, 이해, 폭넓은 지적 능력을 길러주는가?'라는 질문으로 표현된다. 이 준거에 따르면, 우리가 배우는 지식, 정보, 사실 등이 서로 별개의 것으로 존재하는 데 그쳐서는 안된다. 교육은 사물과 세상을 폭넓게 바라볼 수 있는 통합된 안목과 자신의 삶과 세계를 이해하는 능력을 갖출 수 있도록 돕는 것이다. 즉, 이 기준에 따르면 교육은 신념체계 전체를 바꾸는 전인교육(全人敎育)이어야 하며, 제한된 기술이나 사고방식을 길러주는 전문화된 '훈련(training)'이어서는 안된다.

3) 과정적 준거

교육의 **과정적 준거**는 '교육이 피교육자의 의식과 자발성을 전제로 하는가? 도덕적으로 온당한 방법으로 이루어지는가?'라는 질문으로 표현된다. 이 준거에 따르면, 학교에서 전달하는 지식이나 정보가 아무리 가치가 있고, 세계를 보는 능력을 준다 하더라도 전달하는 방법이 비인간적이고 비도덕적이라면 교육이라 할 수 없다. 그러므로 세뇌 혹은 주입은 교육과 구별된다.

피터스의 준거적 정의에 대해 다음의 문제가 제기된다. 첫째, 피터스가 제시한 준거 중 과정적 준거는 독립적인 준거라기보다 인지적 준거에 포함되어 있는 것으로 보아야 한다는 의견이 있다. 도덕적으로 온당한 방식으로 가르친다는 것은 가치 있는 활동 혹은 인지적 안목을 형성하는 일에 이미 논리적으로 가정되어 있기 때문이다. 둘째, 교육의 내재적 가치와 외재적 가치가 분명하게 구분되는 것이며, 교육은 오로지 내재적 가치만을 추구해야 하는 것인가, 그리고 교육의 내재적 가치는 '지식, 이해, 폭넓은 지적 능력'만인가 하는 비판이다. 피터스 또한 내재적 가치와 외재적 가치를 엄밀히 구분하는 것의 한계를 인정한다. 교육에서는 내재적 가치 혹은 이론에 대한 학습이 중요하기는 하지만 실제적인 가치의 추구를 간과할 수 없다(유재봉, 2002; Peters, 1966).

다. 기능적 정의

교육의 기능적 정의는 교육이 수행하는 기능을 중심으로 교육을 정의하는 방식이다. 이는 교육의 외재적 가치실현에 비중을 두고 교육을 정의한다. 예를 들어, '교육은 사회 발전을 위한 수단이다', '교육은 사람이 살아가는 데 필수적인 기술을 가르치는 것이다', '교육은 문화유산을 전달하는 수단이다'와 같이 교육이 수행하는 기능을 중심으로 교육을 정의한다. 교육사회학자인 뒤르켐 (Durkheim)은 "교육은 사회화의 과정이다."라고 정의한다. 그에 의하면 교육은 성숙한 사람이 미성숙한 사람을 그 사회에 적합하도록 만드는 과정이며, 이를 통해 한 개인은 사회에 적응할 수 있게 된다. 즉, 교육은 사회의 유지와 존속에 필요한 수단이다(Durkheim, 2006).

그러나 이와 같이 교육을 기능적인 관점으로 정의할 경우, 교육은 수단이며 도구에 불과하다. 이로 인해 교육 그 자체로는 아무런 의미가 없는 것처럼 보일 수 있다.

4

교육의 구성요소

교육이 구체적으로 이루어지는 수업을 교수(teaching, introduction)—학습 (learning) 활동이라고도 한다. 이 말은 가르치고 배운다는 의미를 지닌다. 그렇 다면 누가 누구에게 무엇을 가르치고 배우느냐를 따져 물을 수 있다. 이때 '누 가', '누구에게', '무엇을'이 교육을 구성하는 세 가지 요소이다. 즉, 교육은 이 '누가', '누구에게'라는 인간 상호 간의 활동이며, 이 둘은 구체적인 목적과 목 표를 갖는데 이것이 '무엇을'에 해당된다.

첫 번째 '누가'는 교사, 부모, 선배와 같은 가르치는 이, 즉 교육자를 의미 한다. 두 번째 '누구에게'는 학생, 자녀, 후배와 같이 배우는 이, 학습자를 의미 한다. 세 번째 '무엇을'은 국어, 수학과 같은 교과목, 자전거 타는 법과 같은 기 술, 예절과 같은 교육내용(학습내용, 교재)을 의미한다. 따라서 교육이 성립하는 가장 기본적인 요소는 교육자, 학습자, 교육내용이라 할 수 있다.

가. 교육자

교육자(교사, 교수자)는 전통적으로 가르치는 사람을 뜻한다. 즉, 가정에서는

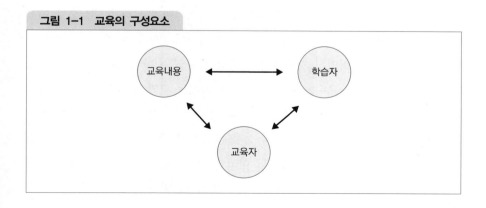

그림 1-1 교육의 구성요소

부모가, 직장에서는 상급자가, 사회생활과 학교에서는 선배가, 그리고 교실에서는 교사가 가르치는 역할, 즉 교육자의 일을 한다. 좁은 의미에서 교육자는 학교 현장에서 전문적으로 교육활동을 하는 교사를 칭한다.

학교교육에서 요구되는 교사의 중요한 자질은 첫째, 가르치는 교육내용에 대한 해박한 지식이다. '교육은 교사의 질을 능가할 수 없다'는 말처럼 교사의 능력과 지식은 교육의 질을 가늠하는 기준이다. 특히 교사는 교육의 전문가로서 자신이 가르치는 내용에 대한 충분한 이해가 있어야 한다. 둘째, 학생을 가르치는 방법에 대해서 전문적인 지식을 갖추어야 한다. 교사는 교육내용을 잘 전달하기 위하여 전문적 기술과 교육방법에 대해 습득하고 익혀야 한다. 셋째, 교사는 학생들이 존경할 만한 인격적 품성을 지녀야 한다. 교사가 갖추어야 할 인격은 인성, 신념, 가치관은 물론 학생에 대한 애정 등을 포함한다. 학생들에게 '어떤 교사를 좋아하는가?' 묻는다면, 잘 가르치는 교사, 전문지식을 갖춘 교사, 혹은 우리를 잘 이해해 주는 교사와 같이 한 가지만을 답하지는 않는다. 학생들은 잘 가르치면서도 실력이 있고, 학생을 사랑하는 교사를 원한다.

나. 학습자

교육은 가르치는 자와 배우는 자의 상호작용, 즉 주고받는 활동이다. 따라서 교육에서 가르치는 사람만큼 배우는 사람이 중요하다. 예전에는 학생을 피교육자라고 부르고, 교육에서 수동적인 존재로 인식했다. 학습자, 즉 학생은 교육의 대상이며 교사가 가르쳐 주는 것을 여과 없이 받아들이기만 하는 대상으로 여겼다. 그러나 학생은 교사가 가르치는 내용을 받아들이기만 하는 존재가 아니다.

어느 대학에 재미없게 강의하기로 정평이 나있는 한 인류학 교수가 있었다. 이 대학의 심리학 교수는 이 인류학 교수에게는 숨기고 수강하는 학생들에게만 사전에 다음과 같은 몇 가지 지침을 전달했다. 첫째, 교수의 말 한마디한마디에 주의를 집중하면서 열심히 들을 것. 둘째, 얼굴에 미소를 약간 띠면서 눈을 반짝이며 고개를 끄덕이기도 하고 간간이 질문도 하면서 매우 재미있다는 반응을 겉으로 드러나게 나타낼 것이었다. 한 학기 동안 계속된 이 실험의 결과는 매우 흥미로웠다. 우선 그 재미없던 인류학 교수는 줄줄 읽어 나가던 강의 노트에서 드디어 눈을 떼고 학생들과 시선을 맞추기 시작했고, 가끔씩은 한두 마디 유머 섞인 농담을 던지기도 하더니, 그 학기가 끝나갈 즈음엔 가장 열정적으로 강의하는 교수로 바뀌게 되었다. 더욱더 놀라운 것은 학생들의 변화였다. 처음에는 단순히 실험차원에서 재미 삼아 강의를 듣는 척하던 학생들은 이 과정을 통해 정말로 강의를 흥미롭게 듣게 되었고, 일부 학생은 아예 전공을 인류학으로 바꾸기로 결심하였다(이창덕 외, 2007). 이처럼 학생은 질문과 반응, 토론과 주도적인 학습활동 등을 통해 능동적으로 교육활동에 참여하고, 교사의 수업태도를 바꾸기도 한다.

✓ 배움의 주체성 ▪참고자료▪

- '선생님은 훌륭하다'나 '스승은 있다'는 일종의 신앙고백과 같은 것입니다. '선생님은 훌륭하다'는 스스로가 성장하지 않고서는 그 진리성을 증명할 수 없는 '선언'입니다. 아무리 생각해도 그 선언은 가능한 젊을 때 하는 게 좋고 가능하면 많은 선생님을 향해 훌륭하다고 말하는 게 좋습니다. 그렇게 해서 이익을 얻는 것은 선언한 자신이고, 선언을 했기 때문에 손해를 보거나 곤란을 겪을 사람은 한 명도 없기 때문입니다.
- 훌륭한 선생, 즉 스승이란 이상적으로는 '이 세상에서 나에게만 훌륭한 선생'입니다. 그것은 격한 배움으로의 기동력을 가져옵니다. "이 선생님의 훌륭함을 이해할 수 있는 것은 나뿐이야" 하고 믿을 때만(착각이라도 좋습니다) 사람은 폭발적인 배움으로 나아가기 때문입니다.
- 스승은 눈을 크게 뜨고 여기저기 발품을 팔아 스스로 찾아내는 것입니다. 스승을 찾기 위해 지난한 여행을 한 사람에게만 만남의 기회가 찾아옵니다. 팔짱을 끼고 낮잠을 자면서 좋은 선생의 도래를 기다리면 아무 일도 일어나지 않습니다.

우치타 타츠루(2012). 『좋은 선생도 없고 선생 운도 없는 당신에게 스승은 있다』 참조.

구성주의와 함께 강조된 학습자 중심 수업은 수업 목표의 설정부터 조직, 실행, 평가의 모든 과정에서 학습자의 선택과 참여보장, 학습자의 책임을 강조하여 학습자의 성장과 발달을 도모하는 수업이다. 학습자 중심 수업에서 교사는 학습자를 도와주는 조력자로서 개별 학습자들의 학습 속도에 맞게 학습자의 잠재력을 촉진시켜서 학습의 효과를 극대화시키는 역할을 한다. 이와 함께 학습자의 역할은 보다 적극적이고 능동적인 참여자로 바뀌고 있다.

다. 교육내용

교육내용(학습내용, 교재)은 교사와 학생을 이어주는 매개체이다. 교육내용은 무엇을 배울 것인가인데 이는 크게 두 가지 측면을 고려해야 한다. 첫째, 교육내용은 인류의 문화유산으로 지식, 기술, 가치, 제도 등을 포함해야 한다. 이들은 현재 우리들의 생활을 구성하는 모든 요소로서 인류가 살아가기 위해 필요한 것들이다. 그러나 내용이 광범위하기 때문에 이를 효과적으로 가르치기 위해서는 잘 조직화하고 체계를 갖추어야 한다. 이처럼 조직화하고 체계화된 문화유산을 교과라 하고 학교 현장에서 사용하도록 이를 잘 정리한 것이 교재이다.

둘째, 교육내용은 바람직한 것이어야 한다. 교육내용은 학습자의 관심과 수준을 고려해야 할 뿐 아니라, 바람직한 성장을 도울 수 있도록 구성되어야 한다. 교육내용은 그 자체가 본질적으로 지(智), 덕(德), 체(體)라는 교육목적에 기여하고 있다. 이러한 교육내용이 학습자에게 잘 전달되기 위해서는 비슷한 내용을 잘 정리하고 선별해야 하고 학습에 난이도를 고려하여 순서를 정해야 할 것이다. 또한 서로 다른 내용 간 관련성을 설명할 수 있도록 노력해야 한다.

교육을 보는 관점에 따라 교육의 구성요소 간 균형은 달라진다. 전통적인 교육에서는 문화유산의 전달에 초점을 두고, 교육내용을 강조한다. 즉, 교사는 교육의 주체로서 교육의 객체인 학생에게 교과내용을 중심으로 교수활동을 한다. 교육내용은 이미 정해진 것으로 학생들은 교과내용을 외우고, 교사는 잘

외울 수 있도록 설명한다. 반면 교육활동에서 학생들의 수동적인 면에 문제를 제기하고 아동의 경험을 강조할 때, 교사는 아동의 경험을 도와주는 조력자이며, 교육내용은 아동이 경험하는 것이다. 이때 교육내용은 이미 정해진 것이 될 수 없고, 아동의 문제해결에 중점을 둔다. 이처럼 교사, 학생, 교육내용의 균형은 무엇에 중점을 두느냐에 따라 달라진다.

(5) 교육의 목적

교육의 목적은 '교육은 왜 하며, 어떤 목적을 추구해야 하는가?'라는 질문에 대한 답에 해당된다. 교육의 목적은 교육의 구체적 방향을 제시하며 무엇을 가르쳐야 하는 것인지, 교육이 어떻게 전개되어야 하는지에 대한 기준을 제공해준다. 교육의 목적은 내재적 목적과 외재적 목적으로 구분된다.

가. 교육의 내재적 목적

교육의 내재적 목적은 교육의 개념이나 활동 자체가 가지고 있는 목적을 말한다. "교육목적은 교육활동 밖에서 부여되는 것이 아니라 교육활동 그 자체가 목적이다(Dewey, 1944).", "교육은 어떤 것의 수단이 아니라 그 자체의 기준 혹은 준거를 목적으로 삼는다(Peters, 1966)."는 말처럼 교육은 교육 자체가 목적이며 다른 것의 수단이 아니다. 교육의 내재적 목적에는 지식을 통해 올바른 판단을 할 수 있는 합리성의 발달, 자기가 만든 규칙과 원칙에 따라 행동할 뿐 아니라 행동결과에 대해서도 책임을 지는 자율성, 자신의 목표를 이루려고 노력하는 자아실현 등이 있다.

나. 교육의 외재적 목적

교육의 외재적 목적이란 교육이 다른 목적을 달성하기 위한 수단이 될 때의 목적이다. 이는 교육을 통한 외적 결과에 관심을 두는 경우이다. 교육의 외재적 목적은 생계를 꾸리는 일을 예로 들 수 있다. 교육을 많이 받을수록 더 좋은 직업과 직장이 보장되며 생활이 안정되고, 능력에 맞는 배우자를 선택하고, 경제적인 부와 사회적 명예를 획득할 수 있다. 이와 같은 이유로 사교육을 하고, 미래를 위한 투자를 한다. 교육의 목적이 위와 같을 때 교육은 그 자체로 목적이 아니라 교육을 통해 얻게 되는 것을 목적으로 하기 때문에 교육은 수단이다. 교육의 외재적 목적에는 국가발전, 경제성장, 직업준비, 생계유지, 출세 등이 있다.

교육의 유형

교육의 유형은 여러 가지로 분류할 수 있으나, 여기서는 형식과 의도성의 유무에 기초해 형식적 교육과 비형식적 교육으로 분류하고자 한다.

가. 형식적 교육

형식적 교육은 구체적으로 교육목적이 있고 이를 위해 체계적으로 계획하고, 의도적이며 조직적으로 일정 기간 동안 이루어지는 교육활동을 말한다. 대표적인 형식적 교육이 바로 학교교육이다.

듀이(Dewey, 1916)는 작은 사회로서의 학교교육이 가지는 긍정적 특성을 다음과 같이 설명한다. ① 학교는 복잡한 사회 속에서 배움에 적합한 '단순화된' 환경을 제공한다. ② 학교는 교육에 방해가 되는 것을 제거한 '정화된' 환경을 제공한다. ③ 학교는 개인의 삶의 범주를 넘어서는 동시에 다양한 삶을 접할 수 있는 '균형 잡힌' 환경을 제공한다. 그러나 듀이는 학교교육이 현장과의 연계성 및 생생한 체험이 부족하다는 점에서 '현실과 멀리 떨어진 죽은 교육' 혹은 '추상적이고 문자적인 교육'이 되기 쉽다고 비판한다. 이에 형식적인 학교 교육 안에서 비형식적인 교육의 생생함을 어떻게 되살려내는가가 바로 교육철학이 해결해야 할 가장 중요한 문제 중의 하나라고 지적한다(홍은숙 외, 2011).

나. 비형식적 교육

비형식적 교육은 사회교육과 같이 특정 장소나 계층, 형태, 방법 등이 고려되지 않고, 다양한 장소, 대상, 시간, 방법을 통해 이뤄지는 교육활동이다. 이는 자발성을 바탕으로 이뤄지는 교육활동으로 넓은 의미의 교육을 말한다. 예를 들면, 직장에서 받은 직무연수나 평생학습관, 백화점 문화센터, 대학부설 평생교육원에서 운영하는 교육과정을 말한다. 비형식교육은 형식교육처럼 일정한 목표, 내용, 방법 등을 체계적으로 조직한 교육과정이지만 학습자의 자발적인 선택과 참여로 이루어진다. 따라서 학습자마다 비형식교육 참여 목적이 다르고, 학습능력 수준도 상이하다.

무형식 학습 ▪ 참고자료 ▪

학습자가 처한 상황적 맥락에서 주도적이고 자발적으로 참여하는 활동을 통해 발생하는 가르침과 배움이 무형식학습이다. 예를 들면, 직무경험, 인터넷 사용, 타인과의 대화나 상담, 여행 등을 통한 지식과 관점의 확장은 모두 무형식학습의 활동이며 결과이다. 무형식학습은 시간과 장소에 상관없이 어디에서나 발생할 수 있다. 무형식학습은 일정한 체계나 형식이 갖추어져 있지는 않지만 학습자가 주도적으로 그리고 일상적으로 발생하는 모든 형태의 학습활동이라고 할 수 있다.

7

교육학의 학문적 성격

교육학이란 "교육과 그것에 관한 사실과 현상을 연구의 대상으로 하고, 그것의 원리와 방법을 과학적으로 연구하여 그 결과를 체계화한 학문"이다(이병승 외, 2002). 대학에서 교육학을 최초로 강의한 학자는 칸트(Kant)이다. 교육학의 학문적 기초를 처음으로 체계화한 사람은 '근대 교육학의 아버지'라 불리는 독일의 철학자 헤르바르트(Herbart)이다. 그는『일반교육학』(1806)이라는 책에서 교육목적은 철학으로부터, 교육방법은 심리학으로부터 끌어들여 교육학의 체계를 구축하였다.

이후 20세기에 이르기까지 교육학은 윤리학과 심리학 등의 기초과학으로부터 여러 가지 법칙을 교육에 도입하여 설명하는 응용과학의 성격을 지니고 있었다. 20세기에 들어서면서 교육학은 경험적, 통계적 방법을 채택했고, 교육현상을 역사적 또는 사회적 관점에서 유형화하기도 하였다. 또 교육현상을 사회과학의 대상으로 보려는 경향도 강하게 나타나기 시작했다.

학문의 독립성을 인정받기 위해서는 ① 독립된 연구분야(연구영역)가 있어야 하고 ② 독자적인 연구목적이 있어야 하며 ③ 독자적인 연구방법이 있어야 하며 ④ 고유한 평가방법 등을 갖춰야 한다. 이제 교육학은 이런 조건을 구비하고 있다. 즉, 교육학은 독자적 관점을 갖게 되었고, 교육과정 안에서 나타나는 다양한 교육현상을 독특한 방법으로 관찰, 실험, 평가하고 있다. 또한 교육학의 하위영역은 모학문의 탐구방법과 개념들을 활용하여 교육현상을 독특한 교육문제로 해석하고, 고유한 방식으로 해결하고 있다.

가. 교육철학

2장에서 다룰 **교육철학**(philosophy of education)은 교육현상을 철학적 방법으로 연구하는 것이다. 교육철학은 주로 교육이 무엇인지, 교육을 왜 해야 하는지 등 교육의 개념, 교육의 목적과 가치, 교육사조 등을 탐구한다. 교육철학은 여러 가지 교육문제에 내재된 철학적 문제를 분석함으로써 교육실제를 개선하는 데 도움을 줄 수 있다(강창동, 2014).

철학에서 다루는 인간에 대한 궁극적인 질문은 인간관계에 영향을 미친다. 마찬가지로 교육철학은 교육관계에 영향을 미친다. 중세의 유럽인들은 기독교의 원죄설로 인해 인간은 체벌을 통해서 교화를 해야 한다고 믿었다. 그러다가 루소(Rousseu)가 『에밀』에서 인간을 선한 존재로 보면서, 중세의 교육관은 일대 전환기를 맞이하게 되었다. 루소의 교육사상은 '아동중심 교육사상'의 뿌리가 되었다. 이처럼 교육철학의 인간 존재에 대한 접근은 인간관계에 영향을 미치고 교육관계를 형성하는 데 중요한 사회적 근거가 된다(홍은숙 외, 2011).

나. 교육사

교육사(history of education)는 교육을 역사적 관점에서 보고 역사 연구방법을 통해 교육현상을 이해한다. 지금 우리가 경험하고 있는 현대사회 교육의 다양한 사회적 현상은 조선시대와 일제강점기에도 비슷하게 나타났다. 조선시대에는 과거 위주의 입시교육이 성행하였고, 일제강점기에도 학력주의 그리고 첨예한 입시경쟁이 있었다. 또한 일제강점기나 미군정 시기의 교육정책이 지금에 어떤 영향을 미쳤는지를 이해하면 지금의 교육을 바라보는 새로운 시각이 생기기도 한다. 교육사는 이처럼 교육의 변천을 이해하고 바른 교육에 대한 역사적 교훈을 얻는 학문이라고 볼 수 있다.

다. 교육심리학

3장에서 다룰 교육심리학(educational psychology)은 수업과정, 학습뿐만 아니라 다양한 교육실제와 활동에 내재되어 있는 심리적 요인들을 과학적으로 연구하는 학문이다(신현숙 외, 2020). 학습자의 인지, 정서, 사회성 발달 등 학습자의 심리적 특성, 여러 가지 학습이론, 동기이론 등 교육장면에서 일어나는 다양한 심리현상을 탐구한다.

라. 교육사회학

4장에서 다룰 **교육사회학**(educational sociology)은 교육현상을 사회학적 관점으로 파악하고 사회학적 방법론을 통해 탐구하여 교육실제를 이해하고 발전시키는 학문이다. 교육사회학은 교육의 다양한 사회적 기능, 교육과 평등, 학력상승과 교육열, 청소년 문화 등 교육과 관련된 모든 사회적 관계를 다룬다.

교육심리학은 교육의 성공과 실패의 원인을 개인의 내적 특성에서 찾는 경향이 있지만 교육사회학은 사회의 구조적 원인을 중요한 분석 대상으로 삼는다. 예컨대, 학교교육에서 매사 소극적이며 자아존중감이 낮은 학생의 경우, 교육사회학은 개인의 심리적 문제보다는 그 학생이 처한 사회적 배경과 환경 등 구조적 원인에 관심을 둔다.

마. 교육과정

5장에서 다룰 **교육과정**(curriculum)은 교육목표의 성취를 위해 교실 수업에서 이루어지는 모든 과정을 포함하고 있다. 교육과정은 일차적으로 교육에서 무엇을 가르쳐야 하는지를 탐구하지만, 그 내용을 어떻게 조직하여 제시하는가와 관련하여 교육의 과정 전체를 탐구하는 학문이다. 이것은 대체로 교육목표의 제시, 교육내용의 선정 및 조직, 교육경험의 선정 및 지도, 교육평가 등의 과정을 거친다.

바. 교육행정

6장에서 다룰 **교육행정**(educational administration)은 정해진 교육목표의 달성을 위해 인적, 물적 자원을 지원하는 제도적 활동을 말한다. 관점에 따라 교육에 관한 행정, 교육을 위한 행정, 교육경영이 있다. 교육행정은 교육제도의 기획과 정책, 교육법규와 교육행정조직, 교육재정, 교육인사행정, 장학 행정, 학교 및 학급의 경영 등의 문제를 행정학의 이론과 방법을 활용하여 탐구하는 학문영역이다.

특히 사회적 이념의 변화는 교육행정의 변화를 수반해야 한다. 예컨대, 신자유주의 교육개혁은 선발 방식과 재정적 지원에서 교육행정적 지원이 필요하다.

사. 교육공학

7장에서 다룰 **교육공학**(educational technology)은 "적절한 기술공학적 과정과 자원을 창출, 활용, 관리함으로써 학습을 촉진하고 수행을 증진하기 위해 연구하고 윤리적으로 실천하는 학문"이다(미국교육공학회, 2008). 교육공학은 수업을 보다 잘하기 위해 교육 매체, 교수학습과정안, 체제적 교수 설계 등 다양한 영역을 발전시키고 있다. 교육공학이 학교교육에서 급속하게 부각된 것은 지식기반 사회의 도래로 지식의 생성 속도가 가속화되면서이다. 이런 제반 상황에 신속하게 적응하기 위해서, 학교교육은 교육공학의 역할에 의존하게 되었다. 또한, 2020년 COVID−19로 인한 원격교육의 확대는 줌(zoom)과 웹엑스(webex) 등 실시간 원격강의 플랫폼을 활용한 다양한 원격교육 형태를 가져왔고, 메타버스의 교육적 활용에 대한 논의도 진행 중이다.

아. 교육평가

8장에서 다룰 **교육평가**(educational evaluation)는 교육목표 달성 여부를 판단하는 행위이다(성태제, 2014). 좁은 의미에서 교육평가는 학생들의 학업성취 혹은 상태에 관해 질적인 판단을 내리는 과정을 의미하며, 넓은 의미에서 교육평가는 평가대상(프로그램, 조직, 수업, 프로젝트, 교육과정 등)의 가치, 질, 효과, 유용성을 판단하는 과정을 뜻한다(권대훈, 2016).

자. 상담심리학

상담심리학(counseling psychology)은 정신건강, 성격, 발달, 교육, 진로 선택, 직업 적응, 개인적 성장 등의 다양한 분야에 도움을 주는 상담 활동에 대한 심리학적인 학문 체계를 의미한다.

　　교육장면에서 주로 이루어지는 청소년상담은 인간발달단계 중 아동 후기부터 청년 후기까지의 단계에 속하는 청소년과 청소년 관련인(부모, 교사, 청소년 지도자 등)을 포함하는 영역을 대상으로 하는 상담이다. 청소년 단계에 발생하는 다양한 문제는 청소년 자신의 발달과업의 특징에서 유발되는 경우도 있지만, 주변의 다양한 환경과의 관계에서 발생하는 경우도 많기 때문에 청소년상담의 대상을 청소년뿐만 아니라 그와 관련된 사람들과 기관까지 포함한다.

참고영상

- KBS 승승장구 65회 김정운 교수편
  https://www.youtube.com/watch?v=EOo6dGWePPA

- THE PEOPLE VS. THE SCHOOL SYSTEM
  https://youtu.be/mzhXScBIt_Q

- THE PEOPLE VS. THE SCHOOL SYSTEM(자막포함)
  https://www.youtube.com/watch?v=k3Ns02njtNE

01 2000 초등

교육의 목적에 관한 다음의 설명 가운데 가장 타당한 것은?

① 교육의 목적은 교육인 것과 아닌 것을 구분하는 기준이 된다.
② 교육의 외재적 목적이란 교육의 본질적 가치가 논리적으로 실현된 것을 가리킨다.
③ 교육의 내재적 목적이란 교육의 개념 속에 합의된 교육의 가치 지향을 가리킨다.
④ 교육의 목적은 교육내용의 범위와 방법적 기준을 결정하는 데 영향을 주지 않는다.

02 2011 중등

다음 글에 대한 설명으로 옳은 것만을 〈보기〉에서 모두 고른 것은?

맹자는 말하였다. "군자에게는 세 가지 즐거움이 있는데, 부모가 모두 생존해 계시며 형제가 무고한 것이 첫 번째 즐거움이요, 위로는 하늘에 부끄럽지 않으며 아래로는 사람들에게 창피하지 않은 것이 두 번째 즐거움이요, 천하에 영재를 얻어 교육(教育)하는 것이 세 번째 즐거움이다. 군자에게는 세 가지 즐거움이 있는데, 천하의 왕 노릇 함은 여기에 들지 않는다.
　　　　　　　　　　　　　　-『맹자(猛者)』〈진심장구상(盡心章句上)〉 중-

ㄱ. '교육(教育)'이라는 단어는 사서오경 중 이 글에서 처음 나타난다.
ㄴ. 첫 번째 즐거움은 나의 의지를 통해 천명(天命)을 극복할 때에 얻어질 수 있다.
ㄷ. 두 번째 즐거움은 군자로서 솔성(率性)의 삶을 살아가는 도덕적 떳떳함을 뜻한다.
ㄹ. 세 번째 즐거움은 만남과 교학상장(教學相長)을 통해 얻어지는 행복감이다.

① ㄱ, ㄴ
② ㄷ, ㄹ
③ ㄱ, ㄴ, ㄹ
④ ㄱ, ㄷ, ㄹ
⑤ ㄴ, ㄷ, ㄹ

03   2008 초등

다음에 해당하는 피터스의 교육의 개념적 준거는?

> 아무리 좋은 내용이라 하더라도 그것을 학습자의 의지와 자발성이 결여된 방식으로 가르쳐서는 안 된다. 이 점에서 조건화(conditioning)나 세뇌(brainwashing) 등과 같은 방법은 교육이라 부를 수 없다.

① 과정적 준거
② 규범적 준거
③ 기술적 준거
④ 인지적 준거

04   2004 중등

'교육은 사회화이다'라는 주장이 강조하는 교육의 기능에 가장 가까운 것은?

① 교화
② 의식화
③ 혁신보급
④ 문화전승

05   2002 초등

교육의 내재적 목적에 대한 설명으로 옳은 것은?

① 노작교육을 통한 실천적 인간 양성 강조
② 지식교육을 통한 합리적 마음의 계발 강조
③ 직업교육을 통한 전문적 직업인 육성 강조
④ 교양교육과 실용적 교육의 조화 강조

교육학의 이해
INTRODUCTION TO EDUCATION

도란도란 함께 나누기

학교는 있어야 하는가?

학생인권조례가 시행되면서 교사의 인권과 교육권을 침해한다는 견해도 있다. 그래서 학생인권조례에 찬성하기도 하고 반대하기도 한다. 여러분의 생각은 어떠한가?

2

교육철학의
기   초

'학교는 있어야 하는가?'라는 질문은 교육의 의미와 목적에 관한 물음으로, 교육을 왜 받는지를 성찰하게 한다. 흔히 '왜'라는 질문은 자신의 행동과 태도, 그리고 으레 정당화하던 생각을 살펴보게 한다. 학생인권조례와 같은 문제에 대해 이야기를 나누다 보면 인간을 어떻게 이해할 것인지, 교육을 무엇으로 정의하고, 어떻게 하는 것이 교육적인지 등을 생각하게 된다. 그리고 교사로서 가르쳐야 하는 것이 무엇인지에 대한 것도 마찬가지이다. 즉, 교육에 대한 이야기를 하다 보면 교육의 의미와 목적, 교육과 관련된 주장들의 타당성과 정당성을 다룬다. 따라서 이 문제를 해결하기 위해서는 철학적 고찰이 필요하다. 이를 위해 이 장은 교육과 교육철학의 관계, 현대 교육철학의 사조에 대해 살펴본다.

1

교육과 철학의 관계

가. 철학과 교육철학

철학(哲學, philosophy)의 본 의미는 지혜(sophia)와 사랑(philos)의 결합으로 지혜를 구하는 행위와, 그 행위를 통해서 얻어진 지혜를 포괄하는 말이다. 고대 그리스 사회에서는 철학이 곧 오늘의 '학문'을 의미했지만, 여러 개별학문이 분리되어 현재의 철학은 존재 혹은 실재(實在)와 같은 궁극적 실재나 제 일원리 같은 것을 밝히는 학문이다. 철학은 학문의 학문, 즉 체계적 학문, 일상 경험 등을 통하여 성립된 모든 지식, 이론, 주장을 비판하고 체계화하는 학문을 뜻한다(서울대학교사범대학교교육연구소 편, 1981).

교육철학은 교육현상에 대해 철학적인 방법으로 분석, 연구하는 학문 분야이다(Durey & Larcher, 2005). 교육철학은 교육현상을 철학적으로 이해하고, 교육작용의 본질을 밝히는 일, 철학적 지식과 방법을 교육분야에 적용하고, 교육의 이론과 실천에 사용되는 개념들과 주장들의 논리적 타당성과 가능성을 밝히는 일, 교육문제의 전제나 내포된 의의를 분석하는 일, 교육정책이나 현장의 문제를 분석하고 검토하며 논의하는 일, 교육에 관한 여러 이론적 요소들을 통합된 지식의 체계로 조직하는 일 등을 하는 학문이다(고미숙, 2013).

과거의 교육철학은 교육과 인간의 본질에 대한 진리를 추구하거나 교육적 이론 또는 실제의 근거를 제공하는 이론적 역할을 하였다. 그러나 오늘날 **교육철학**은 우리가 제도적으로나 일상적으로 접하는 교육문제가 지닌 의미나 교육과 현재와의 관계를 비판적으로 검토하는 경향이 있다(Blake, Smeyer, Smith, & Standish, 2003).

바티칸 박물관 라파엘로 방에 있는 「아테네 학당」이다. 그림에서 정중앙에 서 있는 두 인물 중 왼쪽의 학자는 플라톤, 오른쪽 학자는 아리스토텔레스다. 자세히 보면 플라톤은 손가락으로 하늘을 가리키고 있고, 아리스토텔레스는 손바닥으로 아래, 바로 땅을 가리키고 있다. 둘이 열띤 토론을 하고 있으며, 분명 한 주제를 두고 상반된 의견을 나누고 있는 듯하다.

나. 철학의 제 학문과 교육

1) 형이상학

형이상학은 실재(實在)란 무엇인가를 탐구하는 학문이다. 구체적으로 눈에 보이는 세계가 실재하는 것인지, 그렇지 않은지, 우주가 왜 존재하는지, 우주는 어디로부터 왔는지, 신은 존재하는지, 사람은 선하게 혹은 악하게 태어났는지, 우리는 어떤 존재이며 나는 누구인지, 인간은 육체로 구성되어 있는지, 정신으로 구성되어 있는지, 혹은 정신과 육체 둘로 구성되어 있는지 따위를 고찰하는 학문영역이다(데구치 하루아키, 2021).

형이상학은 교육의 이념이나 목적을 결정하는 데 중요한 역할을 하며, 이는 교육내용과 교육방법 선택에 영향을 미친다(고미숙, 2013). 그래서 궁극적으로 실재하는 것에 어떤 관점을 갖느냐에 따라서 교육과정 구성이 달라질 수 있다. 또한 인간의 본성을 선하게 볼 것인가, 악하게 볼 것인가, 혹은 중립적인 존재로 볼 것인가에 따라서 교육목적, 교육방법 등이 달라질 것이다. 성선설(性善說)을 따르는 교육자들은 아동중심교육, 자연주의 교육에 주의를 기울이고, 교사는 안내자, 촉진자의 역할을 하는 것으로 본다. 성악설(性惡說)을 따르는 교육자들은 성인중심 통제 교육을 강조하고, 교사는 지배자, 통솔자로서 역할을 하는 것으로 본다. 백지설을 따르는 교육자들은 환경을 강조한다(목영해 외, 2010).

형이상학은 그 본질이 정신(mind)이라고 보는 **관념론**(idealism)과 본질을 물질 또는 객관적으로 파악될 수 있는 것으로 보는 **실재론**(realism), 또한 우주의 본질이란 끊임없이 변화 발전하며, 그 너머의 어떠한 본질이 따로 있지 않다고 보는 **실용주의**(pragmatism)로 구분된다. 관념론자들에게 교육은 인간의 마음과 영혼을 단련시키고 계발시켜 절대가치를 깨닫게 하는 것이다. 따라서 이성에 의한 판단이 강조되고, 이를 위해 절대정신이 전승된 문헌들과 고전 연구가 주가 된다. 반면 실재론자들에 따르면, 교육이란 물질세계 속에 존재하는 자연법칙을 발견하게 하는 것이고, 모든 존재하는 것의 질서와 조화를 설명하려고 한다. 이를 위해 하나의 명제 또는 정의가 참이 되어야 하고 그것은 관찰 가능한 과학적 방법으로 증명되어야 한다. 따라서 감각적 경험에 의해 증명될 수 있는 인문학과 과학교과가 중심을 이룬다. 마지막으로 실용주의자들은, 교육이 단순히 지식을 가르치고 전달하는 것보다는 지식을 획득하고 적용할 수 있는 능력을 길러주는 일에 더 노력을 기울여야 한다고 주장한다. 따라서 문제해결 학습을 장려한다(조발그니, 류정희, 2013).

2) 인식론

인식론은 진리란 무엇이며, 지식의 기원은 무엇인지를 탐구한다. 즉, 지식이란 무엇인가? 또는 지식 개념은 어떻게 정의될 수 있는가? 지식의 원천은 무엇인가? 그것은 경험인가? 아니면 이성인가? 우리가 알 수 없는 것은 무엇인가? 같은 문제를 다룬다(이돈희, 1999).

인식론은 교육을 통해 취급될 지식의 성격을 밝혀주며, 교육방법론과 밀접한 관련이 있다. 지식을 무엇으로 보느냐에 따라서 어떻게 가르칠 것인가가 결정되기 때문이다. 관념론적 인식론에서는 감각을 통해 받아들인 지식은 불확실한 지식으로 보고, 참된 지식은 이성에서 나온다고 보는 반면, 실재론적 인식론에서는 사물이 실재한다고 보기 때문에, 지식은 감각적 경험과 이성을 통해서 얻게 된다고 본다(고미숙, 2013). 또한 인식론은 교육을 통해서 다뤄지는 지식의 성격을 밝혀준다. 이를테면, 어떤 지식이 가장 믿을만하고 중요한가? 지식은 어떻게 가르쳐질 수 있고, 무슨 지식을 가르쳐야 하는가? 와 같은 질문을 토대로 지식은 무엇을 아는 것에 중점을 두는 명제적 지식(know what, 2×2＝4를 안다)과 무엇을 할 줄 아는 것에 중점을 두는 방법적 지식(know how, 자전거 타는 법을 안다)으로 구분할 수 있을 것이다(고려대학교 교육문제연구소 편, 2010).

어떤 철학자는 이성적 추리를 통해 무엇인가를 알게 되고 어떤 철학자는 경험과 관찰을 통해 지식을 얻게 된다고 주장한다. 먼저 데카르트(Descartes)는 가설을 설정하고 검증하여 이론화하는 **연역적 방법**을 통해 누구도 의심할 수 없는 확실한 지식을 얻을 수 있다고 본다. 이는 주어진 사실이나 명제를 논증하는 데 큰 도움을 주었다. 반면 베이컨(Bacon)은 귀납법을 통해 유용한 지식을 얻어낼 수 있다고 보았다. **귀납법**은 개개의 사물이나 현상에 대한 관찰과 실험을 통해 보편적인 지식이나 진리를 얻어내는 방법이다(이병승 외, 2008).

3) 가치론

가치론은 선과 악, 정의와 불의, 미(美)와 추(醜), 그리고 목적과 수단에 관해 연구하는 영역으로 윤리학과 미학으로 구성된다. 가치론은 무엇이 가치 있는가? 도덕적 행동이란 어떠한 것이며, 아름다움은 어디에 있는가? 아름다움과 추함은 무엇을 근거로 판단하고 그 기준은 무엇인가? 와 같은 문제를 다룬다.

교육에서의 가치는 사회적, 문화적 맥락과 더불어 검토해야 하기 때문에 철학의 이론적 준거를 적용하는 것 그 이상을 필요로 한다(이돈희, 1999). 따라서 교육철학에서 가치론은 교사들이 학생들에게 의미 있고, 가치 있는 것을 가르치고, 학생들의 개인적, 사회적 행동을 변화시키기 위해서 어떠한 노력을 기울여야 하는지에 관심을 갖는다.

관념론의 가치론은 교육을 통하여 인간이 반드시 알아야 할 바람직한 가치를 가르쳐야 함을 강조한다. 한편 실재론적 가치론은 인간생활이 선이 되기 위해 영구불변한 절대적 가치를 성취할 수 있는 능력을 계발하는 것이 중요하다고 본다. 실용주의적 가치론은 인간생활에 유용하고 적합한지를 기준으로 둔다(목영해 외, 2010).

현대 교육철학의 사조

가. 20세기 전반의 교육철학 사조

1940년대 후반 미국 교육계에는 4개의 교육사조가 영향력을 발휘했다. 이 4개의 교육사조는 당시 가장 큰 영향력을 가졌던 진보주의 교육철학과 보수적인 교육사조인 항존주의 및 본질주의 간의 경쟁, 재건주의의 보완으로 요약할 수 있다.

1) 진보주의

진보주의(progressivism)는 18세기 유럽에서 형성된 자연주의 교육전통을 적극적으로 계승하는 한편, 미국에서 생성된 실용주의(pragmatism)를 수용하여, 정치, 사회적인 개혁운동의 일환으로 시작되었다. 이러한 개혁운동은 1920년대에 대체로 퇴조했으나, 진보주의 교육운동은 지속되었다. 1918년 진보주의 교육협회가 결성되면서 조직적인 교육운동의 실천으로 이어졌다.

진보주의 교육운동은 과거 전통적인 교육이 어른 중심 혹은 교사 중심 교육이었던 것을 비판하고, 이를 아동중심교육으로 전환시키려고 하였다. 아동중심 교육사상은 18세기 유럽 루소로부터 시작되어 페스탈로치와 프뢰벨 등을 거쳐 계승 발전하였는데, 미국에 건너와 꽃을 피우게 되었다. 진보주의 교육학자들은 전통 교육의 형태, 즉 권위적 교사, 교재 중심의 딱딱한 교육방식, 암기 위주의 학습, 체벌이나 공포 분위기를 반대했다.

그리하여 진보주의 교육자들은 기본적으로 아동의 흥미와 욕구, 경험을 존중하는 교육을 강조하였다. 즉, 아동의 흥미와 욕구를 충족시켜주는 학습과 경험의 재구성을 통해 아동을 성장하도록 하는 것이 교육의 목적이 되어야 한다고 보았다. 이 당시 등장했던 아동중심주의 학교 교사들은 아동들에게 흥미가 있다고 믿는 것을 주제로 교육과정을 짠다거나, 아동들이 흥미를 표시한 주제로 토의를 진행했다. 진보주의 교육론은 1957년 옛 러시아인 소련이 미국보다 먼저 인공위성을 쏘아 올리면서 비판을 받게 된다. 미국인들은 학습자의 흥미를 지나치게 존중하여 학생들이 싫어하는 수학, 물리, 화학 등을 제대로 가르치지 않았기 때문에 과학기술 경쟁에서 미국이 뒤지게 되었다고 판단한 것이다. 그러나 최근 학습자의 자기주도적 학습이 강조되면서 학습자 중심의 교육이론인 진보주의 교육론은 새롭게 조명되고 있다.

2) 항존주의

항존주의(perennialism)는 교육이란 모름지기 영원불변의 진리를 학생들로 하여금 알게 하는 일이어야 한다는 견해를 중심으로 한 교육론이다. 항존주의 교육철학자들은 일찍이 플라톤, 아리스토텔레스의 진리란 어느 곳, 어느 때이든지 보편적이고 항구적이며 영원하다는 주장을 이어 받아, 이 세상에는 영원불변하는 항존(恒存)적 진리가 있다고 믿고 이러한 진리를 탐구하는 것이 바로 교육의 중요한 사명이라고 주장했다(이승병 외, 2002).

항존주의 교육철학자들은 이러한 진리에 도달할 수 있도록 이성과 합리성을 계발해야 한다고 주장했다. 이들에 의하면 교육내용은 철학, 역사학과 같은 인문학 중심이어야 한다. 철학서나 역사서에는 영원불변의 진리가 담겨져 있기 때문이다. 대표적인 항존주의 교육사상가이자 미국 시카고 대학의 총장이었던 허친스는 인문학 저서 100권을 선정하고 이 책들을 위대한 저서들(great books)이라 이름 붙여 대학생들로 하여금 읽게 하였다(목영해 등, 2010).

항존주의 교육사상가들은 교육방법은 교사 중심의 훈육적인 것이어야 한다고 주장한다. 교육은 미래의 준비이기 때문에, 교사는 학생의 미래를 위해 학생을 통제하고, 훈육해야 한다고 주장하는 것이다. 항존주의 교육철학은 위대한 저서들을 통해 불변의 진리를 이해할 수 있는 소수의 엘리트를 위한 것이라는 비판과 인문학만 공부하여 생활이 가능한가라는 비판을 받는다.

3) 본질주의

항존주의 교육철학이 등장할 즈음, 진보주의 교육철학이 가진 또 다른 문제점인 문화유산의 단절을 극복하자는 내용의 교육론을 주장하는 사람들이 등장했다. 그들은 교육이란 문화유산 가운데 가장 중요하고, 본질적인 것을 전해야 한다고 주장하기 때문에 **본질주의**(essentialism)라고 부른다.

본질주의자들은 교육의 목적은 인간문화, 즉 사회 전통 가운데에서도 가장 핵심(essence)이 되는 가치와 지식을 다음 세대에게 전달하는 것이라고 생각했다. 또한 교육은 물리적 세계와 사회적 세계를 지배하는 자연적 법칙을 발견하고 가르쳐야 함을 강조한다. 문화유산을 선정하여 가르치고 배우기 쉽게 조직한 것을 '교과'라고 한다. 본질주의 교육철학 또한 항존주의와 같이 교육의 목적을 실현하기 위해 엄격한 훈육과 힘든 노력을 요구했다. 학습자가 현재 갖는 욕구와 흥미를 무시하지는 않았지만, 장래의 더 큰 목적을 실현하기 위해 그것들은 잠시 보류되어야 한다고 생각했다. 또한 교사는 가르쳐야 할 본질적인 지식에 정통해야 할 뿐만 아니라 그것을 전수하는 주체로서 책임을 다해야 한다고 주장했다.

1957년 10월 무인인공위성 스푸트니크(Sputnik) 1호 발사 후 충격을 받은 미국인들은 본질주의 교육철학에 기초하여 초중등학교의 교육과정을 대대적으로 개편하였다. 1980년대에 일본과 독일의 경제성장이 미국의 성장을 앞지르자 미국 정부가 주도한 '기초로의 회귀운동(Back to the basis movement)'도 기본적으로 본질주의 사조의 재등장이라고 볼 수 있다(성태제 등 2012). 항존주의는 초월적 세계를 중시하는 이상주의적 교육의 입장에서 인문학을 강조한 반면, 본질주의 교육론은 실제 세계를 중시하는 실재주의 교육의 입장에서 자연과학을 강조한다는 점에서 차이가 있다.

4) 재건주의 교육철학

재건주의 교육철학자들은 학교교육이 사회개혁에 앞장서는 주체가 되어야 함에도 불구하고 이 점을 소홀히 했다고 생각했다. 대표적 학자 브라멜드 (Brameld)는 기존의 교육철학들이 지닌 강점과 약점을 검토한 후 진보주의로부터 실험정신을, 본질주의로부터 인류학적 가치를, 그리고 항존주의로부터 합리적 분석의 방법을 수용하여 재건주의 교육철학의 체계를 수립하였다(이병승, 우영호, 배제현, 2008).

재건주의 교육철학가들에 의하면 교육의 목적은 사회의 재건이어야 한다. 그리고 사회재건을 위한 교육내용에는 현재의 사회문화가 직면하고 있는 문제점에 대한 진단과 인류문화의 재건 방안 또한 포함되어야 한다고 보았다. 그리고 이 재건방안은 단지 선언이 아니라, 실천적인 행동지침이 될 수 있도록 구체적이어야 한다. 이를 위해 민주적 토론을 중심으로 하는 교육방법이 필요하다고 보았다(목영해 외, 2010).

재건주의 교육철학의 문제점은 재건해야 할 사회의 구체적 모습이 제시되지 않았고, 정교한 교육이론을 수립했지만 교육실제에는 큰 영향을 미치지 못했다. 브라멜드의 급진적이고 대규모적인 교육개혁은 특히 보수적인 성향이 강한 교육계에서 받아들이기 쉽지 않았다.

나. 20세기 후반의 교육철학 사조

20세기 후반의 교육철학의 흐름은 연구방법과 담론의 정확성에 몰두하며 교육철학을 자율적인 학문으로 성립시키는 데에 공헌을 한 분석철학, 그리고 사회적, 정치적 문제에 관심을 가지고 큰 맥락하에서의 교육의 문제 및 교육철학적 연구와 사회의 관련성에 관심을 가진 교육철학으로 구분될 수 있다. 여기서는 현대 교육문제를 이해하는 데 도움이 되는 분석철학, 포스트모더니즘, 문화상대주의, 생태주의를 살펴본다.

1) 분석철학

분석철학은 어떤 신념이나 사고의 내용보다는 언어에 의해 표현되는 명제와 개념에 대한 의미 분석에 주된 관심을 기울인다. 전통적 철학이 실재나 사실을 발견하는 데 관심을 갖는다면 분석철학은 사고를 표현하는 언어의 의미가 과연 분명한지, 논리적인지에 관심을 갖는다.

분석철학에 기초한 교육철학자들은 많은 교육문제들이 주로 언어의 문제라고 주장한다. 예컨대, 피터스(Peters)는 "교육철학의 역할은 새로운 주의(-ism)나 이념을 발전시키는 것이 아니라 우리가 현재 사용하고 있는 이념들의 의미를 더 잘 이해할 수 있도록 돕는 일"이라고 주장했다. 오코너(O'conner)는 "분석철학은 교육철학의 여러 문제들을 다룰 수 있는 한 방법으로, 지식·교육·학교 등과 관련된 용어를 검토하고 그 의미를 명료하게 하는 것"이라고 주장한다. 따라서 이들은 교육에서 사용되는 많은 용어, 진술 등 제반 언어의 명료화는 교육문제 해결에 도움이 될 것이라고 보았다.

교육적 논의에서 주로 쓰이는 여러 용어의 의미를 명료하게 하는 일, 다시 말해 개념을 분석하는 일은 교육적 실천원리를 정당화하는 일이기도 하다. 예를 들어, '교사의 권위는 부정되어야 한다'는 실천원리를 교육현장에 적용하려면 우선 '교사의 권위'가 무엇을 의미하는지를 분석할 필요가 있다. 교사의 권위에는 교사라는 공식적 지위에서 오는 제도적 권위, 자신이 담당하는 교과에 대한 통달에서 오는 학문적 권위, 수업을 능숙하게 이끄는 데서 오는 수업방법적 권위, 인격적 성숙함과 도덕적 생활에서 오는 인격적 권위가 복합적으로 담겨져 있다. 따라서 만약 무조건 교사의 권위를 부정한다면 실력 없는 교사, 비도덕적 교사, 잘 가르치지 못하는 교사에게 배우겠다는 말로 귀결되기 때문에, 교사의 권위는 부정되어야 한다는 실천원리는 타당하지 않고, 그래서 정당화될 수 없는 원리가 된다(목영해 외, 2010).

분석적 교육철학은 교사나 학생이 하거나 해서는 안 되는 일을 규범적인 차원에서 진술하기보다는 용어의 의미를 설명하기 위해 노력한다. 그들은 '학생들이 무엇을 배워야 한다'고 말하지 않고 '학생'이나 '배운다'라는 말의 의미를 명료화하기 위해 노력한다. 이러한 노력은 실제로 교육현장에서 모호하게 사용되는 제반 용어들을 정확하게 함으로써 철학과 교육의 과학화, 전문화, 체계화에 기여했다. 특히 교육현장에서 교사들이 사용하는 언어의 중요성을 부각시키는 데 중요한 공헌을 했다. 그러나 분석철학은 그 방법론적 한계 탓에 교육의 이념이나 목표를 정립하는 것과 같은 형이상학적 입장에 소홀하였다. 또한 언어의 의미 명료화에 집착한 나머지 언어의미의 역사적, 사회적 맥락을 무시하고, 현실 속에서 교육이 부딪히는 문제에 대해서도 소홀하였다는 비판을 받는다.

> **⊃ 개념분석의 예**
>
> • 사전적 의미와 실재적 의미가 무엇인지, 그 둘이 일치하는지 생각해 봅시다.
>   현장체험학습, 자율학습, 보충수업, 수행평가, 학생인권, 교권, 문제아, 모범생, 착하다, 단정하다, 학생답다 등

2) 포스트모더니즘

포스트모더니즘은 정치적으로는 전쟁이 끝나고 '상대적으로 비이데올로기적인 여러 문제가 부각되는 시기에 일상생활과 관련된 비이데올로기적 문제에 관한 여러 이론과 실천의 정당화 근거'로서, 경제적으로는 '후기 산업사회에서 경제적 번영에 근거한 소비사회'에서, '모든 사람과 사물이 기호의 형식으로 존재하는 정보사회'에서 나타나는 전반적인 문화적 현상이다(목영해, 1994). 대량생산과 대량소비, 놀라운 유통구조, 정보통신기술의 변혁은 사회를 크게 변화시켰다. 포스트모더니즘이라는 용어는 문학과 미술을 비롯해서 음악, 건축, 영화, 무용, 광고 디자인과 같은 생활공간에 이르기까지 서구 산업사회의 문화적 변화를 대변하는 용어가 되었다.

포스트모더니즘의 특징을 요약하면 다음과 같다. 첫째, 반합리주의이다. 인간이 이성적이고 주체적이기를 바라는 것은 인간을 속박하기 위한 허구이며 자아는 우연적, 타율적, 모순적이므로 결코 합리적일 수 없다. 다시 말하면 인간의 행위나 태도는 우연한 것이며 언제나 일관될 수 없고, 행동과 사고가 합치되기보다는 모순적이라는 것이다. 예컨대, 한 작가가 원고료를 경제적 어려

움을 겪고 있는 이들에게 기부하기로 하고 르포를 기고했는데, 그 책이 많이 팔려 큰 수익을 남겼다. '다시 이런 일을 할 것이냐?'는 질문에 '머리로는 아니요, 하지만 입으로는 예, 할 것 같아요.'라고 말하는 것처럼 인간의 행동은 언제나 이성적이거나 합리적인 것은 아니다.

둘째, 상대적 인식론이다. 서양의 전통적인 지식관은 고정불변이며, 보편타당하다는 합리적 지식관이다. 그러나 포스트모더니즘은 보편타당한 지식은 없으며 모든 인식 활동은 인식자의 주관에 따른 상대적인 관점에서 이루어질 수밖에 없다고 주장한다.

셋째, 탈정전화(脫正典化)이다. 각 사회에는 여타 문화활동의 올바른 전형, 즉 정전이 있고, 이 정전은 평가 준거가 된다. 포스트모더니즘은 특정 기준으로 고급문화, 저급문화를 규정하는 것은 부당하며 하나의 문화를 다른 이에게 강요하는 것 또한 부당하다고 본다. 차이의 인정과 존중이 포스트모던적 사고방식이다. 이에 따라 인간해방, 역사 진보 등과 같은 큰 이야기(대서사)보다는 지엽적인 작은 이야기에 관심을 갖는다. 여성 및 성차별문제, 인종문제, 빈민문제, 반려동물 문제 등이 그 예이다.

넷째, 유희적 행복감의 향유이다. 다국적 자본의 소비를 부추기고, 소비를 하는 것이 덕이라는 강박관념으로부터 벗어나 자신과 자기 주변에 대한 실험적, 유희적, 감성적 접근태도를 갖고, 역사적, 도덕적 중압감에서 벗어나 유희적 행복감을 향유하는 것이 자연현상과 인간의 본질에 부합하는 바람직한 삶의 모습이라고 한다. 패러디 문화가 그 예이다(목영해 외, 2010).

포스트모더니즘 교육은 모든 학생들이 자신의 문화만이 아니라 다양한 타문화를 경험하고 이질성과 다양성을 인정하도록 한다. 나아가 획일적이고 보편적인 교육에서 벗어나 새로운 대안모색을 촉구한다(예, 홈스쿨링, 대안학교, 혁신학교). 또한 공동체성, 관계성, 다양성, 실천적 지식 등을 강조하고 개방된 사회를 지향한다. 따라서 기존의 교육과정에서 소홀했던 내용에 관심을 기울이고 교사의 일방적 수업방식보다는 대화와 토론을 허용한다. 구성주의와 같은 상대적 지식관, 다문화 교육과 같은 다양성의 인식 역시 포스트모더니즘의 영향이다.

3) 문화상대주의

유튜브의 보급으로 인해 지역적인 문제가 세계적으로 전파된다. 싸이는 '강남스타일'이라는 노래를 유튜브에 올려 세계적인 스타가 되었다. BTS의 팬클럽 ARMY는 전 세계적 팬덤을 만들고 있으며, SNS를 이용해 가사를 번역하여 세계적으로 유포하는 역할을 한다. 다양한 OTT(Over The Top, 인터넷 기반의 동영상 서비스)서비스가 문화 콘텐츠를 만들고, 전 세계적 유통을 통해 언어, 문화, 지역의 장벽을 무너뜨리고 있다. 이처럼 문화권 간, 지역 간, 세대 간의 생활양식, 가치관, 신념 체계가 다름에도 불구하고 우리는 다른 문화를 일상적으로 접하고 있다.

문화상대주의는 세계 문화의 다양성을 인정하고 이해하는 견해이다. 문화상대주의는 서로 다른 생활양식, 가치체계를 비교할 수 있는 객관적 기준이 없기 때문에 서로 다른 생활양식과 가치체계의 진위판단 및 우열 비교는 있을 수 없으며, 따라서 각각이 있는 그대로 존중되어야 하고 그에 대한 판단은 자체 기준에 따라 이루어져야 한다고 주장한다.

문화상대주의에 따른 교육은 다음을 목적으로 한다. 첫째, 학습자로 하여금 자신의 생활방식과 다른 문화 및 그 문화를 가진 사람을 이해하고 존중하게 한다. 둘째, 학습자로 하여금 다양성의 가치와 힘을 알게 한다. 셋째, 학습자가 새로운 문화를 받아들여 기존의 생활과 다른 생활을 하여야 할 경우, 적응을 돕는다. 넷째, 사회적 편견과 그에 따른 대립 갈등을 타파하여 궁극적으로는 사회 구성원들의 삶의 질 향상을 추구한다.

4) 생태주의

사상 초유의 COVID-19는 일상생활에 큰 변화를 가져왔다. 이후 기후변화에 대한 세계적인 관심이 집중되고 있고, 탄소중립은 지구온난화에 대한 주의를 갖게 했다. 이제 교육에 있어서 생태와 환경에 대한 관심이 절실한 상황이다.

생태주의는 생태계 위기를 철학 안으로 끌어들여 철학의 한 분과로 만들려는 시도이다. 철학이 생태계 위기에 대답하기 위해서는 자연철학, 인식론, 윤리학, 사회철학, 과학철학, 철학사, 인간학 등 다양한 철학의 영역에서 총체적으로 접근해야 한다. 넓은 의미에서의 생태철학은 인간을 둘러싼 환경, 즉 환경오염과 생태계 파괴, 개발과 보전 등과 같은 인간의 관심사 내에서 일어날 수 있는 문제들에 대한 철학적 담론인 환경철학(environmental philosophy)과 동일시되기도 한다. 하지만 좁은 의미에서의 생태철학은 생태계 위기문제를 인간중심적 관점에서 벗어나 세계관과 가치관의 전환을 통해 해결하려 한다(철학사전, 2009).

인간과 자연은 서로 대립하는 것도 아니고 인간의 이익을 위해서 자연을 마음대로 활용하고 지배해도 되는 것은 아니다. 따라서 교육을 통해서 생태주의적인 가치관을 함양하는 것이 필요하다. 생태주의 교육의 특징은 다음과 같다. 첫째, 생태적 문해력의 함양이다. 생태적 문해력은 인간과 사회가, 인간과 자연시스템이 어떻게 관련되어 있는지, 우리에게 닥친 위기가 무엇이고, 그 원인이 무엇인지 등에 대해 이해하는 것이다. 둘째, 생태적 교육원리로서의 상생의 원리를 강조한다. 생태주의 교육에서 학교는 생태 공동체로서 역할을 한다. 학교에서 생활하고 있는 교사와 학생 모두 서로 하나로 연결되어 있다고 보고, 경쟁보다 협동과 공생을 강조한다. 셋째, 생명존중 교육과 생태윤리를 강조한다. 생태주의 교육은 동식물의 생명은 물론이고, 인간의 생명 역시 중요하게 생각한다. 또한 인간이 인간 이외의 존재를 수단으로 간주하게 되면, 다른 존재에도 해를 끼칠 뿐만 아니라 인간 자신에게도 해를 입히게 됨을 강조한다. 인간과 자연의 조화를 꾀하도록 하는 윤리의식이 필요하다(고민숙, 2013).

참고영상

- 이게 파이프가 아니라고?(모더니즘과 포스트모더니즘)
  https://www.youtube.com/watch?v=9pOm_ZLL4zs

✓ 신자유주의와 교육

■ 참고자료 ■

신자유주의는 국가권력의 시장개입을 비판하고 시장의 기능과 민간의 자유로운 활동을 중시하는 이론이다. 신자유주의는 개인의 재산권을 중시하여 자유시장과 규제완화를 주장하고, 국가권력의 시장개입을 완전히 부정하지는 않지만 국가권력의 시장개입은 경제의 효율성과 형평성을 오히려 악화시킨다고 주장한다. 또한 공공복지 제도를 확대하는 것은 정부의 재정을 팽창시키고, 근로의욕을 감퇴시켜 이른바 '복지병'을 야기한다는 주장도 편다.

신자유주의자들은 교육도 하나의 상품으로 규정하고 학교를 공급자, 학부모나 학생들을 소비자로 규정한다. 또한 이들은 시장경쟁 체제에서만 교육의 질이 향상된다고 주장한다(김천기, 2008). 신자유주의 교육의 특징은 첫째, 국가에서 책임지고 제공한 '공교육'도 이제는 국가가 간섭하지 않고 교육비를 삭감하여 시장원리에 따라 자유경쟁에 맡긴다. 둘째, 교육소비자는 자신이 자유롭게 자기 필요에 따라 학교 혹은 프로그램을 선택할 수 있다. 셋째, 신자유주의는 공교육의 경쟁적 배분을 추진하여 교육의 질과 수월성을 높여야 한다고 주장한다.

지난 20년간 우리나라 교육정책은 신자유주의의 많은 영향을 받았다. 신자유주의 교육정책은 교육의 수월성과 효율성을 위해 교육 예산 비중의 축소, 대학평가제 시행, 기간제 교사의 확대, 대학 법인화, 경쟁, 단위학교 책임경영, 평가를 통한 재정의 차등 지원, 노동조합의 파괴, 규제완화, 고용의 유연화 등을 시도하고 있다.

그러나 신자유주의 교육정책은 다음과 같은 문제를 보여주었다. 첫째, 신자유주의 본질에 있는 완전한 자유는 다수의 복지를 훼손하고 소수를 위한 자본의 확대재생산으로 이용되기도 한다. 둘째, 완전한 경제 논리에 움직이는 신자유주의적 교육개혁이 학생들을 소수의 엘리트학생과 다수의 보통학생으로 확연히 구분 지어 교육의 비인간화 현상을 초래할 가능성이 높다. 또한 경쟁에서 탈락한 소외학생의 수가 늘고, 이들의 학교생활 부적응 현상이 야기되기도 한다. 따라서 신자유주의 교육정책은 소수 엘리트 중심, 소수 부유층 중심, 교육의 해외 자본에의 종속, 경쟁에 탈락한 학습자의 소외 등을 어떻게 극복하고 교육 내적인 부문의 개선을 도모할 것인가에 관심을 가져야 한다(김병욱, 2012).

01 2005 중등

〈보기〉에 제시된 A와 B 두 교사의 철학적 관심 영역을 바르게 나열한 것은?

> A 교사: 나는 지식의 전달자로서 지식의 속성, 진리의 요건, 인간이 지식을 획득하는 과정
> 에 대해 관심이 있다.
>
> B 교사: 나는 인성을 지도하는 사람으로서 선악에 관한 인간의 인식과 선악을 구분하는
> 기준에 대해 관심이 있다.

	A 교사	B 교사			A 교사	B 교사
①	존재론	가치론		②	존재론	인식론
③	인식론	가치론		④	인식론	존재론

02 2004 중등

다음의 경우에 적용된 철학적 탐구방법으로 가장 적절한 것은?

> '똑똑하다'는 말은 여러 가지 의미로 사용될 수 있다. 이 말은 경우에 따라서 학교성적이
> 우수하다는 뜻으로, 실생활에서 부딪히는 문제를 잘 처리한다는 뜻으로 사용될 수 있다. 심
> 지어는 영악하다는 뜻으로도 사용될 수 있다. 그러므로 '똑똑하다'는 말을 들었을 때에는
> 우리는 그 말이 어떤 뜻으로 사용되는 것인가 하는 의문을 가질 수 있으며, 똑똑하다는 것
> 은 과연 무엇인가 하는 의문을 가질 수 있다. 나아가 우리는 '똑똑하다'는 말이 '영리하다',
> '뛰어나다'라는 것과 같은 유사한 다른 말과 의미상의 차이는 무엇인지 궁금해 할 수 있다.

① 분석적 방법   ② 실증적 방법   ③ 사변적 방법   ④ 평가적 방법

03 2003 중등

'자율성 확대와 경쟁의 강화'를 원칙으로 교육개혁이 이루어져야 한다는 주장에 가장 부합
하는 것은?

① 무상 의무교육의 확대   ② 유치원 교육의 공교육화
③ 자립형 사립고등학교의 확대   ④ 대학 입시에서의 지역할당제 도입

04 2004 초등

포스트모더니즘의 교육관에 가장 가까운 주장은?

① 문화 상대주의가 초래한 학교교육의 혼란을 극복하려는 노력이 필요하다.
② 정보화에 따른 사고의 파편화에 대항하여 합리적 비판능력의 함양이 요청된다.
③ '세계화의 충격'으로 인해 발생한 위기를 극복하기 위한 사회 통합의 교육이 필요하다.
④ 보편적 이성의 계발을 통한 개인과 사회의 진보라는 계몽주의적 신념은 재검토되어야
  한다.

05 2010 초등

포스트모던주의자의 주장과 그 속에 함축된 교육적인 변화요청을 가장 적절하게 짝지은 것은?

① 전체성-자기 실험과 자기 창조의 윤리에 입각하여 차이를 존중하는 생활지도를 해야
  한다.
② 정초주의에 대한 거부-여러 영역으로 세분화된 언어게임을 재통합시켜줄 형식논리학
  교육을 확대해야 한다.
③ 권위주의에 대한 거부-지식교육의 패러다임을 교육에서 교화로 전환해야 한다.
④ 대서사-인간해방과 역사의 진보를 교육이념으로 채택함으로써 교육활동의 정당성을
  확보해야 한다.
⑤ 본질주의-지식의 유한성과 상대성을 극복할 수 있도록 보편적 이성에 기반을 둔 학
  습을 강화해야 한다.

06 2010 중등

신자유주의 관점에 기초한 교육개혁과 관련성이 가장 적은 것은?

① 교육복지정책을 확대하려고 한다.
② 교육에 대한 국가 역할을 축소하려고 한다.
③ 공교육 유지를 위한 비용의 한계에서 비롯된다.
④ 학교 민영화를 통해 비효율적 요소를 개혁하려고 한다.
⑤ 학교 선택권 확대를 통해 교육 경쟁력을 제고하려고 한다.

도란도란 함께 나누기

나에게 가장 인상 깊은 어릴 적 사건은 무엇인지 쓰고, 그 이유를 쓰시오.

전공을 선택하는 데 가장 크게 영향을 미친 학습 경험은 무엇인지 쓰시오.

3

교육심리학의
기   초

교육심리학(educational psychology)은 교육학과 심리학에 뿌리를 두고 발전한 학문이다. 20세기 초반 손다이크(1903)의 『교육심리학』이 출판되며 독자적인 학문 분야로 자리매김하게 되었다. 20세기 중반 교육심리학은 학습자의 사고과정, 교수과정, 수업설계에 대한 연구들을 진행하며 학문적 정체성을 확립해나갔다.

교육심리학은 수업과정, 학습뿐만 아니라 다양한 교육실제와 활동에 내재되어 있는 심리적 요인들을 과학적으로 연구하는 학문으로 정의할 수 있다(신현숙 외, 2020). 교육과 관련된 심리적 요인으로는 학습자의 특징(인지능력, 태도, 흥미, 동기, 자기개념 등), 발달양상, 개인차, 적응과 부적응문제, 교수자의 특징(교수효능감, 교사기대, 교사소진 등)이 포함된다. 이 장에서는 학습자의 특성으로 인지적 요인인 지능, 창의성과 정의적 요인인 정서, 동기를 통해 학습자의 개인차를 이해한다. 또한, 학습자의 발달로 인지발달, 성격발달 및 도덕성발달이론을 통해 학습자의 발달 수준을 파악하여 예비교사의 수업설계 능력을 증진하는 데 도움이 되고자 한다.

학습자의 특성

교사는 교실에서 다양한 학생들을 만나게 된다. 공부를 잘하는 학생이 있는 반면, 공부가 어려운 학생도 있다. 공부에 재미를 느끼는 학생도 있고, 공부에 관심이 없는 학생도 있다. 사람 사이의 이러한 차이를 개인차라고 한다. 학생의 개인차와 관련된 인지적 특성으로는 지능, 창의성, 인지양식, 메타인지 등이 있고, 정의적 특성으로는 정서, 학습동기, 자아개념, 시험불안 등이 있다. 여기서는 학습자의 개인차를 이해하기 위해 인지적 특성 중 지능과 창의성을, 정의적 특성으로 정서, 동기를 살펴보고자 한다.

가. 지능

'공부를 잘 한다' 혹은 '똑똑하다'라는 평가와 관련된 대표적인 인지적 특성 중의 하나가 지능이다. **지능**은 기초적인 정신과정, 학습능력, 고차적인 정신과정 등을 포함하는 매우 복잡한 개념이어서 한마디로 정의하기가 쉽지 않다. 광대한 연구 결과에 비해 그 본질과 내용에 대해서 아직도 완전한 합의가 이루어지지 않고 있다.

초기 지능이론은 지능의 개인차를 확인하고 이를 측정하는 데 초점을 두었고, 1905년 최초의 지능검사인 **비네-시몽**(Binet-Simon) 검사가 개발된 이래로 심리측정적 접근이 주를 이루었다. 심리측정적 접근의 대표적인 이론으로 스피어만의 일반요인이론, 서스톤의 기본정신능력이론, 길포드의 지능구조이론, 캐텔-혼의 유동성 지능-결정성 지능이론, 캐텔-혼-캐롤의 지능이론 등이 있다.

그러나 전통적인 지능이론은 지능이 다양한 측면 혹은 차원으로 구성되어 있다는 사실을 고려하지 못하고 대부분의 지능검사는 극히 한정된 인지적 능력(예, 언어, 수리)만 측정하고 있다는 지적을 받았다. 이러한 지적이 제기되면서 지능을 새로운 관점에서 설명하기 위한 접근이 활발하게 나타났다. 대표적인 이론으로 다중지능이론, 삼원이론, 정서지능이론 등이 있다. 이 중 스피어만의 일반요인이론, 서스톤의 기본정신능력이론, 길포드의 지능구조이론, 가드너의 다중지능이론을 살펴보고자 한다.

1) 스피어만의 일반요인이론

스피어만(Spearman)은 지능이 **일반요인**(general factor)과 **특수요인**(specific factor)으로 구성된다고 주장했다. 일반요인은 여러 인지 과제들을 수행하는 데 필요한 능력으로 인간의 정신기능의 기초가 되며, 일반적 정신작용, 추론능력 등이 있다. 반면 특수요인은 특정 영역의 과제를 수행하는 데 필요한 능력을 말하고, 수리력, 공간능력 등이 여기에 속한다.

✓ 지능검사와 측정 ▪ 참고자료 ▪

　　현대의 지능검사에서 사용하는 편차지능지수는 지능검사에서 얻은 점수를 같은 연령층의 점수와 상대적으로 비교하여 나타낸 IQ를 의미한다. 웩슬러 개인용 지능검사의 IQ는 특정 연령 집단의 점수분포를 평균이 100, 표준편차가 15가 되도록 변환시킨 후 분포에서 개인의 점수가 어느 위치에 해당되는가를 나타낸다. 마치 수능을 치르고 원점수가 그 학생의 능력을 평가하는 기준이 아니라 상대적인 위치인 수능 등급이 기준이 되는 것과 같다.

그림 3-1　지능 분포곡선

Q. 학생의 지능지수를 아래 지능 분포 곡선에 도형으로 표시하고, 상위 몇 % 내에 있는지 설명하시오.

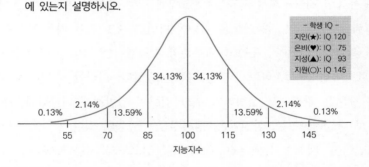

　　이렇듯 지능지수는 개인의 절대적 지적 수준이 아니라 상대적 지적 수준을 나타내는 개념이다. 지능검사는 대체로 논리수학지능과 언어지능만을 너무 강조하여 지능 곧 지적 잠재력이 아닌 학업적성이나 학업능력을 측정하고 있다는 지적이 있다. 또한 지능검사 결과는 학습동기, 불안, 태도, 사회경제적 지위 등과 같은 변수의 영향을 받기 때문에 해석에 주의를 기울여야 한다.

2) 서스톤의 기본정신능력이론

서스톤(Thurstone)은 지능이 7가지의 **기본정신능력**(primary mental abilities, PMA)으로 구성된다고 주장했다. 7개의 기본정신능력은 언어 이해력, 단어 유창성, 기억력, 수리력, 공간 지각 능력, 지각 속도, 귀납적 추론 능력이 있다. 서스톤이 제안한 기본정신능력은 현대지능검사에서 하위영역이 구성되는 밑바탕이 되었다.

3) 길포드의 지능구조이론

길포드(Guilford)는 지능의 구조를 3차원으로 설명하며 **지능구조이론**(structure of intellect theory)을 주장했다. 3차원은 내용차원 5가지(시각적, 청각적, 상징적, 의미론적, 행동적 정보), 조작차원 6가지(인지, 기억 부호화, 기억 파지, 수렴적 사고, 확산적 사고, 평가), 산출차원 6가지(단위, 유목, 관계, 체계, 변환, 함축)이다. 길포드는 3차원의 조합을 통해 180개의 정신능력을 제안하였다.

4) 가드너의 다중지능이론

가드너(Gardner)는 인간의 지적능력이 서로 독립적으로 다양한 능력이 존재한다는 **다중지능이론**을 주장하고, 인간의 지능은 언어지능, 논리수학지능, 공간지능, 신체운동지능, 음악지능, 대인관계지능, 개인내적지능(자기이해지능), 자연관찰지능, 실존지능으로 구성된다고 보았다(〈표 3-1〉 참조). 그는 지능을 연구하기 위해 광범위한 자료를 수집하였는데, 역사적으로 두각을 나타낸 인물의 비범성 연구, 뇌영상 촬영기법을 활용하여 뇌의 특정 영역과 지능에 대한 연구, 특수아동들에 대한 연구(예, 서번트 증후군[1]) 등을 진행하였다. 다중지능이론은 학생들 각각이 지닌 개인적 특성을 고려하여 장점을 계발하고 약점은 보완하며 교육할 수 있다는 의의를 가진다.

---

1 서번트 증후군(savant syndrome, 석학 증후군): 자폐증이나 지적장애를 가지고 있음에도 특정 영역에서 천재적 재능을 보이는 증후군

표 3-1 다중지능이론 관련 교수-학습활동

지능	설명	교수-학습활동
언어 지능	사고 및 의미 표현을 위한 언어를 사용하는 능력	다양한 목적으로 글을 읽고, 여러 읽기 전략을 학습하고 이를 적용한다.
논리 수학 지능	논리, 수학적 패턴에 대한 민감성과 식별력	논리적인 문제해결을 하고, 다양한 수학적 기술(측정, 계산, 통계 해석 등)을 활용한다.
공간 지능	시공간에 대한 부분을 정확하게 지각하고 전환하는 능력	낙서, 소묘, 그림, 조소와 같이 대상을 시각적 형태로 재생하거나 창조한다.
신체 운동 지능	신체를 숙련되게 사용하고, 대상이나 사물을 능숙하게 다루는 능력	현장학습, 모형제작, 역할극이나 게임에 참여하거나, 학습도구(공, 바늘 등)를 조작한다.
음악 지능	음의 높낮이나 리듬 등에 대한 민감성을 보이고, 이를 만들고 감상하는 능력	다양한 소리에 민감하게 반응하고 들으며, 악기를 연주하거나 노래한다.
대인 관계 지능	타인을 이해하고 타인과 효과적으로 상호작용하는 능력	협동적인 일에 참여하며 적절한 의사소통을 통해 다양한 역할을 수행한다.
개인 내적 지능	자신에 대한 이해와 이를 바탕으로 행동을 조절하는 능력	목표를 세우고, 지속적인 학습과 개인적인 성장을 관리한다.
자연 관찰 지능	자연에 대해 관심을 갖고 탐구하는 능력	동식물이나 주변 사물을 관찰하여 공통점과 차이점을 분석한다.
실존 지능	삶의 근원적 가치를 추구하는 능력	자신의 존재, 삶과 죽음에 대해 질문을 던지고 사색한다.

나. 창의성

'특이하다' 혹은 '기발하다'라는 평가와 관련된 인간의 지적 특성 중의 하나가 창의성이다. **창의성**은 새롭고 적절한 것을 생성해낼 수 있는 능력, 문제에 대한 독창적이면서도 다양한 해결책을 생각해 내는 능력을 말한다. 창의성에 대해 길포드(Guilford, 1968)는 "새롭고 신기한 것을 낳는 힘", 토렌스(Torrance, 1977)는 "곤란한 문제를 인식하고, 그것을 해결하기 위해 아이디어를 내고 가설을 세워 검증하며, 그 결과를 전달하는 과정"이라고 정의하였다.

길포드(1967)는 창의성의 구성요인을 유창성(fluency), 정교성(elaboration), 독창성(originality), 융통성(flexibility)으로 보았다. **유창성**은 하나의 단어로 많은 아이디어를 산출해 내는 능력이고, **정교성**은 아이디어를 정교화하거나 부가적인 세부사항을 첨가하는 능력이다. **독창성**은 평범하지 않거나 기존의 것과는 다른 아이디어를 산출하는 능력이고, **융통성**은 하나의 접근방법에서 또 다른 접근방법으로 바꾸거나 다양한 책략을 사용하는 능력이다.

창의력을 증진하는 데 교사의 발문은 중요한 요소이다. 교사의 발문은 그 형태에 따라 응답을 제한하지 않고 다양한 의견을 인정하는 발산적 발문, 오직 한 개의 정답을 인정하는 수렴적 발문이 있다. 발산적 질문은 원인, 조건, 목적, 과정, 결과를 묻는 경우가 많고, 학생들이 자신의 의견을 말하며 고등사고기능을 활성화한다.

이 외에도 창의력을 증진하는 기법으로 브레인스토밍, 브레인라이팅, 육색 사고 모자 기법, PMI, SCAMPER 등이 있다(신현숙 외, 2021). **브레인스토밍과 브레인라이팅**은 집단의 아이디어 창출 기법으로, 여러 사람의 아이디어를 말이나 글로 도출하는 방법이다. **육각 사고 모자 기법**은 6가지 다른 색의 모자를 쓰고 다양한 유형의 사고를 하는 것이다. **PMI**는 아이디어의 좋은 점(Plus), 나쁜 점(Minus), 흥미로운 점(Interesting)에 대해 생각해보는 것이다. **SCAMPER**는 아이디어 발상과 관련된 체크리스트로, 대체하기(Substitute), 결합하기(Combine), 조정하기(Adapt), 변경/확대/축소하기(Modify, Magnify, Minimize), 용도 바꾸기(Put to other use), 제거하기(Eliminate), 반전하기(Reverse)의 첫 글자를 조합한 것이다.

다. 정서

정서는 학습에 있어 지능만큼 중요하게 영향을 미치는 부분이다. 정서적 능력은 학업 이외에도 인내나 리더십 등에도 긍정적인 영향을 미치는 것으로 밝혀지며, 인간의 정서능력을 중시하는 연구가 활발하게 진행되고 있다.

카루소, 메이어, 샐로비(Caruso, Mayer, & Salovey, 2002)는 정서지능을 정서지각,

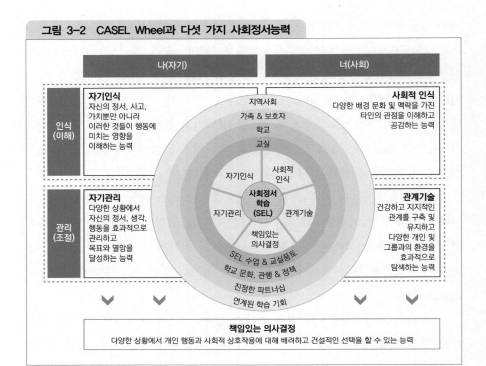

그림 3-2   CASEL Wheel과 다섯 가지 사회정서능력

나(자기)	너(사회)

자기인식
자신의 정서, 사고,
가치뿐만 아니라
이러한 것들이 행동에
미치는 영향을
이해하는 능력

**인식
(이해)**

사회적 인식
다양한 배경 문화 및 맥락을 가진
타인의 관점을 이해하고
공감하는 능력

자기관리
다양한 상황에서
자신의 정서, 생각,
행동을 효과적으로
관리하고
목표와 열망을
달성하는 능력

**관리
(조절)**

관계기술
건강하고 지지적인
관계를 구축 및
유지하고
다양한 개인 및
그룹과의 환경을
효과적으로
탐색하는 능력

지역사회
가족 & 보호자
학교
교실

자기인식 / 사회적 인식
**사회정서
학습
(SEL)**
자기관리 / 관계기술
책임있는
의사결정

SEL 수업 & 교실풍토
학교 문화, 관행 & 정책
진정한 파트너십
연계된 학습 기회

책임있는 의사결정
다양한 상황에서 개인 행동과 사회적 상호작용에 대해 배려하고 건설적인 선택을 할 수 있는 능력

정서의 사고촉진, 정서이해, 정서조절로 구분하였다. 정서지각은 정서를 인식하는 능력이고, 정서의 사고촉진은 인지활동을 향상시키는 데 정서를 활용하는 것이다. 정서이해는 정서적 지식을 활용하는 능력이고, 정서조절은 정서를 관리하고 조절하는 능력이다. 정서지능의 개념을 대중화한 골먼(Goleman, 1995)은 정서지능이 5가지의 요소인 정서인식능력, 정서통제능력, 동기부여능력, 타인 정서인식능력, 대인관계 관리능력으로 구성된다고 주장했다. 정서인식능력은 자신이 느끼는 정서를 알아차리는 능력을, 정서통제능력은 자신의 정서를 적절하게 처리할 수 있는 능력을, 동기부여능력은 성취를 위해 어려움을 참고 노력하려는 능력을 의미한다. 타인 정서인식능력은 타인의 정서를 읽는 능력이고, 대인관계 관리능력은 타인의 정서에 대한 인식을 바탕으로 대처할 수 있는 능력이다.

많은 학교는 학생의 정신건강 문제로 인한 학교 부적응에 적절한 개입 및 안전한 학교풍토를 조성하기 위해 학생의 사회정서능력 증진에 대한 다양한 교육적 시도를 한다. 이러한 교육적 시도를 효과적으로 실행하는 방법과 절차 중 **사회정서학습**(social and emotional learning: SEL)이 있다. 사회정서학습은 정서를 이해하고 관리하며, 긍정적 목표를 설정하고 달성하며, 타인을 배려하고 긍정적 인간관계를 형성 및 유지하며, 현명한 판단을 하고 책임있는 결정을 내리는 데 필요한 지식, 태도, 기술을 습득하고 효과적으로 활용하는 과정이다 (CASEL, 2017). 학생의 사회정서능력은 자기인식, 자기관리, 사회적 인식, 관계기술, 이를 활용한 책임있는 의사결정까지 다섯 가지이다(〈그림 3-2〉 참조).

라. 동기

동기는 개인으로 하여금 무엇인가를 시작하게 하고, 그것을 지속적으로 추구하게 하며, 시작한 과제를 완성하도록 이끄는 힘이다. 동기는 내적인 정신에너지 혹은 정신적인 힘으로서 인간이 목표를 달성하는 데 도움을 준다. 그중 **학습동기**는 학생이 학습을 얼마나 지속적으로 할 수 있는지와 관련된 동기이다. 학습동기는 학습목표를 향하여 행동하도록 하고, 노력과 에너지를 증가시킨다. 또한 학습을 시작하게 하고 지속하게 하며, 인지적 과정을 촉진하여 수행을 높인다. 결과적으로 학습동기가 높은 학생들은 수업 활동에서도 뛰어나고 높은 성취를 이루는 경향이 있다.

행동의 이유가 그 행동의 내부에 존재하는가 아니면 외부에 존재하는가에 따라 동기는 내재적 동기와 외재적 동기로 구분된다. **내재적 동기**는 행동을 하는 근본적인 목적이 그 행동 내부에 존재하는 것으로, 행동자체를 수행하는 데 목적을 둔 동기를 말한다. **외재적 동기**는 행동을 하는 목적이 외부에 존재하는 것으로 특정 목적을 달성하기 위해 행동을 하려는 동기를 의미한다. 외재적으로 동기화된 경우 외적 보상이 주어지지 않으면 행위가 곧 중단된다. 이에 비해 내재적으로 동기화된 행동은 자발적이고 지속적이며 유의미학습을 촉진한다.

✓ 칭찬이 재미를 사라지게 한다?

• 참고자료 •

한적한 동네에서 홀로 사는 노인은 조용한 시간을 좋아했는데, 집 앞 공터가 시끄러워졌다. 노인은 놀러온 아이들에게 돈을 주었고, 아이들은 더 신나게 놀았다. 이후, 노인은 아이들에게 돈을 지속적으로 주었고 아이들은 신나게 놀았다. 하지만, 더 이상 돈을 줄 수 없게 되자 아이들은 돈 없이 공터에서 놀지 않겠다고 하며 공터를 떠나버렸다. 아이들은 돈 없이도 재미있게 놀았는데, 왜 공터에서 놀지 않게 된 것일까?

교육현장에서는 학습동기를 높이기 위해 외적 보상을 제공하는데, 과자나 교사의 칭찬이 대표적으로 여기에 속한다. 하지만 레퍼 등(1973)의 연구는 외재적 보상이 내재적 동기를 손상시킬 수 있음을 보여준다. 연구는 스탠포드 대학교 내 유치원에 다니는 아동을 대상으로 진행되었다. 연구대상은 그림을 그리면 상을 주겠다는 보상 기대집단, 사전예고는 하지 않고 그림을 그린 아동에게 상을 준 보상 비기대집단, 사전예고와 선물을 모두 하지 않은 무보상 집단으로 구성했다. 연구절차는 평소 아동들을 관찰하고 처치 후 행동을 관찰하였고, 그 결과는 [그림 3-3, 3-4]와 같다. 즉, 보상에 대한 기대가 없는 아동들이 그림을 그리려는 동기가 높았고, 그림을 그린 결과물도 더 우수했다.

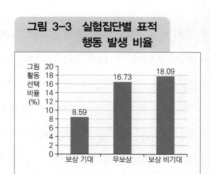

그림 3-3 실험집단별 표적 행동 발생 비율

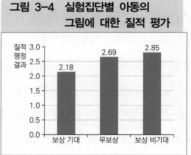

그림 3-4 실험집단별 아동의 그림에 대한 질적 평가

Lepper, M. R., Greene, D., & Nisbett, R. E. (1973).

2

학습자의 발달

발달(development)이란 전 생애 동안 개인에게 일어나는 인지적, 정의적, 신체적, 사회적 측면에서의 모든 변화이다. 발달 수준에 따라 교육목표, 교육내용, 교육방법이 크게 달라지기 때문에 발달은 교육과 밀접한 관련이 있다. 교육이 그 목적을 달성하기 위해서는 학습자의 발달상태를 정확하게 이해하는 것이 중요하다.

발달은 성숙(유전)과 학습(환경), 혹은 이 두 가지의 상호작용의 결과로 일어난다. 성숙(maturation)은 생물학적 나이, 유전적 스케줄에 따라 발생하며, 환경과 무관하게 일어나는 변화이다. 교사는 학생들이 생물학적으로 어떤 일을 할수 있는지를 파악하고 있어야 한다. 그런데 자동적으로 혹은 자연적으로 일어나지 않는 행동이나 사고의 변화는 무엇인가? 이것이 학습의 결과이다. 학습(learning)은 경험의 결과로서 일어나는 행동이나 사고의 변화이다. 같은 부모 밑에서 태어난 형제도 자라면서 환경으로 인한 차이를 나타내는 경우 혹은 같은 환경에서 자란 입양아들의 다른 특징은 유전과 환경의 상호작용을 시사한다. 즉, 발달은 성숙과 학습의 상호작용이다.

발달의 여러 특성은 상호 관련된다. 인간의 제 특성─신체적 특성, 언어적특성, 인지적 특성, 정서적 특성 등─은 독자적으로 발달하는 것이 아니라 서로 영향을 주고받는다. 영역별 발달을 다루는 대표이론은 다음과 같다. 인지적발달 대표이론에는 피아제(Piaget)의 인지발달이론, 비고츠키(Vygotsky)의 인지발달이론이 있고, 성격 발달의 대표이론에는 프로이트(Freud)의 심리성적 성격발달이론, 에릭슨(Erikson)의 심리사회적 성격발달이론, 도덕성 발달 대표이론에는 피아제의 도덕성 발달이론, 콜버그(Kohlberg)의 도덕성 발달이론이 있다. 여기서는 이 중 피아제의 인지발달이론, 비고츠키의 인지발달이론, 에릭슨의 심리사회적 성격발달이론, 콜버그의 도덕성 발달이론을 살펴본다.

가. 피아제의 인지발달

피아제는 인지발달에 대한 가장 영향력 있는 이론을 제시하였다. 피아제는 도식(schema, 쉐마, 스키마), 평형화(equilibrium), 그리고 동화(assimilation)와 조절(accomodation)의 개념을 사용하여 인간의 인지발달 과정을 설명하였다. 도식은 이 세상을 이해하는 인지적 틀, 세상에 대한 내적표상, 인지구조를 말한다. 여기서 내적표상이란 어떤 사물을 인식할 때 머릿속에 그려지는 이미지이다. 예를 들어 사과라는 말에 머릿속에 그려진 것들인 빨간색, 맛있다, 둥글다 등이 사과에 대한 내적표상, 즉 도식이다. 평형화란 경험, 환경과 도식과의 일치를 의미한다. 즉, 개에 대한 도식(예, 다리가 4개, 털, 멍멍 짖는다)과 환경에서 경험하는 개가 일치할 때 이를 평형화라 한다. 그러나 아동은 자신의 머릿속에 있는 세상과 일치하지 않는 상황을 마주치기도 한다. 예를 들어 아동이 개라고 생각하는 동물에 대해 어른들은 고양이라는 단어를 사용할 수 있다. 이러한 불일치를 인지불균형(비평형화, disequilibrium)이라 한다.

인지불균형을 해결하여 평형화하는 두 가지 과정이 동화와 조절이다. 동화란 아동이 세상에 대해 이전에 가지고 있던 도식에 근거하여 새로운 경험을 해석하는 과정을 의미한다. '개'에 대한 도식을 가진 아동이 '고양이'를 보고 '개'라고 부르는 것이 동화의 예이다. 조절이란 새로운 경험을 설명하기 위해 기존의 도식을 수정하거나 새로운 도식을 만드는 과정을 뜻한다. '개'에 대한 도식을 가진 아동이 '고양이'가 '개'가 아님을 깨닫고 '고양이'라는 도식을 형성했다면 조절을 한 것이다. 피아제는 인지발달단계에 따라 단계별로 도식이 발달한다고 보았고, 그 인지발달단계는 감각운동기, 전조작기, 구체적 조작기, 형식적 조작기이다(〈그림 3-5〉 참조).

1) 감각운동기(0~2세)

감각운동기(sensori-motor stage)의 유아는 세상을 탐색하는 데 자신의 감각과 운동능력을 사용한다. 신생아는 사물에 대한 표상이 이제 막 형성되고 있고, 사고는 자신의 행동이 미칠 수 있는 범위로 제한되어 있다. 특정 물체를

그림 3-5 피아제의 인지발달과 지적 특성

단계	감각운동기 (0~2세)	전조작기 (2~7세)	구체적 조직기 (7~11세)	형식적 조직기 (11세 이후)
지적 특성	• 순환반응 • 대상영속성 • 표상적 사고	• 자기중심성 • 보존개념 미형성 • 물활론	• 가역적 사고 • 유목 포함 • 분류/서열화	• 추상적 사고 • 가설연역적 사고 • 조합적 사고

잡기 위해 손을 뻗고 손에 잡히는 물건들은 입에 가져가기도 한다. 이후 유아는 인지발달 측면에서 순환반응(circular reaction, 어떤 행동을 반복하는 것), 대상영속성(object permanence), 표상적 사고(representational thought, 눈앞에 없는 사물이나 사건들을 정신적으로 그려낼 수 있는 능력)를 획득하게 된다.

그림 3-6 대상영속성과 까꿍놀이

대상영속성은 눈앞에 사물이 보이지 않더라도 존재한다는 사실을 인식하는 능력이다. 대상영속성이 획득되지 않은 아동에게 보이지 않는 것은 존재하지 않는 것을 의미한다. 예를 들어, 5개월 된 유아를 엄마가 바라보다가 문 뒤에 몸을 숨긴다면, 유아는 엄마가 보일 때는 응시하다가 엄마가 안보이면 울거나 엄마가 마치 없었던 것처럼 행동할 것이다. 그러나 대상영속성이 획득된 11개월 유아에게 같은 행동을 하면, 유아는 엄마를 찾으려고 엄마가 숨은 곳으로 이동할 것이다.

2) 전조작기(2~7세)

전조작기(pre-operarional stage)는 사고와 언어의 발달이 급속히 이루어지며 내적표상을 상징으로 표현하는 것이 가능해진다. 따라서 이 시기의 유·아동은 상징을 통한 다양한 놀이가 가능하지만, 여러 측면에서 성인 수준의 논리적인 사고는 어렵다. 이 시기에 나타나는 불완전하고 비논리적인 특징으로 자기중심성, 보존개념 미형성, 물활론(物活論) 등이 있다.

자기중심성은 타인의 생각, 감정 등이 자신과 동일하다고 믿고 타인의 관점을 고려하지 못하는 경향성을 말한다. 자신이 아끼는 장난감을 엄마도 좋아할 것이라고 생각해서, 엄마의 생일선물로 이 장난감을 준다. 피아제는 이를 밝히기 위해 '세 산 실험(The Three-Mountain Task)'을 하였다(〈그림 3-7〉 참조). 세 산 실험에서 아이에게 자신이 보는 산의 모양과 상대가 보이는 산의 모양을 물었을 때, 아이가 고른 산의 모양이 같았다. 상대가 보이는 산의 모양이 내가 보는 산의 모양과 같다는 것은 유아의 자기중심성을 보여준다.

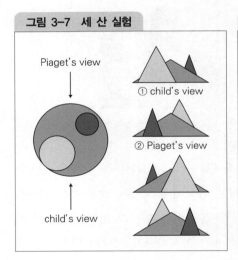

그림 3-7 세 산 실험

Piaget's view

① child's view

② Piaget's view

child's view

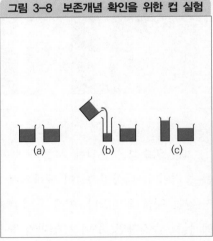

그림 3-8 보존개념 확인을 위한 컵 실험

(a) (b) (c)

보존개념이란 물질의 모양이 변해도 특성이 변화되지 않는다는 것을 인식하는 것이다. 아동에게 같은 양의 액체가 담겨있는 같은 모양의 컵 두 개를 보여준 후 액체의 양이 같은지를 물어본다. 그런 후 실험자는 아동이 지켜보는 데서 하나의 컵에 있는 물을 높이가 높고 가느다란 다른 컵에 붓는다. 이때 아동에게 두 개의 컵에 담긴 액체의 양이 같은지를 물어보면, 아동은 높이가 높은 컵의 물이 더 많다고 대답한다. 아직 보존개념이 형성되지 않았기 때문이다. 물활론은 생명이 없는 대상에 생명과 감정을 부여하는 비논리적인 사고를 가리킨다. 이 시기의 아동은 인형, 구름, 꽃 등이 살아있다고 생각해서, 이들에게 말을 건네거나 야단을 치는 등의 행동을 한다.

3) 구체적 조작기(7~11세)

구체적 조작기(concrete operarional stage)는 직접 경험할 수 있는 구체적 사물에 대한 논리적 사고를 할 수 있는 시기이다. 이 시기 아동은 자아중심성에서 벗어나 다른 사람의 입장이나 관점을 고려하고, 보존개념을 획득하고 분류 능력과 서열화 능력도 발달한다. 또한 아동은 행위 혹은 조작을 정신적으로 철회 혹은 무효화할 수 있는 능력인 가역적 사고를 할 수 있다. 예를 들면 구체적 조작기의 아동은 앞서 보존개념 실험에서 높이가 높은 컵에 있는 액체를 본 후 실험자가 했던 행동을 마음속에 그려보고, 새로운 컵에 있기 전에 양이 같았다는 것을 생각할 수 있다. 그러나 이들의 조작은 아직 구체적인 대상에 대해서만 가능하므로, 사람들에게 자유를 주거나 빼앗는 행위 등의 추상적이고 형식적인 개념의 조작은 불가능하다.

4) 형식적 조작기(11세 이후)

형식적 조작기(formal operarional stage)는 가설을 세워 사고하며, 현실적인 것뿐만 아니라 비현실적인 것에 대해서도 추론할 수 있는 시기이다. 추상적인 문제를 체계적으로 사고하고 그 결과를 일반화할 수 있다. 예를 들면 구체적 조작기 아동들이 서로를 부르는 별명은 주로 이름을 이용한 별명으로 제한되지만, 형식적 조작기 아동들은 성격적 특성 등을 고려한 별명을 부른다. 또한 '만약 눈이 세 개라면'이라는 주제로 아동들에게 그림을 그리게 하면 구체적 조작기 아동들은 대체로 눈과 눈 사이에 세 번째 눈을 그린다. 왜냐하면 현재 눈이 그곳에 있기 때문이다. 하지만 형식적 조작기 아동들은 눈을 머리꼭대기에 그리거나 손가락 끝에 그리는 등 현실을 벗어난 다양한 상상도 가능하다.

나. 비고츠키의 인지발달이론

비고츠키는 인지발달에 있어서 언어는 사고의 결과로 보고 언어를 중요시하였다. 학생은 언어를 통해 사고하는데, 이때 언어는 사회문화적 맥락 안에서 타인과의 사회적 상호작용을 돕는 역할을 한다. 따라서 언어는 학생들이 능동적인 지식구성을 위해 고려해야 할 중요한 요소이다. 인간발달은 사회문화적 요소가 중요하고, 학습을 위해서는 이러한 사회적 상호작용을 살펴보아야 한다.

1) 근접발달영역

근접발달영역(zone of proximal development: ZPD)은 혼자 해결할 수 없지만 더 나은 타인과 학습하면 성공할 수 있는 잠재력이다. 즉, 학습자가 현재 과제를 해결할 수 있는 실제적 발달 수준보다 앞선 수준의 타인에게 도움을 받아 해결할 수 있을 것으로 기대되는 잠재적 발달 수준 간의 차이를 의미한다.

2) 비계설정

비계설정(scaffolding)은 학습자가 스스로 문제를 해결할 수 없지만 안내와 도움을 받아서 해결할 수 있는 근접발달영역을 고려하여, 필요한 안내와 도움을 제공하는 것을 말한다. 비계는 건물의 층수를 올리거나 외벽 공사 진행 시 만드는 보조물로 작업이 끝나면 제거된다. 따라서 학습자의 수행 수준을 고려하여 도움의 양과 수준을 조절하면 보다 효과적인 학습이 될 수 있다.

3) 내면화

내면화(internalization)는 언어 및 사회적 상호작용을 통해 받아들인 지식을 자기 내면의 사고 체계에 통합하는 과정이다. 언어와 지식은 오랫동안 축적된 사회문화적 소산으로 언어를 통해 소통하거나 상호작용하면서 복잡한 지식과 개념을 내면화하는 것이다.

✓ **피아제와 비고츠키**   ▪ 참고자료 ▪

피아제와 비고츠키는 인지발달이론에서 대표적인 학자로, 모두 지식은 주관적이고 학습자가 스스로 구성한다는 구성주의를 주장했다. 두 사람의 이론은 구성주의라는 관점에서 맥을 같이 하지만, 지식형성 방법에는 차이가 있다. 따라서 피아제는 인지적 구성주의로, 비고츠키는 사회적 구성주의로 구분하기도 한다.

인지적 구성주의	사회적 구성주의
• 개인 내적 지식이 사회적 지식으로 확대 • 교사는 인지능력 정교화하는 역할 • 구체적 조작기부터 또래 학습 가능	• 사회적 지식이 개인 내적 지식으로 내면화 • 교사는 사회문화적 도구를 사용하는 방법을 지원하는 역할 • 모든 연령에서 협동학습 가능

피아제는 스위스의 뇌샤텔(Neuchâtel)에서 태어나 대학교수인 아버지 아래 생물학과 자연 세계에 깊은 관심을 가진 조숙한 아이로 성장했다. 1907년 10살 무렵 알비노 참새에 대한 소논문을 시작으로, 전 생애에 걸쳐 60권이 넘는 책들과 몇 백 개의 글을 썼다. 생물학박사 취득 후, 비네 지능검사를 만든 알프레드 비네(Alfred Binet)가 운영한 남학교에서 아이들을 가르쳤다. 이때

피아제(1896~1980)

이 지능검사의 몇 가지 예시를 기록하면서 피아제는 아동들이 특정 질문에 일관되게 틀린 답을 내고 있음에 주목했다. 피아제는 아동들의 오답에 별로 주목하지는 않았지만, 나이 어린 아동들이 나이 많은 아동들이나 어른들이 하지 않는 같은 패턴의 실수를 반복하는 것을 보고 발달단계의 전체적인 이론을 제안했다. 1921년 피아제는 스위스로 돌아가 제네바에 있는 루소 연구소에 부임했다. 1923년 그는 자신의 학생인 발렌틴 샤트네(Valentine Châtenay)와 결혼하여, 3명의 아이를 두었고 피아제의 주요 연구대상이기도 했다. 이후 그의 연구물들은 학계의 권위 있는 에라스무스상을 포함한 다수의 상을 받으면서 아동심리학에서 세계적인 권위자로 인정받았다.

비고츠키는 벨라루스 보르샤(Belarus Borsa)의 유복한 유대인 가정에서 풍부한 문화, 지적인 가정환경 속에 성장했다. 모스크바대학교에 입학해 법학을 전공하다가, 재학 중 러시아 혁명을 경험한 그는 대학 시절에 철학, 사회과학, 심리학, 언어학, 문학, 미술 등 광대한 영역의 지식을 익혔다. 1918년 대학을 졸업한 뒤 고멜(Gomer)로 돌아가 교직에 종사하면서 학문을 계속한 비고츠키

비고츠키(1896~1934)

는 1925년에 예술의 심리학(The psychology of art)으로 박사학위를 받았다. 1924년부터 1934년까지는 모스크바 실험심리연구소에서 본격적으로 연구활동을 해 나갔다. 그는 10년 정도의 짧은 연구활동 기간에 발달심리학 분야를 시작으로 폭넓은 분야에서 수많은 실험적·이론적 연구를 하다가 37세의 젊은 나이에 결핵으로 사망하였다. 비고츠키의 저서는 1953년 스탈린이 사망하기까지 출판이 금지되었지만 러시아 심리학에 많은 영향을 주었고, 1960년대에 비고츠키의 『Thought and Language』가 영어로 번역되면서 많은 심리학자들이 비고츠키에 대하여 관심을 보이기 시작하였다. 비고츠키는 마르크스(Marx) 이론의 영향을 받아 정신활동의 사회문화적 측면에 주목했으며, 인지발달론을 중심으로 폭넓은 업적을 남겼다.

다. 에릭슨의 심리사회적 성격발달이론

에릭슨의 심리사회적 성격발달이론은 개인의 발달은 사회적 맥락 안에서 일어난다는 것을 강조한다. 에릭슨은 **위기**(crisis)를 각 단계에서 출현하는 발달과업, 즉 특정 시기에서 해결해야 할 사회발달과제를 의미하는 개념으로 사용했다. 그래서 각 발달단계에서 당면하는 위기를 긍정적으로 해결하면 건전한 성격으로 발달하지만, 그렇지 못할 경우 부정적인 적응문제가 발생한다고 본다.

1) 신뢰감 대 불신감(0~1세, 희망)

출생 후 1년은 **기본적 신뢰감 대 불신감**(trust vs. mistrust)의 심리가 발달하고, 이 위기를 잘 극복하면 희망(hope)의 덕목을 갖는다. 신생아는 양육자가 생리적인 욕구에 민감하게 반응하고 애정으로 신생아의 욕구를 만족시켜주면 양육자를 신뢰하게 되고 기본적 신뢰감을 형성한다. 예를 들어, 오줌을 쌌거나 배가 고플 때 양육자가 이를 곧 알아차려 요구에 잘 응해주면, 이런 비슷한 상황에 놓였을 때에도 양육자가 곧 자신의 필요를 충족시켜주거나 고통을 덜어줄 것이라고 기대하게 된다. 하지만 양육자가 적절히 응해주지 못하거나 일관성 없이 대하면 좌절하고 불신감을 갖게 된다.

2) 자율성 대 수치심 및 의심(2~3세, 의지력)

2~3세경의 영아기는 **자율성 대 수치심 및 의심**(autinomy vs. shame and doubt)의 심리가 발달하고, 이 위기를 잘 극복하면 의지력(will)의 덕목을 갖는다. 이 시기의 영아는 양육자의 도움 없이 스스로 먹고 배변도 시작하면서 스스로 무언가를 하려고 노력한다. 이때 영아에게 자율적인 활동을 허용하고 격려하면 자율성을 형성한다. 그러나 과보호 내지 통제하거나 자율적인 행동에 대해 비난하면 영아는 자신의 능력을 의심하게 되고 수치심을 느끼게 된다.

3) 주도성 대 죄책감(4~5세, 목적의식)

4~5세경의 유아는 **주도성 대 죄책감**(initiative vs. guilt)의 심리가 발달하고, 이 위기를 잘 극복하면 목적의식(purpose)의 덕목을 갖는다. 이 시기의 유아는 스스로 활동을 계획하고, 목표를 세우고, 이를 달성하는 주도적인 활동을 하려 한다. 부모가 자녀에게 주도적인 활동의 자유를 허용하면 유아는 사회적으로 수용 가능한 방식으로 자신을 주장하는 법과 사람을 대할 때나 일을 처리할 때 어떻게 주도력을 발휘해야 하는지를 배우게 된다. 그러나 부모가 유아가 주도적으로 활동할 수 있는 기회를 제한하거나 유아의 행동을 꾸짖으면 유아는 위축되고 자기 주도적인 활동에 대해 죄책감을 느끼게 된다.

4) 근면성 대 열등감(6~12세, 유능성)

6~12세 아동은 **근면성 대 열등감**(industry vs. inferiority)의 심리가 발달하고, 이 위기를 잘 극복하면 유능성(competence)의 덕목을 갖는다. 이 시기의 아동은 학교를 다니며 많은 인지적 기술과 사회적 기술을 습득해야 하고, 교사와 친구들의 영향력이 커지게 된다. 아동이 학교 공부 등에서 성취감을 경험하면 근면성이 발달하고 긍정적 자아개념을 형성하게 된다. 그러나 아동이 학교 공부나 가정에서 주어지는 과제가 너무 어려워 실패로 끝나는 경험이 많아져 성취감을 느끼지 못하면 열등감을 느끼게 된다.

5) 정체감 대 역할혼미(청소년기, 충실성)

청소년기는 **정체감 대 역할혼미**(identity vs. role confusion)의 심리가 발달하고, 이 위기를 잘 극복하면 충실성(fidelity)의 덕목을 갖는다. 이 시기의 청소년들은 자신이 누구이며 무엇이 자신에게 중요한지, 자신들의 가치는 무엇이고 어떤 사람이 될 것인지를 고민한다. 이러한 고민들에 대해 스스로 구성한 정의, 자기 자신이 어떤 존재인가에 대한 확고한 인식을 정체성이라 한다(권대훈, 2009). 사고능력의 발달은 세상과 자신 및 자신의 미래에 대한 적극적인 탐색과 미래에 대한 계획을 가능하게 한다. 독서, 여행 등의 다양한 경험과 주변 사람들과의 멘토링이 정체감 형성에 도움이 될 수 있다. 하지만 그렇지 못할 경우 자기가 누구인지, 어떤 사람이 될 것인지, 무슨 일을 하며 살아갈 것인지 등에 대해 계속해서 혼란을 경험하는 역할혼미 상태에 빠지게 된다.

6) 친밀감 대 고립감(성인 초기, 성숙한 사랑)

성인 초기는 **친밀감 대 고립감**(intimacy vs. isolation)의 심리가 발달하고, 이 위기를 잘 극복하면 성숙한 사랑(mature love)의 덕목을 갖는다. 성인 초기는 직업을 찾고 이성이나 친구와의 친밀한 관계를 추구한다. 또한 이 단계에서는 직업 선택, 배우자 선택, 친구 선택 등의 다양한 문제를 경험한다. 조건 없이 다른 사람에게 무언가를 해 줄 수 있는 마음과 타인 이해, 자기 이해가 있을 때 친밀한 관계가 가능하고 그 안에서 개인은 친밀감을 느끼게 된다. 그렇지 못할 경우 사회적 공허감이나 소외감이 발달하게 될 것이며 고립되어 자신에게만 몰두하게 된다.

7) 생산성 대 침체감(중년기, 배려)

중년기는 **생산성 대 침체감**(generativity vs. stagnation)의 심리가 발달하고, 이 위기를 잘 극복하면 배려(care)의 덕목을 갖는다. 중년기는 자신의 문제에서 벗어나 세상에 무엇을 기여할 것인가를 고민하는 시기이다. 이 단계에서는 자녀를 양육하는 역할이나 지식과 기술을 다음 세대에 전수하는 직업 활동을 통해 생산성을 경험할 수 있다. 그러나 직업이나 자녀 양육을 통해 세상에 의미 있는 공헌을 하지 못할 때 침체감을 느낀다.

8) 자아통합 대 절망감(노년기, 지혜)

노년기는 **자아통합 대 절망감**(integrity vs. despair)의 심리가 발달하고, 이 위기를 잘 극복하면 지혜(wisdom)의 덕목을 갖는다. 이 단계에서 사람들은 자신이 걸어온 삶, 특히 삶에서의 여러 선택과 결정에 대해 의미를 부여한다. 자신의 삶에 대해 열심히 살았고 가치 있었다고 생각하는 사람은 자기가 살아온 삶에 대해 긍정적인 가치를 부여하고 죽음 또한 겸허하게 받아들이며 자아통합을 이룬다. 그러나 자신이 살아온 길이 후회스럽고 무가치하며 새로운 인생을 시작하기에는 너무 늦었다고 생각하는 사람은 다가오는 죽음을 받아들이지 못하고 절망감에 빠지게 된다.

라. 콜버그의 도덕발달이론

콜버그는 주로 아동을 대상으로 한 피아제의 도덕발달이론을 성인에 이르기까지 확대하여 3수준 6단계의 이론으로 심화·발전시켰다. 그는 10~16세의 소년을 대상으로 가상적인 **도덕적 갈등상황**(moral dilemma)을 제시한 다음 갈등상황에 대한 도덕적 판단을 근거로 하여 도덕발달단계를 설정하였다. 10여 년의 종단연구를 통해 나이가 들어감에 따라 도덕발달단계가 높아짐을 발견했다.

도덕적 갈등상황에서는 정답이 있을 수 없다. 그래서 갈등상황에 대해 선택을 하도록 한 다음 자신의 선택을 어떤 기준에 따라 정당화하고 있는가를 분석하여 그 사람이 어느 도덕발달 단계에 속하는가를 판단하였다. 이 이론은 도덕 발달을 인지발달의 한 양상으로 파악하고, 도덕을 도덕적인 상황에서 옳고 그름을 판단할 수 있는 능력이라고 정의한다.

콜버그(1927~1987)

⊃ 하인츠 딜레마

유럽의 한 마을에 여자가 병으로 죽어가고 있는데, 그녀를 구할 수 있는 약은 한 가지뿐이었다. 그것은 이 마을의 약사가 파는 약으로, 가난한 남편 하인츠는 절반의 금액밖에 구하지 못했다. 하는 수 없이 그는 약사를 찾아가 그 약을 좀 싸게 팔든지 혹은 모자라는 돈은 다음에 갚게 해달라고 간청했지만 약사는 거절했다. 그날 밤 하인츠는 약국에 침입하여 그 약을 훔쳤다.

질문 1. 하인츠가 약을 훔친 것은 정당한 일인가?
질문 2. 하인츠가 정당하거나 그렇지 않다면 그 이유는 무엇인가?

---

1) 전인습 수준

전인습 수준은 기본적으로 자기중심적 사고에 근거한 도덕적 추론을 한다. 이 수준에서의 도덕 판단의 기준은 자신의 아니라 권위를 지닌 사람 혹은 어른이다. 이들은 벌을 피하고 상을 받기 위해 권위를 가진 사람이 부여한 규칙에 복종한다.

- 1단계: 벌과 복종에 의한 도덕성

  이 단계에서는 행위에 수반되는 물리적 결과를 기준으로 옳고 그름을 추론한다. 처벌받는 행위는 나쁜 행위로, 처벌을 받지 않는 행위는 옳은 행위로 간주한다. 그래서 선생님에게 걸리지 않으면 친구를 때려도 괜찮다고 생각한다.

- 2단계: 욕구 충족 수단으로서의 도덕성
  이 단계에서는 자신이나 타인의 욕구충족 여부를 기준으로 도덕적 판단을 한다. 즉, 자신이나 타인의 욕구를 충족시켜 주는 행위가 도덕적이라고 생각한다. 그래서 자신에게 이익이 된다고 여길 때만 규칙을 따른다. 이 시기의 아동은 "네가 나를 도우면 나도 너를 돕겠다."라고 한다.

2) 인습 수준

인습 수준의 도덕적 판단은 사회적 규칙의 준수를 기준으로 한다. 이들은 자신의 판단보다 사회적으로 이미 합의된 사회적 규칙이 옳다고 믿기 때문에 사회적 규칙을 따른다.

- 3단계: 대인관계 조화를 위한 도덕성
  이 단계에서는 다른 사람을 도와주고 기쁘게 하는 행위나 다른 사람의 인정을 받는 행위를 옳은 행위라고 생각한다. 즉, 도덕적인 행위란 다른 사람이 칭찬하는 행위를 의미한다. 이 단계는 충성심과 다른 사람의 기대에 부응하는 것을 중시한다는 점에서 착한소년-소녀 지향이라고도 한다. 부모를 걱정시키지 않기 위해 귀가 시간을 지키는 자녀는 이 단계에 해당한다. 또한 좋은 성적으로 부모님에게 칭찬을 받기 위해 시험 때 부정행위를 하는 학생 혹은 친구를 위해 거짓말을 하는 학생이 그 예이다.

- 4단계: 법과 질서 수준으로의 도덕성
  이 단계에서 도덕적 판단의 기준은 법이나 질서이다. 합법적인 권위의 규칙을 따르는 것이 옳다고 생각하며 법은 법이기 때문에 그 자체로 정당화된다고 본다. 즉, 법 자체의 옳고 그름에 대해서는 고려하지 않는

다. 호주제에 문제가 많다고 말하면서도 법이기 때문에 준수한다고 하
는 것이 그 예이다.

3) 후인습 수준

후인습 수준은 내면화된 도덕적 절대성에 근거하여 도덕적 추론을 한다.
그것은 사회적 규칙과 일치하지 않을 수도 있다.

• 5단계: 사회계약으로서의 도덕성
    이 단계에서는 사회적 계약과 개인의 권리가 모두 중요하다는 것을 알
게 된다. 개인의 권리를 존중하고 사회 전체가 인정하는 기준을 지키는
행동이 도덕적이라고 생각한다. 또한 법을 고정불변의 것이 아니라 유
동적인 것으로 생각하고, 법이 사람들의 요구를 충족시키지 못할 경우
상호 합의와 민주적인 절차를 통해 변경할 수 있다고 생각한다. 친구,
가족, 정부의 반대에도 불구하고 자신이 속한 사회의 전체주의적 정부
와 맞서 싸우는 경우가 그 예이다.

• 6단계: 보편적 원리에 의한 도덕성
    이 단계에서 도덕적 판단은 스스로 선택한 도덕적 원리에 기반을 둔 양
심에 따라 결정된다. 사회의 다른 사람에 관계없이 정의, 인간존엄성,
평등과 같은 추상적이고 보편적 원칙을 따라야 한다고 믿으며 그것에
헌신한다. 콜버그는 이 단계에 이르는 사람이 현실세계에 매우 드물며
이 단계는 이상에 가깝다고 말했다. 그럼에도 불구하고 이 단계를 성취
하는 사람도 있다. 예를 들어 테레사 수녀는 도덕적 명령이라 느끼며
극빈층을 위해 헌신했다.

참고영상

- EBS 특별기획 아기성장보고서
  https://www.youtube.com/watch?v=gSh1YBhHMcU&list=PL-Sx4Fuua_Se-ayLuaR_c_RND-ygHoyoB&index=5

- EBS 다큐프라임 아이들의 사생활 4부 다중지능
  https://www.youtube.com/watch?v=9LwRNOBEcKY

- EBS 다큐프라임 아이들의 사생활 2부 도덕성
  https://www.youtube.com/watch?v=XT_UyuXal-g

- EBS 특집다큐멘터리 동기 1부, 실패를 이기는 힘
  https://www.youtube.com/watch?v=JEaNTlpPeyw&t=5s

01 2004 중등

다음의 내용에서 교사가 활용한 지능이론은?

〈보기〉
박교사는 지난 여름방학 직무연수에서, 학습자에게는 최소한 한 가지 이상의 우세한 지능 영역이 있으므로 학습자에게 약한 영역을 지도할 때 그에게 '상대적으로 우세한 영역의 지능을 활용'할 수 있도록 교수-학습활동을 다양화하는 것이 보다 효율적이라는 점을 시사하는 이론을 접했다. 박교사는 그때 대중가요를 좋아하고 음악은 잘 하지만, 글짓기를 싫어하는 미영이를 떠올렸다. 개학 후 미영이를 위해 좋아하는 노래의 가사를 창의적으로 바꾸어 보게 하고, 작은 음악회를 개최할 수 있도록 안내하는 교수-학습활동을 구성하였다.

① 다중지능이론   ② 도덕지능이론   ③ 삼원지능이론   ④ 지능구조이론

02 2002 중등

다음 중 학생의 학습동기를 높여주는 방법으로 가장 적합하지 않은 것은?

① 가능한 쉬운 과제를 부여한다.
② 시험 성적을 본인에게 알려준다.
③ 과목의 중요성을 학생의 진로와 관련지어 설명해준다.
④ 성적이 좋은 학생에게 열심히 노력한 결과라고 말해준다.

03 2001 초등

에릭슨이 주장하는 심리사회적 발달을 촉진하기 위한 지도방법이다. 어떤 성격의 발달과 가장 관련이 있는가?

〈보기〉
- 학생이 자신의 성취를 확인할 수 있도록 한다.
- 독립심과 책임감을 보일 수 있는 기회를 준다.
- 어려운 과제의 완성에 대한 기쁨을 경험하게 한다.

① 신뢰감   ② 생산성   ③ 근면성   ④ 자아정체감

04 **2005 중등**

다음은 피아제 이론의 인지발달기제와 관련된 예화이다. ㉠, ㉡, ㉢에 해당되는 개념을 바르게 나열한 것은?

〈보기〉

현아는 모둠 학습 과제를 위해 디지털 카메라를 꺼내어 작동시켜 보았더니 고장이 나 있었다. 그래서 어머니께서 빌려다 주신 것을 사용하게 되었다. ㉠ 낯선 제품이었지만 평소 자기의 카메라를 다루던 방식으로 전원 스위치를 눌렀더니 작동이 되었다. 그러나 ㉡ 풍경 모드로 전환하는 방식이 예전의 자기 것과는 달라 당황스러웠다. 현아는 ㉢ 기능 버튼을 이리저리 눌러 보고 새로운 제품의 사용 방법을 익혔다. 그 결과 그 제품을 자유로이 다룰 수 있게 되었다.

	㉠	㉡	㉢
①	도식	조절	동화
②	조절	동화	도식
③	동화	비평형화	조절
④	조절	비평형화	동화

05 **2002 초등**

콜버그의 도덕적 추론 단계에 비추어볼 때, 다음과 같이 주어진 상황에 대답한 아동이 속하는 단계는?

〈보기〉

상황: 한 남자의 부인이 죽어가고 있었다. 부인을 살릴 수 있는 약은 있지만 너무 비싸고, 그것을 조제한 약사가 싼 가격에 약을 팔려고 하지 않았다. 어쩔 수 없어 남자는 그 약을 훔치려고 계획하였다. 이 행위가 정당한 것인가? 그렇지 않은가?

아동의 대답: "만일 남자가 약을 훔친다면 그것은 잘못된 것이다. 그렇게 하면 경찰에게 잡혀서 감옥에 갈 것이기 때문이다."

① 처벌 복종 지향 단계
② 법과 질서 지향 단계
③ 사회적 계약 지향 단계
④ 보편적 원리 지향 단계

도란도란 함께 나누기

학교가 평등하지 않다고 느꼈던 때는?

"공부 잘해야 나중에 잘 산다" 흔히 드라마에 나오는 이야기이다. 사람들은 왜 계층적 위치에 크나큰 관심을 가질까? 하지만 외국에서 박사를 하고 엄청난 학문적 기여를 하고도 시골에 내려가 소박하게 사는 사람, 의사보다 농사를 짓는 삶이 더 행복하다며 직업을 바꾸는 사람에 대해 어떻게 생각하는가?

4

교육사회학의
기   초

교육사회학은 교육현상을 사회학적 관점으로 파악하고 사회학적 방법론을 통해 탐구하여, 교육실제를 이해하고 발전시키는 학문이다. 교육사회학은 '사회적 맥락 속에 교육'을, '교육적 맥락 속에 사회'를 밝히는 사회과학적 학문이다(강창동, 2014). 교육은 사회적 토대 위에서 형성되며, 사회와 교육은 분리해서 생각할 수 없다. 교육과 사회는 서로 영향을 주고 받는다.

　　교육과 사회의 관계는 다양한 예를 통해 알 수 있다. '학교가 평등하지 않았다고 느꼈던 때는?'이라는 질문에 학생들은 우열반을 가장 많이 거론한다. 우리 사회에서 학교는 평등을 위한 장치이다. 그래서 과거에는 '개천에서 용이 나는 것'도 학교를 통해서였다. 즉, 학교는 계층이동이 가능한 가장 확실하고 유일한 제도였다. 그럼에도 학생들은 학교급이 올라갈수록 차별과 불평등을 체험한다. 또한 부모의 소득 수준, 지위에 따른 불평등은 다음 세대로 대물림된다. 미래에 좋은 환경에서 대우받기 위해 학생들은 학교를 빠져나와 학원을 간다. 어떤 사교육을 받느냐가 소득 수준과 지위를 결정할지도 모르는 세상이다. 결국 학생이 다니는 학원이 많아지면 가정의 경제적 부담이 늘어나게 되고 가정이나 사회 문제를 야기한다.

　　이 장은 교육사회학을 거시적 그리고 미시적으로 접근하는 이론을 설명하려고 한다. 기능론과 갈등론을 통해 교육과 사회적 맥락을 거시적으로 살펴보고, 신교육사회학과 교육과정사회학과 같은 미시적 접근을 통해 교실 안의 문제와 교과내용의 사회적 성격을 짚어본다. 이어 학력상승, 교육평등의 문제를 다루고자 한다.

거시적 접근으로 본 교육의 사회적 문제

　　거시적 접근은 사회와 개인을 독립적인 실체로 보고, 사회구조의 분석을 통해 사회의 한 부분인 교육을 설명하고자 하는 입장이다. 예컨대, 학교폭력

사건이 발생했을 때 학교폭력 가해자들의 학교급별 비율, 결손 가정과 학교폭력의 관련성 등을 분석하는 것이다. 즉, 개인을 사회로부터 영향을 받아 움직이는 피동적인 존재로 취급한다(김병성, 2017). 거시적 접근은 사회가 여러 가지 기관으로 이뤄져 있다고 본다. 거시적 접근에는 사회가 안정적이며 각 기관은 각자의 역할과 기능을 수행한다는 기능론과 각 집단은 갈등을 통해 진보한다고 주장하는 갈등론이 있다.

가. 기능론

기능론은 사회의 한 부분을 이루고 있는 교육이 사회 전체의 유지와 발전을 위해 어떤 기능을 하느냐에 초점을 둔다. 기능론은 사회를 유기체로 본다. 유기체는 손, 발, 귀, 심장, 위 등 여러 기관으로 구성되어 있으며 이들은 각기 다른 기능을 담당하고 있어서, 각각의 기능을 순조롭게 수행함으로써 인간의 생존과 활동을 가능하게 한다. 몸의 각 기관은 상호의존적이고, 몸의 기관 일부가 맡은 기능을 수행하지 못하면 병이 난다. 기능론에 따르면 사회도 유기체와 마찬가지로 여러 부분으로 구성되어 있으며, 각 부분은 전체의 존속을 위하여 필요한 각각의 기능을 수행한다(김신일, 2015).

기능론적 교육관은 교육이 다음과 같은 기능을 한다고 본다. 첫째, 교육은 개인의 능력을 증진시킨다. 사회를 유지하는 데 필요한 지식과 규범을 습득하게 한다. 둘째, 교육은 사회통합을 위한 기능을 수행한다. 국민이 사회질서를 유지하도록 가르치고 사회통합에 이바지하도록 질서, 공중도덕, 법 준수를 강조한다. 셋째, 교육은 인재를 선발, 훈련, 배치, 충원하는 기능을 한다. 이를 통해 개인의 능력과 인력활용의 효율성을 극대화한다. 넷째, 교육은 사회이동을 촉진하는 기능을 한다. 교육은 학업성취에 따라 사회적 지위와 소득을 부여하여, 교육을 통한 사회적 계층이동이 가능하게 한다(조발그니, 류정희, 2013).

1) 교육의 사회화 기능

뒤르켐(Durkheim, 2006)은 교육의 본질을 사회화라고 보았다. **사회화**란 개인을 사회적 존재로 만드는 일이고, 교육은 사회의 존속, 유지를 위해 개인을 사회화시킨다. 뒤르켐에 따르면 인간은 비사회적 존재로 태어나기 때문에, 이를 사회적 존재로 길러내야 하는데 교육이 바로 이 기능을 수행한다.

사회화는 보편사회화와 특수사회화로 구분된다. **보편사회화**는 개인이 사회적 존재로 살아가는 데 필요한 지식과 기능, 즉 사회적 규범을 갖추게 하는 것이다. 예컨대, 빨간불이 켜져 있으면 건너지 말아야 하는 것, 어른에게는 존댓말을 해야 하는 것과 같이 사회 구성원이라면 누구나 갖춰야할 공통적 품성을 지니게 하는 것이다. 다음으로 **특수사회화**란 개인이 특정 직업적 기능이나 관련 소양을 갖추게 하여 사회 구성원으로서 역할을 수행할 수 있도록 함으로써 사회의 유지와 발전에 기여하게 하는 과정이다. 예컨대, 간호사, 유아교사, 사회복지사가 되고자 하는 학생들에게 그 직업에 대해 사회가 요구하고, 직업을 유지하는 데 필요한 교육을 시키는 과정을 말한다.

2) 교육의 사회적 규범 기능

드리븐(Dreeben)은 사회화의 내용을 좀 더 구체적인 표현인 **사회적 규범**으로 규정한다. 규범은 상황별로 구체화된 행동의 표준으로서 개인이 특정 상황에서 어떻게 행동해야 하는지를 지시하는 원칙 또는 기대이다(김병성, 2017). 드리븐은 학교가 산업사회에서 필요한 규범 중 가정에서 가르치지 못하는 규범을 아동에게 전수한다고 주장한다. 특히 미국의 학교는 네 가지 중요한 규범을 전수한다고 본다.

첫째, **독립성**은 학문적 학습활동에 적용되는 규범으로 학교에서 과제를 스스로 처리해야 하고 자신의 행동에 대한 책임을 지게 함으로써 습득된다. 학생들은 자신의 행위에 대한 책임을 져야 한다는 사실을 알게 된다. 예를 들면, 학생들이 거짓말을 하거나 부정행위를 하면, 반드시 제재를 받는다. 또한 시험을 볼 때 좌석을 분리하고 부정행위를 할 수 없도록 감시하는 가운데 독립성을 습득하게 된다.

둘째, **성취성**은 학생들이 할 수 있는 최선을 다해 과제를 수행해야 한다는 전제를 받아들이고 그 전제에 따라 행동할 때 습득된다. 이 규범은 교수-학습-평가라는 체제 속에서 형성된다. 학생들은 평가가 자신들의 좋은 의도나 노력에 의해서만 평가되는 것이 아니라, 성취 결과에 의해서 평가된다는 사실을 학교생활 중에 체득하게 된다. 학생들은 다른 아이들과 경쟁하는 과정에서 과제에 대한 성공과 실패를 경험하게 되며, 이러한 과정에서 드러나는 우열의 결과를 인정함으로써 성취성을 자각하게 된다.

셋째, **보편성**은 학교에서의 동질성 확보를 위한 것으로 학생들 모두가 동등하게 취급되고, 정해진 학교의 규칙에 따르도록 하는 과정에서 예외가 인정되지 않는 것을 경험함으로써 습득된다. 학생들은 학교생활을 하며, 각 개인이 학급 구성원으로서 똑같이 취급된다는 사실을 경험하고, 동일 연령의 학생들이 같은 학습내용과 과제를 공유함으로써 보편성을 습득한다.

넷째, **특수성**은 동일 연령의 학생들이 다른 학년과 구별되어 특정한 환경을 공유하며, 학년이나 학교의 수준이 높아지면서 흥미와 적성에 맞는 분야의 교육을 집중적으로 수행함으로써 습득된다. 또한 일반적으로 인정될 수 있는 개인의 특수한 사정에 따라 예외가 인정되는 것을 알게된다. 이러한 특수성도 합리적인 근거를 가질 때에만 허용된다는 것을 배운다(이종각, 1996).

3) 교육의 선발 기능

기능론에 따르면 교육은 사회적 선발, 배치 기능을 한다. 학교교육은 인력을 양성하여 적재적소에 선발, 배치하는 기능을 수행함으로써 사회의 효율성을 높이는 데 기여한다고 본다. 또한 근대사회에서 학교교육은 신분을 대신하여 개인의 사회경제적 지위를 결정하는 데 영향을 미침으로써 능력주의에 따른 사회적 평등을 실현하는 데 기여한다고 주장한다.

파슨스(Parsons)는 산업사회에서 학교가 개개인의 능력과 소질을 정확히 파악하여 적절하게 배치하는 기능을 한다고 본다(김신일, 2015). 파슨스가 강조한 교육의 선발 기능은 다음과 같다. 첫째, 학습자에 대한 진단 기능이다. 선발은 학생들을 능력이 있는 분야와 능력 수준에 따라 분류함으로써 학습자를 진단한다. 둘째, 직업 세계에 대한 분류와 여과 기능이다. 학교는 선발을 통해 학생들의 능력에 따라 다른 교육적 경험을 부여하고 이를 토대로 사회진출을 가능하게 함으로써 직업 세계가 필요로 하는 사람들을 분류하고 걸러낸다. 셋째, 인력 활용의 극대화이다. 선발은 성취에 따라 사회경제적 지위를 배분함으로써 사회적으로는 인력 활용을 극대화할 수 있게 해준다.

학교는 기회균등과 성취에 따라 보상이 이뤄지는 차등적 보상의 가치를 가르치는 곳이다(김병욱, 2012). 따라서 파슨스는 부모가 어떤 사회계층이든 공정한 교육기회를 갖는다면, 성취 수준에 따라 학력 수준이 달라지고, 학력 수준에 따라 사회적 지위의 수준이 달라지므로 교육 선발은 공정하고, 학교교육의 선발 배치 기능이 사회적 평등을 실현한다고 주장한다.

4) 기능론적 교육관의 한계

기능론적 교육관은 다음과 같은 한계를 갖는다. 첫째, 수동적 아동관이다. 학생들은 학교에서 가르치는 것을 무비판적으로 수용하거나 여과 없이 받아들이는 것이 아니다. 둘째, 기능론적 교육관은 불평등한 출발, 과정, 결과에 따라 나타나는 불평등한 사회이동을 간과한다. 셋째, 사회화는 일정한 기간 동안만 일어나는 것은 아니다. 사회화는 학교교육을 마친 성인기에도 지속적으로 이루어진다. 넷째, 기능론적 교육관은 능력주의와 경쟁적 사회적 이동을 중시하여 과잉 교육현상을 초래한다(조발그니, 류정희, 2013).

나. 갈등론

갈등론은 사회를 개인 간 집단 간의 끊임없는 경쟁과 갈등의 연속으로 본다. 즉, 갈등론은 사회의 속성을 세대 간 다툼, 이해의 상충, 지배자의 억압과 피지배자의 저항, 그리고 사회의 끊임없는 불안정과 변동으로 본다(김신일, 2015). 인류의 사회적 재화는 한정되어 있지만, 이를 원하는 인간의 욕망은 무한하기 때문에 이를 차지하기 위한 사회적 경쟁과 투쟁은 불가피하다. 모든 사회집단은 각각의 이해관계를 가지고 있으며 지속적으로 대립할 수밖에 없다

(강창동, 2014).

갈등론은 자본주의 사회의 학교를 지배집단이 현재의 불평등한 위계관계를 정당화하고, 계급 간의 긴장과 갈등을 완화하는 이데올로기적 교화기관으로 본다. 기득권자들이 자신들의 기득권을 합리화하기 위하여 제도를 이용하는데, 그중 학교는 지배집단의 가치나 이데올로기를 통해 지배집단에 유리한 기존 질서를 유지하는 데 기여한다(김병욱, 2012). 이렇게 함으로써 학교는 사회의 불평등 구조를 유지하고 심화시키는 역할을 한다.

기능론은 개인의 능력과 성취를 선발의 기준으로 삼는 능력주의가 사회평등을 실현한다고 생각한 반면, 갈등론은 이 능력과 성취에 크게 영향을 미치는 것이 학습자의 사회경제적 배경이라고 본다. 한 개인이 어떤 사회적 지위를 획득하느냐에 본인의 능력이나 노력보다는 가정배경이 더 영향을 미친다는 것이다. 따라서 갈등론은 능력과 성취에 따른 선발이라는 능력주의는 지배계급의 사회 지배를 정당화하는 허구일 뿐이라고 비판한다.

갈등론적 교육관은 학교의 역할이 다음과 같다고 본다. 첫째, 학교는 지배계급의 이익을 보존, 재생산하기 위한 제도이다. 둘째, 학교교육에서 이뤄지는 사회화는 기존의 질서와 상류계급의 지배를 정당화시킨다. 셋째, 학교의 교육 내용은 지배문화의 이익을 대변하거나 상류계급에 유리하게 구성되어 있다. 넷째, 학교는 불평등을 심화시킨다. 학교는 이미 계층화된 계급구조를 유지 존속하기 위한 도구이며, 이를 재생산하는 제도이다.

1) 경제적 재생산론

자본가는 생산을 극대화시킬 능력 있는 지닌 노동자를 필요로 한다. 따라서 자본가에게 필요한 노동자는 상류사회에 어울릴 수 있는 지식이나 교양, 인성보다는 생산력을 높일 수 있는 지식과 교양을 습득한 이들이다. 이를 위해 학교교육은 학생의 신분에 따라 차별적으로 가치관 및 성격 등을 주입하는 교육을 하고, 이 교육과정에서 자연스럽게 신분질서가 정해지고 불평등이 재생산된다는 관점이 경제적 재생산론이다.

경제적 재생산론을 주장한 보울스(Bowles)와 긴티스(Gintis)는 학교가 작업수행에 적합한 인지적, 사회적 기능과 동기 구조를 갖춘 인간 자본을 만들어낸다고 주장한다. 학교는 자본가가 중시하는 가치와 성격 특성을 강조하고, 이러한 품성을 지닌 노동자를 양산해낸다. 학교는 미래의 하위 노동자들에게 순종하고 복종하는 것을 강조하면서 자본주의적 가치와 품성을 재생산해낸다는 것이다 (김병욱, 2012).

또한 그들은 작업장에서의 사회적 관계와 학교교육에서의 사회적 관계가 형식이 같아서, 구조적인 상응이 일어난다고 주장한다. 상응(相應)이란 한 사회의 경제구조가 학교에 반영되어 있는 상태를 말한다. 학교와 공장은 다음과 같은 면에서 상응한다. 첫째, 노동자가 자신의 작업내용을 선택할 수 없듯이 학생들은 자신이 배울 교육내용을 결정할 수 없다. 둘째, 노동이 돈을 벌기 위한 수단인 것처럼, 교육은 학업성취를 통해 교육의 기회 혹은 안정된 직업을 얻는 수단이다. 셋째, 생산현장에서 분업에 의해 작업이 이뤄지는 것처럼 학교 교육과정은 교과목이 나눠져 있고, 계열화되어 있다. 넷째, 작업장에서 인간관계가 직급에 의한 지배-복종의 관계인 것처럼 학교도 학년에 따라 나누어져 있고, 교사와 학생의 관계는 지배-복종의 관계이다. 학생 시절부터 9시에 등교하여 하교할 때까지 학교가 정한 시간표에 따라 생활했던 학생들은 그와 유사한 노동자의 생활 패턴에 순응한다. 또한 지각, 결석, 개근 등의 문제를 상벌과 연계하여 학교와 직장에 복종하게 한다. 이러한 상응을 통해 학교교육은 자본주의 사회가 요구하는 가치, 규범, 태도 등을 은연중에 학생들에게 내면화시켜 자본주의 사회의 구조적 모순과 심화된 불평등을 정당화하고, 유지하게 한다.

2) 문화 재생산론

문화 재생산론은 학교가 객관적이고 중립적인 지식을 전달하는 것이 아니라 지배층이 인정하는 문화만을 주입하고 이러한 과정을 정당화하여 기존의 사회질서를 자연스럽다고 생각하도록 만든다고 주장한다. 학교가 지배계층의 문화를 주로 교육과정에 포함하기 때문에 지배계층에 속하지 않는 학생은 학업성취에서 불리하고, 이는 사회적 지위 획득에도 영향을 미쳐 결국 사회적 불평등을 재생산한다고 본다.

문화 재생산론을 주장한 부르디외(Bourdieu)에 의하면 **문화자본**은 교육자본, 학력자본, 언어자본뿐만이 아니라 심지어 일상생활의 옷차림, 패션 감각, 취향, 억양, 예절, 태도 등을 포괄하고 있다. 이러한 문화자본은 계급적 구별짓기를 하게 하는 상징적 기제로 작용한다. 사회계층에 따라 대화하는 방식, 가치관, 태도, 취향 등이 다르다. 그런데 지배계층은 자신들의 문화를 중심으로 문화적 가치를 위계화하고 이를 중심으로 교육내용을 구성한다. 학교가 허용하는 문화는 자연히 상류계급의 학생에게 유리할 수밖에 없다. 어렸을 때부터 상류계급 문화를 깊숙이 내면화하여 문화자본을 소유한 학생들은 학업성취에서 우월한 위치에 있게 되며, 나아가 지배계급의 이익을 유지하게 된다.

경제자본과 문화자본 유무에 따른 미국인의 음식취향
http://www.gastronomica.org/bourdieus-food-space에서 인출

3) 갈등론적 교육관의 한계

갈등론적 교육관은 다음과 같은 한계를 갖는다. 첫째, 교육이 불평등의 재생산 도구로만 취급된다. 둘째, 개인의 실패의 원인을 자신의 노력이나 능력 부족으로 보기보다는 잘못된 사회구조 탓으로 돌리는 경향이 있다. 셋째, 업적

주의적 사회이동을 가능하게 한 학교교육의 공헌, 교육이 사회적 결속 및 공동체 의식의 고양에 기여하는 부분을 간과하고 있다. 넷째, 인간의 의지와 주체성을 인정하지 않고, 인간을 불평등한 사회질서에 맞추어 사회화되는 수동적 존재로 간주한다(김영화, 2010).

미시적 접근으로 본 교육의 사회적 문제

미시적 접근은 인간이 객관적인 법칙의 지배를 받는 수동적인 존재가 아니라 대상에 의미를 부여하고 스스로 규칙과 제도를 만들어가는 능동적이고 주체적인 존재라고 본다. 예컨대 학교폭력에 대한 거시적 접근은 학교폭력 가해자들의 학교급별 비율, 결손 가정과 학교폭력 가해, 피해와의 관계 등을 살펴보는 반면, 미시적 접근은 학교폭력 가해 학생과 피해 학생 개개인의 동기, 감정 상태, 상황과 맥락을 분석하는 데 초점을 둔다. 또한 미시적 접근은 인간의 자유의지를 중요시하고 사회적 삶의 과정에서 나타나는 구체적이고 복잡한 이야기에 더 관심을 둔다.

가. 신교육사회학

신교육사회학은 기존의 교육사회학이 교육과 사회의 관계를 거시적 수준에서 분석하여 학교의 사회적 기능에만 초점을 두고, 학교 내부에서 일어나는 복잡한 사회적 역학관계를 간과하였음을 지적한다. 이들은 두 가지 분야에 관심을 가졌다.

첫째, 교육내용의 문제이다. 이들은 누가, 왜, 어떠한 방식으로 교육내용을 배울만한 가치 있는 지식으로 선정했으며, 왜 그것이 다른 것보다 더 중요한 것이고 덜 중요한 것인지, 즉 어떻게 지식의 서열화가 발생하였고 어떠한 결과를 초래했는지 의심을 품는다. 신교육사회학자들은 기존의 교육과정과 교육내용을 당연하게 받아들이지 않고 그 자체를 의심하고 분석하여 그것이 가지고 있는 사회적 의미를 이해하고 해석하고자 했다.

둘째, 학교에서 일어나고 있는 교사와 학생 간, 학생과 학생 간 상호작용과 이들이 어떻게 자신에 대해 규정하는지를 탐구한다. 예컨대, 교사는 학생들에게 어떤 전략을 취하는지(Hargreaves, 1975), 노동자 계층의 아이들은 어떻게 반(反)학교 문화를 형성하는지(Willis, 김찬호 역, 2004)가 이에 해당한다.

신교육사회학자 번스타인(Bernstein)은 하류계층의 어법과 중류계층의 세련된 어법이 가정에서 습득되는데 이러한 의사소통의 형태가 사회계층의 재생산과 밀접한 관련이 있다는 것을 주장한다. 실제로 교사들은 대체로 중류계층의 언어습관을 가지고 정교화된 어법을 따른다. 따라서 하류계층의 아동은 교사의 언어를 쉽게 이해할 수 없고 이는 학업성취에 영향을 미친다.

나. 교육과정사회학

교육과정사회학은 학교에서 다루어지는 교육과정이 사회적 산물이며, 지배계급의 이데올로기를 담고 있다고 보고, 교육과정을 사회학적인 입장에서 분석한다. 또한 교육과정사회학은 교육내용인 학교 지식의 절대성에 의문을 제기한다. 이러한 면에서 교육과정사회학은 신교육사회학과 유사해 보인다. 그러나 교육과정사회학은 교육내용의 선정과 지식을 의심하는 것을 뛰어넘어 특정한 권력의 의도와 특정 집단의 이해관계가 교육과정에 영향을 미친다고 주장한다.

대표 학자 애플(Apple)은 미국 사회의 주류 이데올로기가 어떻게 교과서에 반영되는지를 탐색했다. 그는 학교의 일상생활에서 나타나는 사회적 불평등을 분석하여, 교육과정의 보이지 않는 이데올로기적 통제 형태에 주목한다. 어떻게 학교에서 가르치고 있는 지식이 한 사회 지배집단의 이데올로기를 반영하게 되는가? 학교는 어떻게 제한적이며 부분적인 지식을 의심할 여지조차 없는 진리로서 정당화하는가? 그는 미국이 학문중심교육과정을 실시하면서 왜 수학과 과학을 강조하였는지, 표면적인 평가의 용이성(문제은행)이 특정 집단의 경제적 이익에 어떻게 기여했는지 분석했다(Apple, 1985). 그는 그 어떤 교과보다도 수학과 과학이 기존의 계급적, 인종적, 성적 위계구조를 유지하는 데 기여한다고 보았다. 과학은 남성적 교과로 인식되며 남학생에게 유리하게 제공되어 성별 분업을 재생산한다. 그리고 수학과 과학 교과가 지향하는 교수방법은 자본가 계급, 백인, 남성에게 유리하기 때문에 노동자 계급, 흑인, 여성은 이 교과에서 학업성취가 저조할 수밖에 없다고 보았다. 그리고 과학의 속성이 추상적이어서 과학적 지식이 없는 대중은 과학 분야의 전문가에게 의존하게 되기 때문에 노동분업의 재생산에 기여하게 된다고 보았다(김천기, 2018).

교육의 사회적 문제

가. 학력상승의 원인

한국 사회에서 교육과 관련하여 늘 문제로 떠오르는 교육열, 학벌, 학력인플레이션, 사교육은 학력상승과 관련된다. 여기에서는 그러한 현상을 설명하는 기술기능이론과 지위경쟁이론을 소개한다.

1) 기술기능이론(Shultz & Becker, 인간자본론)

기술기능이론은 과학기술이 급성장하기 때문에 직업기술의 수준이 계속 향상됨에 따라 사람들의 학력이 높아질 수밖에 없다는 입장이다. 기술기능이론을 주장하는 사람들의 논리는 다음과 같다. 첫째, 직업을 갖기 위해 필요한 기술의 수준이 과학기술의 발전에 따라 끊임없이 높아진다. 낮은 수준의 기술을 필요로 하는 직업의 비율이 줄어드는 반면에 높은 수준의 기술을 필요로 하는 직업의 비율이 늘어나고, 이어 동일 직업 내에서도 요구되는 기술 수준이 높아진다. 둘째, 학교교육은 기술 수준이 점점 높아지는 직업에 필요한 전문기술과 일반능력을 훈련시킨다. 셋째, 취업을 위한 교육의 요구수준이 계속 높아지고, 점점 더 많은 인구가 더 오랜 기간 동안 학교교육을 받게 된다. 결국 과학기술이 발전하는 한 학교교육 기간은 계속 장기화되고, 학력은 상승할 수밖에 없다는 것이다.

학교는 산업사회를 지탱하는 핵심이기 때문에 직종 수준이 높아지면 그에 상응하는 교육 수준도 높아질 수밖에 없다는 것이다. 결국 고학력 사회는 고도 산업사회의 귀결이다(김신일, 2010). 하지만, 학교인구의 팽창은 산업계의 고용능력을 초과하는 졸업자를 배출하여, 일부만 학력에 일치하는 직종에 들어가고 남는 많은 수가 상대적으로 낮은 직종으로 흘러 들어가거나 무직자로 남게 된다. 이러한 고용과 교육의 불일치 현상은 직업기술과 학력 수준은 일치한다는 기술기능이론으로 잘 설명되지 않는다.

2) 지위경쟁이론

지위경쟁이론은 학력상승이 보다 높은 학력을 획득하고자 하는 지위 집단 간의 경쟁에 의해 초래되었다고 주장한다. 지위경쟁이론은 학력이 사회적 지위 획득의 수단이기 때문에 사람들은 경쟁적으로 높은 학력을 취득하려 하고, 이에 따라 학력이 계속적으로 높아진다고 본다. 콜린스(Collins)는 남보다 한 단계라도 높은 학력을 가지고 있는 것이 사회적 지위 경쟁에서 유리하기 때문에 모든 사람이 높은 학력, 즉 상급학교 졸업장을 받기 위하여 온갖 노력을 기울인다고 보았다. 결과적으로 학력이 상승하지만 경쟁은 끝나지 않아 학력은 점점 상승할 수밖에 없다는 것이다(김신일, 2015).

학력이 지위획득수단이 되면서, 진학률을 상승시키고, 졸업생이 증가하게 되면, 해당 학력의 가치는 떨어지고, 더 상위의 혹은 질적 우위의 학력을 취득하기 위한 무한 경쟁이 이루어진다. 즉, 학력 수준은 교육의 질적 수준과 일치하지 않고, 관심은 오직 졸업장에 집중되는 이른바 '졸업장 병(diploma disease)' 현상이 일어난다. 결국 학력의 평가절하 현상이 발생하며, 과거에는 고졸 수준으로도 취업할 수 있었던 일에 대학졸업장이 필요한 교육인플레이션 현상이 발생한다.

나. 교육평등론

호러스 맨(Horace Mann)은 교육이 위대한 평등화 장치라고 강조한다(김병욱, 2012). 또한 우리나라 헌법 31조는 "모든 국민은 능력에 따라 균등하게 교육받을 권리를 가진다."고 규정하여 교육에서 평등의 중요성을 내세운다. 교육의 평등은 사회적 평등으로 이어지기 때문에 무엇보다 중요하다. 교육평등은 다음의 네 가지로 구분된다.

1) 허용적 평등

허용적 평등은 모든 사람에게 동등한 기회가 주어져야 한다는 관점이다. 그러나 주어진 기회는 자신의 능력에 따라 달라진다는 입장이다. 다만 법이나 제도는 특정 집단에게만 기회를 부여하고 다른 집단에게 금지해서는 안 된다. 이제까지 신분, 성, 종교, 지역, 인종 등을 이유로 차별해오던 것을 철폐함으로써 누구나 원하고, 또 능력이 미치는 데까지 교육을 받을 수 있도록 허용하자는 것이다. 허용적 평등은 사람이 타고난 능력은 각기 다르다고 믿었기 때문에 교육의 양은 능력에 비례해야 한다. 그러므로 상위의 교육기회는 엄격한 기준에 의한 선발을 통해 주어져야 한다.

2) 보장적 평등

보장적 평등은 교육을 가로막는 경제적, 지리적, 사회적 제반 장애를 제거해서, 학생의 학습권을 실질적으로 보장해야 한다는 관점이다. 즉, 누구나 학교에 다니도록 허용되었다 하더라도 경제적 능력이 없거나 지리적으로 산골이나 외딴 섬에 사는 학생들은 실질적으로 교육을 포기할 수밖에 없다. 따라서 교육평등을 실현하기 위해서는 가난한 집의 학생이나 산골의 학생들이 학교를 다닐 수 있도록 제반 여건을 보장해 주어야 한다는 것이다. 통학버스나 기숙학교, 무상 의무교육, 방송통신대학 등이 그 예이다. 보장적 평등은 허용적 평등을 실질적으로 보장하지만, 교육과정과 교육조건의 불평등 문제는 고려하지 않는다.

3) 교육과정(조건)의 평등

취학을 보장하는 것만으로 효과적인 평등이 이뤄지지 않으므로 좀 더 적극적인 평등 장치가 필요하다. 실제로 초등교육과 중등교육을 누구나 받을 수 있게 되자, 학교 간의 차이가 문제로 등장하였다. 학교에 따라 교사의 질적 수준이 다르고 시설이 다른 것이 지적되었다. **교육과정(조건)의 평등**은 교육체제 내에서 제공되는 교사, 교육목표, 교육과정, 교육자료, 교육방법, 교육시설 등에 있어 집단 간 차별이 없는 것을 의미한다. 프랑스식 대학(파리 1, 2, 3대학)이나 고교평준화 정책이 그 예이다.

4) 교육결과(보상)의 평등

교육결과의 평등은 교육의 결과로 나타나는 학업성취나 이로 인한 소득과 삶의 기회에 있어 집단 간의 격차가 작아야 한다는 입장이다. 교육의 평등은 단순히 학교를 평등하게 다니는 데에만 있는 것이 아니다. 학업성취의 결과가 같지 않다면 그것은 사회적 불평등으로 이어지기 때문에 좀 더 적극적인 평등 장치가 필요하다는 입장이다. 롤스는 누가 어떤 잠재능력을 가지고 어떤 가정에 태어나느냐는 순전히 우연적 결과이며 복권추첨과 같은 것으로 여겼다. 따라서 학교는 복권을 잘못 뽑아 불리해진 사람에게 어느 정도의 보상을 하는 것이 도리에 맞다고 보았다. 이는 가정배경에서 열악한 학생에게는 우수한 학생보다 더 좋은 교육조건을 제공하여 가정에서의 차이를 보상해야 한다는 **역차별**(긍정적 차별, positive discrimination)에서 비롯되었다. 대표적인 예로 미국의 헤드스타트나 프랑스의 교육우선지원정책인 ZEP(Zone d'Educations Prioritaires), 한국의 교육복지우선지역이 있다. 이러한 정책들은 가정환경이 좋지 않은 학생들의 낮은 기초학습

출발점이 다름을 무시한 공정한 선발

능력이 주요 원인이므로 조기보상의 필요성을 제기하는 교육정책이다(조발그니, 2005).

참고영상

- '정의란 무엇인가'의 저자 마이클 센델이 말하는 능력주의의 단점과 불평등 문제의 해답
  https://www.youtube.com/watch?v=Q0AhTKnGKgA

01 2007 중등

〈보기〉에서 학교교육과 사회의 관계에 관한 기능론적 설명으로만 묶인 것은?

> ㉠ 학교교육은 중요한 사회적 선발 장치이다.
> ㉡ 학교의 교육과정을 통해 지배집단의 문화가 재생산된다.
> ㉢ 학교는 개인의 사회적 지위 획득을 위한 집단 간 지위경쟁의 장이다.
> ㉣ 학교의 교육내용은 보편적 가치와 사회 구성원의 합의에 기초하여 선정되는 것이다.

① ㉠, ㉡
② ㉠, ㉣
③ ㉡, ㉢
④ ㉡, ㉣

02 2005 중등

갈등이론과 관련된 진술로 옳은 것은?

① 학교교육이 기존의 계급구조를 재생산한다고 본다.
② 아동에 대한 교육적 관심이나 유대감을 문화적 자본이라고 한다.
③ 학교에서 체벌을 사용하여 지식을 가르치는 것을 상징적 폭력이라고 한다.
④ 보울스와 긴티스는 학교와 공장에서 다루는 지식의 내용이 동일하다고 본다.

03 2008 중등

보울스와 긴티스의 상응이론에서 바라본 교육과 노동의 사회적 관계에 대한 설명으로 옳지 않은 것은?

① 학생과 노동자는 각각 학습과 노동으로부터 소외되어 있다.
② 학교에서의 성적 등급은 작업장에서의 보상 체제와 일치한다.
③ 작업장에서의 사회적 관계는 학교에서의 사회적 관계에 그대로 반영되어 있다.
④ 지식이 단편화와 분업을 통해서 학생과 노동자의 임무가 효율적으로 확장된다.

04   2003 중등

부르디외의 문화적 재생산론의 관점에 해당하는 것은?

① 문화는 사회계급구조와 관련이 없다.

② 현대사회는 대중문화에 의해 지배받고 있다.

③ 상징적 폭력을 통해 학교교육이 사회적 정당화된다.

④ 학교는 보편적이고 중립적인 문화적 가치를 전수하는 기관이다.

05   2003 중등

신교육사회학의 지식관에 해당하지 않은 것은?

① 지식은 사회적으로 구성된다.

② 지식의 가치는 사회적으로 위계화되어 있다.

③ 지식의 본질은 사회적, 역사적으로 변화되지 않는다.

④ 학교지식은 특정 집단의 이해관계를 반영하고 있다.

06   2012 중등

다음은 학력상승의 원리에 대한 두 교사의 대화이다. 각 교사의 설명에 부합하는 학력상승 이론을 바르게 짝지은 것은?

> 강교사: 학교는 산업사회를 지탱하는 핵심장치입니다. 사람들의 학력이 높아지는 원인은 직종이 다양해지고 각 직업에서 요구하는 지식의 수준이 높아지는 데 있어요. 우리 시대가 유능한 인재를 요구하고 있으니, 학교는 인재양성에 매진해야 합니다.
>
> 정교사: 저는 그렇게 생각하지 않습니다. 직업구조의 변화가 학력상승을 유발하기는 하지만 그것만으로는 충분한 설명이 되지 못합니다. 남보다 한 단계라도 높은 학력을 가지고 있는 것이 좋은 직업 획득에 도움이 되는 상황을 생각해보세요. 학력상승은 그 결과로 발생하는 현상입니다.

	강교사	정교사
①	마르크스 이론	지위경쟁이론
②	기술기능이론	마르크스 이론
③	기술기능이론	지위경쟁이론
④	지위경쟁이론	기술기능이론

교육학의 이해
INTRODUCTION TO EDUCATION

도란도란 함께 나누기

학교에서는 가르치려고 의도하지 않았으나 학교환경, 학습자들의 사회·심리적 상황, 집단생활, 상찬에 의한 보상체계 등을 통해 표면적 교육과정을 운영할 때 학생들이 은연중에 배우게 되는 경험을 잠재적 교육과정이라고 합니다. 여러분이 학교생활을 하면서 지금까지 경험했던 잠재적 교육과정의 사례를 두 가지 이상 이야기해 보고 잠재적 교육과정의 의미에 대해서도 생각해 봅시다.

교과중심, 경험중심, 학문중심, 인간중심 교육과정 중에 하나를 선택하고, 여러분이 선정한 가상의 학습자를 위한 교육과정을 하나 만들어 보세요.

5

CHAPTER

교육과정의
기   초

①

교육과정의 개념적 이해

가. 교육과정의 어원적 의미

교육과정을 의미하는 영어의 **커리큘럼**(Curriculum)은 라틴어인 **쿠레레**(currere)에서 유래되었고 그 의미는 '달리다'이다. 경마장에서 뛰는 말은 정해져 있는 길을 따라 뛰어야 하며 다른 길로 뛰는 것은 허용되지 않는다. 따라서 교육과정은 공부하는 학생들이 마땅히 따라가야 할 길 또는 코스(course)를 의미한다(김재춘 외, 2010). 그러나, 커리큘럼은 학생들이 따라가야 할 교과 코스만을 의미하는 것은 아니고 경주로를 달리는 말의 경험까지 포함하는 것을 의미한다. 그러므로 교육과정이란 '일정한 순서로 배열된 학습의 코스'이며 '학생이 학습하는 교과 코스의 학습내용과 경험'까지를 포함하는 의미라고 할 수 있다.

나. 교육과정에 대한 다양한 관점

1) 조직화된 지식, 교육내용으로서의 교육과정

일반적으로 교육과정은 가르쳐야 할 내용(content), 즉 어떤 교과목의 '조직화된 지식의 총체'라고 할 수 있다. 교육과정은 각 학문의 핵심내용을 선정하고 조직화한 것으로 이 개념은 가장 전통적이고 대표적인 정의라고 할 수 있다. 서양교육사의 7자유교과나 교과중심교육과정은 이러한 관점을 잘 반영하고 있다.

교육과정을 '조직화된 지식의 총체'로 보는 관점에서는 다음과 같은 문제가 제시되었다. 예를 들어, 이미 교과내용으로 형성된 지식만이 가르칠만한 가치가 있는 것인가? 교과내용으로 고정된 지식이나 사고유형을 진리라는 이름으로 주입시키는 것이 정당한가? 학생들에게 지식의 전달과 전수가 아닌 다양한 경험과 활동을 주어야 하는 것이 아닌가? 이러한 문제제기를 통해 교육과정을 '경험'이라고 보는 관점이 등장했다.

2) 학습경험으로서의 교육과정

교육과정을 학습경험으로 보는 관점은 학생들이 실제로 경험하는 '학습경험의 총체'가 바로 교육과정이라고 본다. 교육과정을 학습경험으로 보는 관점은 듀이(Dewey)의 진보주의 교육이론을 기반으로 하고 있으며 '교사의 지도하에 학생들이 갖게 되는 모든 경험'을 교육과정으로 정의하였다. 여기에서 의미하는 경험은 학교에서 사고와 행동의 집단과정을 통하여 학생들을 가르칠 목적으로 설정해 놓은 일련의 경험이라는 것이다. 경험은 반드시 교실에서만 이루어지는 것이 아니며 학교가 주도하여 학생들에게 바람직한 변화를 가져오는 총체적인 경험을 의미한다(김희수, 최정선, 홍성훈, 2014).

3) 교육계획으로서의 교육과정

교육과정을 의도적인 계획으로 정의하는 관점은 교육의 목표를 달성하기 위한 의도적인 사전계획성을 강조한다. 교육과정은 특정한 교육기관에서 모든 과정을 마칠 때까지 필요한 교육내용, 그 내용을 학습하는 데 필요한 시간배분, 학습환경 조성 등에 대한 전체적인 계획을 의미한다. 교육과정을 의도적인 교육계획으로 보는 관점에서의 교육과정은 문서를 통하여 체계적으로 구체화하는 활동이며 모든 교육기관은 문서의 형태로 교육과정을 제시한다.

4) 교육결과로서의 교육과정

교육과정을 교수-학습활동의 결과로 보는 관점이다. 이 관점은 교육과정을 학교가 책임져야 하는 모든 계획된 교수-학습결과라고 정의하고 교육의 책무성에 대한 관심을 갖는다. 따라서 교육과정을 계획된 결과로 봄으로써 결과를 더 강조하며 계획은 그 결과를 가져오기 위한 수단적 절차로 보고 있다.

5) 공식적 교육과정, 표면적 교육과정, 잠재적 교육과정, 영 교육과정

공식적 교육과정은 국가수준 교육과정의 기준을 담은 문서, 시·도교육청의 교육과정 지침, 지역교육청의 장학자료 및 교과서를 비롯한 수업용 교재, 각급 학교의 학교 교육과정 운영계획, 교사의 교수학습지도안 등 교육적 대상과 목적에 따라 계획된 공식적인 문서를 의미한다.

표면적 교육과정은 학교와 교사가 의도적이며 계획적으로 교육내용을 수립하여 학습의 결과를 얻고자 하는 교육과정이다. 각 교과목별로 교육목적과 교육내용, 교수활동, 평가의 과정이 의도적·체계적으로 구조화되었으며 누구나 가시적으로 확인할 수 있는 교육과정을 의미한다.

잠재적 교육과정(hidden/latent curriculum)은 표면적 교육과정과 달리 의도적이고 계획적이지 않은 교육내용을 포함하는 교육과정이다. 즉, 학교에서는 가르치려고 의도하지 않았으나 학교환경, 학습자들의 사회·심리적 상황, 집단생활, 상찬에 의한 보상체계 등을 통해 표면적 교육과정을 운영할 때 학생들이 은연 중에 배우게 되는 경험이라고 할 수 있다.

영 교육과정(null curriculum)은 꼭 필요한 교육과정이나 학교에서 소홀히 하거나 의도적으로 가르치지 않은 교과나 지식, 사고양식을 의미한다. 영 교육과정의 사례는 다음과 같다. 구소련에서 '자본주의 경제론'을 가르치지 않은 것이나, 산업혁명 직후 학교에서는 '읽기와 쓰기'는 가르쳤지만 '셈하기'는 가르치지 않았다. 셈하기를 배우면 육체노동을 싫어하고 회계사나 경리사원이 될 것으로 보았기 때문이다. 또한 표면적 교육과정이 소홀히 하는 상상력이나 직관력 등이 그 예이다(고려대학교 교육문제연구소 편, 2011).

2

교육과정의 유형

가. 교과중심 교육과정

1) 기본관점

교과중심 교육과정(subject/teacher centered curriculum)은 고대 그리스와 로마 시대부터의 오랜 전통과 역사를 지니고 있으며, 오늘날 대부분의 교육과정이 여기에 속한다. 교과중심 교육과정은 '지식의 체계'를 중시하는 교육과정으로 학교에서 배우는 모든 교과와 교재를 체계적으로 배우는 것을 강조한다. 고대 그리스와 로마의 7자유교과(문법, 수사학, 논리학, 산수, 기하학, 천문학, 음악)는 중세 대학 교육 그리고 현대의 초중등학교와 고등교육에 이르기까지 많은 영향을 미쳤다(이지헌 외, 2018). 또한 동양은 4서3경(사서: 대학, 논어, 맹자, 중용; 삼경: 시경, 서경, 주역)을 주요 교과내용으로 삼아 가르쳤다(김재춘 외, 2010).

교과중심 교육과정은 '문화유산 가운데 보존되어야 할 가장 중요한 내용'을 학교에서 가르치는 것이다. 교과중심 교육과정은 문화전달을 목적으로 하기에 그 시대에 가장 위대한 저서로 인정되는 교과목을 정하여 교사중심으로 학생들에게 지식을 전달, 전수시키는 것이 목적이었다. 교과중심 교육과정은 교육과정을 학교의 지도하에 학생이 배우는 모든 교과와 교재로 정의한다(손충기, 2011).

2) 주요특징

교과중심 교육과정은 주요특징은 다음과 같다.

첫째, 교과중심 교육과정의 교육목적은 문화유산의 전달이다.

둘째, 교사중심의 교육과정이다. 단일교과에 초점을 맞추고 주로 교사가 내용을 설명하고 전달하는 강의법과 기억과 습득 및 반복 연습을 주된 학습방법으로 한다. 또한 교과서와 노트를 중심으로 한 교재를 사용한다(홍후조, 2011).

셋째, 규격화된 평가도구인 지필검사용 시험으로 정기적으로 평가하며 객관적인 점수를 산출하고, 학생들의 상대적 서열을 강조한다.

넷째, 한정된 교과영역 안에서만 교수-학습활동이 이루어지고 자신의 영역을 넘어서면 다른 교과를 침범하는 것으로 간주된다(김희수, 최정선, 홍성훈, 2014).

3) 장점과 단점

교과중심 교육과정의 장점과 단점은 다음과 같다(김희수 외 2014; 손충기, 2011; 이지헌 외, 2018; 조발그니, 2011).

장점	단점
교육과정 조직의 명료한 구조화로 이해 용이	교사중심의 운영으로 학생의 흥미와 요구가 무시될 수 있음
교육과정 편성과 운영, 결과 평가가 용이	교사의 내용전달과 설명으로 운영되므로 고등정신의 배양이 용이하지 않음
교육과정 개정이 용이	현실성과 유용성이 떨어지는 과거의 지식을 배울 수 있음
오랜 전통에 뿌리를 두고 있어서 교사, 학생, 학부모에게 심리적 안정감 제공	단편적이고 분절적인 조직으로 통일성과 연계성 결여
교육과정에 대한 중앙집권적 통제 용이	민주적인 가치와 태도 육성에 어려움

나. 경험중심 교육과정

1) 기본관점

경험중심 교육과정(Learner-centered curriculum, Activity-based curriculum)은 교과중심 교육과정이 학습자의 흥미와 능력을 무시하고 실생활과 유리되어 운영되는 문제를 해결하고자 나온 것이다. 경험중심 교육과정이 나오게 된 배경은 무엇일까? 그것은 교과중심 교육과정만으로는 학습자들이 급변하는 사회에 적응하고 현실적인 문제를 해결할 수 없다는 문제인식에서 기인한다. 따라서 경험중심 교육과정은 교재보다는 생활을, 지식보다는 행동을, 분과보다는 종합을, 미래의 준비보다는 생활을, 교사의 가르침보다는 학습자의 활동을 중시한다(김희수 외, 2014; 이지헌 외, 2018).

경험중심 교육과정은 학습자의 흥미, 활동, 경험을 중심으로 구성되며 학습자의 성장에 초점을 둔다. 그러므로 경험중심 교육과정은 학습자의 기존 경험을 확장하고 재구성하거나 변화시키는 것을 강조한다.

2) 주요특징

경험중심 교육과정의 주요특징은 다음과 같다(손충기, 2011).

첫째, 생활경험을 교육내용으로 보며 교육과정의 중심을 학생에게 둔다.

둘째, 실제 생활문제를 해결해 줄 수 있는 능력과 안목을 기르기 위한 여행, 자치활동, 전시회 등의 과외활동을 중시한다.

셋째, 교육과정은 전적으로 아동의 욕구, 필요, 흥미에 의해 결정되고 사전에 계획될 수 없다고 본다. 따라서, 교재를 미리 선택하지 않고 학습의 장에서 결정한다.

넷째, 학습자의 필요와 흥미 등의 개인차를 고려한 전인교육에 초점을 둔다.

다섯째, 시민적 책임, 실생활 문제해결능력, 민주시민 태도 육성을 강조한다.

3) 장점과 단점

경험중심 교육과정의 장점과 단점은 다음과 같다.

장점	단점
흥미유발과 자발적 학습을 촉진하여 생활문제 해결	체계적인 지식과 기능 전달에 어려움이 있어 기초학력 저하 초래
문제해결력을 기를 수 있는 자율성 보장	학습자 요구와 흥미를 고려한 교육내용 구성에 시간소요가 많고 행정적 통제의 어려움
민주시민의 소양과 태도학습을 통한 민주시민의 양성	변화하는 학습자의 요구와 흥미에 대한 평가의 어려움
개인차를 고려한 교수-학습활동	개인차를 고려한 교수-학습활동 운영의 어려움
급변하는 사회에 대처할 수 있는 교육과정의 편성, 운영 용이	교사의 교과운영 능력에 따라 교육성과의 격차가 있음

다. 학문중심 교육과정

1) 기본관점

학문중심 교육과정은 학생들이 교과의 기본구조를 철저하게 학습하는 것을 강조하는 교육과정이다. 경험중심 교육과정은 아동의 흥미를 중시하였지만 지식을 탐구하고 발견해 내는 능력 및 학습하는 방법을 제공하지 못해 기초 지식과 학력의 저하를 가져왔다고 비판받았다. 학문중심 교육과정은 1957년 구소련의 스푸트니크(Sputnik) 발사 충격으로 시작된 경험주의 교육과정에 대한 반성과 성찰 그리고 20세기 과학기술의 발달로 인한 지식의 증가에서 시작되었다.

브루너(Bruner)는 『교육의 과정(The process of Education)』에서 학문중심 교육과정의 이론적 체계를 제공하였다. 학문중심 교육과정은 각 학문과 교과에 내재해 있는 지식구조, 또는 학생의 자발적인 탐구를 통한 지적활동의 조직으로 교육과정을 정의한다(손충기, 2011).

✓ **브루너의 「교육의 과정(The process of Education)」**　　　▪참고자료▪

브루너의 「교육의 과정(The process of Education)」을 요약하면 다음과 같다(이홍우, 2006).

1. 지식의 구조(기본 개념과 원리)의 특성
　　가. 교과에 대한 이해가 용이하다: 교과는 기본 개념과 원리로 구성되어 있다. 따라서, 지식의 구조를 이해한다는 것은 교과를 전부 다 공부하지 않아도 교과를 전부 이해할 수 있다는 것이다.
　　나. 기억이 수월하다(경제성): 기본 개념과 원리만 기억하면 되므로 교과의 전 내용을 기억할 필요가 없다는 것이다.
　　다. 전이가 잘된다(생성력): 즉, 새로운 학습과제나 문제에 응용이 잘된다는 것이다.

라. 초등학습과 고등학습의 연결이 잘된다는 것이다.

2. **준비도:** 어떤 발달단계에 있는 아동에게 어떤 내용을 가르치더라도 표현양식만 달리 하면 얼마든지 잘 가르칠 수 있기 때문에 브루너는 준비도를 앞당길 수 있다고 본다. 따라서 발달단계도 앞당길 수 있다.

Piaget의 인지 단계	Bruner의 인지 단계와 표현 방법	
	인지 발달단계	표현 방법
1. 감각 운동기		
2. 전개념기	전조작기	→ 행동적 표현
3. 직관적 사고기		
4. 구체적 조작기	구체적 조작기	→ 영상적 표현
5. 형식적 조작기	형식적 조작기	→ 기호적 표현

3. **분석적 사고와 직관적 사고**

가. 직관적 사고: "아! 이거야" 하고 직관에 의해서 알 수 있는 사고로, 주로 가설의 설정 시 많이 이용되는 사고이다. 그러나 직관적 사고는 반드시 증명될 수 있는 것은 아니다.

나. 분석적 사고: 직관적 사고에 의하여 설정된 가설의 증명에 주로 이용되는 사고이다.

※ 브루너는 발견의 과정에 있어서 분석적 사고보다는 직관적 사고를 중시함

4. **동기유발:** 발견의 기쁨을 통해서 학습에 대한 동기유발이 되기 때문에 내적 동기유발을 중요시한다.

2) 주요특징

학문중심 교육과정의 주요특징은 다음과 같다(김재춘 외, 2010; 손충기, 2011; 안영진, 고연경, 2018; 조발그니, 2011).

첫째, 지식의 구조로 교육과정을 조직한다. 지식의 구조는 각 학문 또는 교과가 가지고 있는 나름의 독특한 기본 개념과 아이디어를 말한다. 교과 전문가들이 각 학문(교과)의 지식의 구조를 분명하게 나타내어 교과를 조직화해야 한다.

둘째, 학습자의 탐구능력 향상을 목적으로 한다. 만일 학생이 개별 교과의 기본적인 지식의 구조를 이해한다면 심화적이고 고차적인 내용을 더 잘 이해하고 적용할 수 있을 것이다. 따라서 지식의 구조를 잘 조직하여 학습하게 한다면 학생은 전문가 수준의 이해와 적용력을 배우고 실천할 수 있을 것이다.

셋째, **나선형 교육과정**으로 구성한다. 각 교과의 핵심적인 아이디어인 지식의 구조를 반복하여 가르치되 학생의 연령, 학년이 증가함에 따라 이를 점점 폭넓고 깊이 있게 가르치도록 교육내용을 조직하여 제공하는 것을 의미한다.

넷째, 외적보상보다는 내적보상을 통해 학습동기를 유발하도록 강조한다. 외적보상에 의한 학습동기는 오래 지속되지 않기 때문에 학습자에게 성공적인 문제해결을 통한 기쁨과 성취감의 보상을 중시한다.

📎 **용어정리** 나선형 교육과정의 의미

1. 기본 개념이나 핵심 아이디어를 조직함에 있어서 질적으로 향상하면서 양적으로 범위가 넓어지는 입체적 나선형 조직이다.

2. 기본 개념이나 원리는 아동의 발달단계가 높아짐에 따라 그 내용이 점점 폭넓고 깊이 있게 되풀이되면서 가르쳐지도록 내용이 조직되고 제시되어야 한다는 것이다.

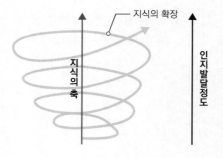

3) 장점과 단점

학문중심 교육과정의 장점과 단점은 다음과 같다(김재춘 외, 2010; 손충기, 2011; 안영진, 고연경, 2018).

장점	단점
교과 지식구조의 계열을 고려하여 교육과정을 편성함으로 교수-학습내용이 체계적으로 조직화됨	지식의 구조를 발견하기 어려운 정의적 교육이 등한시될 우려가 있음
체계화된 지식으로 학문 탐구방법을 배우기 때문에 교육의 효율성이 높음	학생의 입장에서 학문에 내재된 지식의 구조를 탐구 수업을 통해 파악하는 데 어려움이 있음
탐구과정을 통한 발견의 기쁨을 맛보게 하여 학습자의 내적 동기유발에 도움	교과 간의 단절 가능성과 교과 간 통합의 어려움
결과만이 아니라 과정의 중요성과 가치 인정	지적능력이 뛰어난 학생에게는 유리하지만 그러지 못한 학생에게는 불리한 경향이 있음

라. 인간중심 교육과정

1) 기본관점

인간중심 교육과정은 학문중심 교육과정이 지나치게 지식중심의 교육을 초래하여 인간의 정의적 측면, 즉 전인교육(全人敎育)을 등한시한 점을 비판하면서 등장하였다. 인간중심 교육과정은 교육내용을 인간 외부에서 찾는 것이 아니라 바로 인간 그 자체의 문제에서 찾아야 한다고 보고, 학습경험은 그 문제를 고민하고 논의하는 것이다. 따라서 인간중심 교육과정에서는 의미있는 삶, 자아실현, 보다 나은 인간관계, 학습자 자신의 자기계발에 도움을 줄 수 있는 교육을 강조한다(손충기, 2011; 이지헌 외, 2018).

2) 주요특징

인간중심 교육과정의 주요한 특징은 다음과 같다.

첫째, 인간중심 교육과정의 목적은 자아실현이다.

둘째, 인간중심 교육과정에서는 인간의 존엄성을 지키고 자아실현을 할수 있는 경험을 중시한다.

셋째, 인지적, 정의적, 신체적 전 영역이 통합된 전인적 인간육성을 위해 노력한다.

넷째, 인간적인 학교환경 조성을 강조한다.

다섯째, 교육결과에 대한 평가보다는 교육과정을 더 중시한다.

3) 장점과 단점

인간중심 교육과정의 장점과 단점은 다음과 같다(손충기, 2011; 안영진, 고연경, 2018; 조발그니, 2011).

장점	단점
전인교육을 통한 긍정적인 자아개념 형성에 도움	인간주의 관점을 구현할 교육과정 설계와 운영의 어려움
학습자 중심의 교육과정 편성으로 학습동기 유발에 효과적임	교과의 통합, 교과별 시간단위의 융통적인 운영이 선행되어야 함
학습자의 정체성 확립에 도움	교사들의 역량과 태도, 융통적인 수업환경 조성에 따른 운영의 어려움

3

교육과정 개발

가. 교육과정의 구성요소

교육과정은 국가수준, 시도교육청 수준, 단위학교 수준, 교사 수준의 교육과정 등으로 나눠볼 수 있다. 단위학교에서는 국가수준, 시도교육청 수준의 교육과정을 기반으로 한 해 동안 무엇을 가르칠 것인가? 어떻게 가르칠 것인가? 왜 가르쳐야 하는가? 어떻게 평가해야 하는가?에 대한 교육계획서을 작성하고 교사는 각 차시 수업에서 학습목표, 학습내용, 학습경험, 학습평가를 포함한 교수학습지도안을 문서로 작성한다. 교육과정 구성요소에 대해 타일러(Tyler)는 교육목표의 선정, 학습경험의 선정, 학습경험의 조직, 학습평가의 4요소로 제시하였다.

첫째, 교육목표의 설정이다. 교육목표는 교육활동을 통하여 달성하고자 하는 지식(Knowledge), 기술(Skill), 태도(Attitude)를 의미한다.

둘째, 학습내용, 경험의 선정이다. 교육목표를 달성할 수 있는 학습내용과 경험을 선정하는 과정이다.

셋째는 선정된 학습경험을 조직화하는 과정이다.

넷째, 학습결과의 평가이다. 평가는 교육목표 달성 여부를 점검하는 것이며 이를 통해 다음 학습목표와 내용으로 환류결과가 반영되어야 한다.

그림 5-1 타일러의 교육과정 모형

그림 5-2 교사 수준의 교육과정 예

Ⅱ. 교수-학습 지도안

장소	교실	대상	고등학교 3학년	수업자	김OO
단원	학습 5. 비행 전 비행 계획 수립하기	학습 차시	3/3	시간	45분
수업목표	1) 영상 촬영 시의 기본 구성을 이해하고 적용할 수 있다. 2) 드론 촬영기법에 대해 설명할 수 있다. 3) 비행계획을 세울 때 다양한 촬영기법을 활용해 구상할 수 있다.				
수업모형	강의형, 토의형				
학습자료	ppt, 학습유인물				

학습 단계	학습내용	교수-학습활동		시간	유의사항
		교사	학생		
도입 (5분)	인사	■ 인사하기 - 출결을 확인한 뒤 간단한 인사를 나눈다.	■ 인사하기 - 출결 현황에 대답하며 인사를 나눈다.	5'	결석자 확인 ppt 자료 재생
	학습목표 제시	■ 학습목표 제시하기 - 학습목표를 보고 배울 내용을 파악하도록 지도한다.	■ 학습목표 확인하기 - 학습목표를 소리 내어 읽는다.		학습 후 알아야할 내용 강조 경청과 주의집중 유도
전개 (35분)	개념설명 및 활동 (20분)	■ 설명하기 - 영상 문법에 대한 항목들을 파트별로 설명한다. - 내용 설명 후 학생들이 이해했는지 확인한다.	■ 설명 듣기 - 내용을 설명 들으며 필기하고 궁금한 내용은 질문한다.	2'	학생의 이해도 확인(형성평가) 이해하지 못한 학생이 있을 시 추가 설명
		■ 설명하기 - 비행기법과 촬영기법을 연결지을 수 있도록 설명한다. - 내용 설명 후 학생들이 이해했는지 확인한다.	■ 설명 듣기 - 내용을 설명 들으며 필기하고 궁금한 내용은 질문한다.	3'	학생의 이해도 확인(형성평가) 이해하지 못한 학생이 있을 시 추가 설명
		■ 설명 및 활동 지도하기 - 가까운 자리로 조를 만들게 지도한다. - 조별로 촬영 목적과 대상(광주내로 제한)을 정하게 하고 내용을 설명한다. - 조별로 장소를 정하게 설명하고, 개별로 기획서를 작성하도록 지도 - 내용 설명 후 학생들이 이해했는지 확인한다.	■ 설명 듣기 및 활동하기 - 가까운 자리로 조를 만든다. - 조별로 촬영 목적과 대상(광주내 한정)을 정하고 내용을 설명 듣는다. - 정한 장소를 기준으로 콘텐츠를 기획한다. - 내용을 설명 들으며 필기하고 궁금한 내용은 질문한다.	10'	학습유인물 배부 학생의 이해도 확인(형성평가) 이해하지 못한 학생이 있을 시 추가 설명
		■ 영상 시청 지도하기 - 다양한 드론영상 콘텐츠를 제시한다. - 학생들이 흥미를 보일 만한 영상을 제시하며, 어떤 기법이 사용되었는지 관찰하게 한다.	■ 영상 시청하기 - 다양한 드론영상 콘텐츠를 감상한다. - 영상을 감상하며, 어떤 기법이 사용되었는지 관찰하고 분석한다.	5'	학생의 이해도 확인(형성평가) 이해하지 못한 학생이 있을 시 추가 설명
	실습 활동 (10분)	■ 활동 지도하기 - 조별로 선택한 목적과 대상에 맞추어 촬영 및 비행 계획서를 작성하도록 지도한다. - 내용 설명 후 학생들이 이해했는지 확인한다.	■ 활동하기 - 조별로 선택한 목적과 대상에 맞추어 촬영 및 비행 계획서를 작성한다. - 내용을 설명 들으며 필기하고 궁금한 내용은 질문한다.	10'	학생의 이해도 확인(형성평가) 이해하지 못한 학생이 있을 시 추가 설명 조별로 발표자 1명 선발
	발표 (5분)	■ 발표 유도하기 - 작성한 기획안을 다른 친구들과 공유하고 설명하게 지도한다. - 내용 설명 후 학생들이 어떻게 생각하는지 질문한다.	■ 발표하기 - 작성한 기획안을 다른 친구들과 공유하고 설명한다. - 내용을 설명 후 피드백을 경청한다.	5'	큰 소리로 발표하도록 지도 다 작성하지 못한 학생 추가 과제안내
마무리 (5분)	핵심 정리 및 차시예고	■ 오늘 배운 내용 정리하기 - 영상 문법 중요포인트 체크 - 촬영방법에 따른 조작법 이해 - 콘티 기획 순서와 작성법 ■ 다음 차시 예고하기 - 다음 수업을 예고한다.	■ 오늘 배운 내용 복습하기 - 내용을 떠올리며 경청한다. ■ 다음 차시 예고 듣기 - 차시 예고를 경청한다.	5'	전체 내용 중 중요한 핵심만 강조 학습유인물 버리지 않고 잘 보관하도록 지도 (다음시간사용까지)
	마무리	■ 수업 마무리하기 - 자리를 바르게 정리할 것을 지도하며 수업을 마무리한다.	■ 수업 마무리하기 - 자리를 바르게 정리한 뒤 수업을 마무리한다.		자리 정돈이 잘 되었는지 확인.

1차시 교수-학습지도안

나. 교육내용 선정

교육과정에서 교육목표가 선정되며 이를 달성하기 위한 구체적인 내용과 활동이 있어야 한다. 교육과정은 교육내용을 선정하는 것이 중요하다. 이때 다음의 원리를 따른다(김대현, 2011).

첫째, 타당성의 원리는 교육내용이 교육목표를 반영해야 한다는 것을 말한다. 만일 교육목표가 '타일러의 교육과정 모형을 설명할 수 있다'라면 교육내용은 타일러의 교육과정 모형에 관한 내용이 포함되어야 한다.

둘째, 확실성의 원리는 교육내용은 믿을 수 있는 것이어야 한다는 것이다. 과거에는 천동설을 주장했다면 지금은 지동설이 입증되었다. 따라서 천동설에 입각한 교육을 해서는 안 된다.

셋째, 중요성의 원리는 교육내용은 그 교과의 본질적인 것이어야 한다는 것이다. 교육내용에 있어서 가장 중요한 것이 무엇인지를 선정하고 그것을 가르쳐야 한다.

넷째, 사회적 유용성의 원리는 교육내용은 사회적으로 유용한 것이어야 한다는 것이다. 학습자가 장차 살아나갈 사회에서 필요한 지식, 기능, 가치를 가르쳐야 한다.

다섯째, 흥미의 원리는 교육내용은 무엇보다 학습자의 흥미를 유발하는 것이어야 한다는 것이다. 따라서 적절한 사례와 학습자의 다양한 흥미를 고려한 교육방법을 선정해야 한다.

여섯째, 가능성의 원리는 교육내용이 잘 선정되고, 흥미를 유발한다고 하더라도 학습자의 능력, 학습여건을 고려해야 한다는 것이다. 학습자의 발달 수준, 개인차, 성별, 지역 등도 고려 대상이다. 만일 영어를 모르는 학생들에게 영어로 된 교재를 제공한다면 아무리 훌륭한 교재라 하더라도 쓸모가 없다.

다. 교육내용 조직화

교육과정의 내용을 선정한 후에는 교육내용을 조직화해야 한다. 조직이란 선정된 내용을 효과적으로 학습할 수 있도록 체계적으로 배열하는 것을 의미하며, 선정 시에는 범위(scope)와 계열(sequence)을 고려해야 한다. 범위는 교육내용을 아우르는 횡적 조직이며 계열은 종적 조직으로 순서와 선후 등을 의미한다. 교육내용 조직의 원리는 다음과 같다.

첫째, 계열성(sequence)의 원리이다. 계열성이란 교육과정의 내용이 제시되는 시간적 순서를 말한다. 어떤 내용을 먼저 제시하고 나중에 제시할 것인가이다. 교과내용의 계열을 잡기 위해서는 교과가 가지고 있는 지식의 위계와 학습자의 인지적, 정의적 발달단계가 고려되어야 한다.

둘째, 계속성(continuity)의 원리이다. 이는 교육내용을 종적으로 배열할 때 동일한 내용이 계속해서 반복적으로 배열되는 것을 의미한다. 각급 학교 수준,

교과목 상호 간, 개별학습자의 경험 속에서 계속성 추구는 다양하게 고려되어야 한다.

셋째, 통합성(integration)의 원리이다. 이는 수평적 계속성, 수직적 연계성을 함께 고려하는 것을 의미한다.

우리나라 교육과정

가. 1-7차 교육과정의 변천

교육과정의 변화는 일반적으로 교육과정 문서의 변화이며, 현재 운영 중인 교육과정이 새로운 것으로 대체되는 과정을 말한다. 우리나라는 1950년 '교수요목제정심의위원회 규정'부터 시작하여 1997년 7차 교육과정에 이르는 변화가 있었다. 차수별 교육과정 시대적 상황과 주요내용, 특징은 다음과 같다(구병두 외, 2015; 정미경 외, 2021)

구분	시대적 상황	주요특징
1차 교육과정 (1954-1963)	6.25전쟁 후 사회복구요청	• 교육법 정신 구현, 전인교육과정의 융통성 강조 • 반공교육, 도의교육, 실업교육, 지역성 강조 • 재료 단원을 장려
2차 교육과정 (1963-1973)	5.16군사정변 제3공화국 출범	• 기초학력 강조, 생활경험 중심 교과활동, 반공, 도덕, 특별활동으로 구성 • 자주성, 생산성, 유용성, 합리성, 지역성 강조 • 고등학교 단위제 채택, 계열성 강조
3차 교육과정 (1973-1981)	유신체제단행	• 국민교육헌장 이념 구현, 국민적 자질함양, 인간교육 강화 • 지식, 기술 교육 쇄신 • 지식의 구조와, 탐구학습 강조, 도덕교과 신설

구분	시대적 상황	주요특징
4차 교육과정 (1981-1987)	제5공화국 출범	• 국민정신교육, 전인교육 강화 • 진로교육 개념 도입 • 초등학교 1-2학년 통합지도 시도
5차 교육과정 (1987-1992)	교육자치제 출범	• 주체적 · 창조적 · 도덕적 인간 창조 • 초등학교 1 · 2학년에서 국어와 산수 과목 분리, 중학교 기술 · 가정 통합교과 신설, 고등학교 일반계 직업과정에 정보산업을 신설
6차 교육과정 (1992-1997)	문민정부 출범	• 건강한 사람, 자주적인 사람, 창의적인 사람, 도덕적인 사람 강조, 선택 교과제 도입 • 교육과정 구조의 합리적 조정, 과학 · 기술 교육과 환경교육 강화, 연간 수업시수를 축소
7차 교육과정 (1997-2002)	국민정부 출범	• 초등학교 1학년-고교 1학년까지 10년간을 국민 공통 기본교육과정으로 정함 • 학생별로 '수준별' 교육과정을 운영, 고교 2 · 3학년은 '선택중심 교육과정'으로 정해 학생들이 직업 수준과 적성에 맞게 자율적으로 배울 과목을 선택

구병두 외(2017)

나. 수시 개정 교육과정의 변천

우리나라 교육과정은 1차부터 7차까지는 전면적 개정으로 시행되었다. 그러나, 2003년 교육인적자원부는 교육과정의 수시 개정체체를 도입한다고 발표했다.

구분(연도)	시대적 상황	주요내용과 특징
2007 개정 교육과정(2007)	이명박 정부	• 학습자 중심의 단위학교에서 만들어 가는 교육과정의 철학 유지 • 국민 공통기본과정과 선택중심 교육과정 등 기본 체제 유지를 통해 제7차 교육과정이 기본 철학과 체제를 유지
2009 개정 교육과정(2009)	이명박 정부	• 학년군 · 교과군 개념 도입 • 2007 교육과정의 재량활동과 특별활동을 창의적 체험활동으로 통합함. 교과교실제 운영과 활성화 유도 • 학습 부진아, 다문화 가정 자녀 등에 대한 특별한 배려와 지원 제공

구분(연도)	시대적 상황	주요내용과 특징
2015 개정 교육과정(2015)	박근혜 정부	• 자주적인 사람, 창의적인 사람, 교양 있는 사람, 더불어 사는 사람을 기초로 지식정보사회가 요구하는 핵심역량을 갖춘 '창의·융합적 인재'상 제시 • 창의·융합적 인재가 갖추어야 할 핵심역량으로 자기관리 역량, 지식정보처리 역량, 창의적 사고 역량, 심미적 감성 역량, 의사소통 역량, 공동체 역량의 6개의 핵심역량 제시
2022 개정 교육과정(2021)	문재인 정부	• 미래 변화에 대응하는 역량 및 기초소양 함양 강화 • 학습자의 성장을 지원하는 고교학점제 등 학생 맞춤형 교육 강화 • 창의 자율적인 혁신을 지원·촉진하는 학교 교육과정 자율성 강화 • 학생의 삶과 연계한 교과 교육과정 개발 방향을 제시

다. 2015년 개정 교육과정의 특징

2015년 개정 교육과정이 주요특징은 다음과 같다(이지헌 외, 2018; 정미경 외, 2021).

첫째, 학교교육을 통해 길러야 할 핵심역량을 제공하고 있다.

둘째, 인문·사회·과학기술의 기초소양 습득을 위한 균형 있는 학습을 강조하고 특성화 고등학교에서의 NCS(국가직무능력표준) 기반 교육과정 체제를 도입했다.

셋째, 초중등학교에서 소프트웨어 활용 교육을 강화하였다.

넷째, 안전교육을 강화하였다.

다섯째, 범교과적 학습주제가 교과와 창의적 체험 활동 등 교육활동 전반에 걸쳐 통합적으로 다루어지고 있다.

여섯째, 중학교에서 자유학기제를 도입하고 이에 따라 교육과정의 편성, 운영에서 단위학교의 자율성이 강조되었다.

일곱째, 통합적인 접근과 융복합적 사고를 기르기 위해 고등학교에서 통합사회, 통합과학 등의 과목이 신설되었다.

라. 2022년 개정 교육과정의 특징

2022년 개정 교육과정의 개정 배경과 필요성은 다음과 같다(교육부 2022 개정 교육과정 총론 주요사항, 2021.11.24).

첫째, 예측할 수 없는 변화에 대응할 수 있는 교육혁신이 필요하였다. COVID-19가 가속화시킨 교육환경의 디지털 전환, 기후환경 변화 등의 다양한 위기상황을 극복하기 위한 능력이 국가경쟁력을 좌우하게 되었다.

둘째, 학령인구 감소 및 학습자 성향 변화에 따른 맞춤형 교육 기반이 필요하게 되었다. 저출생 현상의 심화, 디지털 전환 등에 대응하여 학생 개개인의 역량을 최대한 발전시켜줄 교육과정과 교수-학습 체제 및 교육환경 구축이 시급하게 되었다. 즉, 우리의 교육이 디지털 친화적 도전적 특성을 갖는 학습자들을 위한 새로운 교육과 최적화된 맞춤형 교육을 실행해야 할 필요성이 요구되었다.

셋째, 새로운 교육환경 변화에 적합한 역량 함양 교육의 필요이다. 지식·정보의 폭발적 증가에 따라 단편적 지식의 습득보다 학습한 내용을 삶의 맥락에서 적용하고 복잡한 문제를 해결하는 역량이 매우 중요하게 되었다. 따라서 모든 학생들이 직면한 사회적 변화에 능동적으로 대응할 수 있도록 소질과 적성을 바탕으로 미래 핵심역량을 키우는 교육혁신이 요구되고 있다. 빠르게 변화하는 디지털 전환에 대응할 수 있도록 교육과정을 혁신하고 온·오프라인 연계 등 새로운 교수-학습의 확산 기반 마련 필요하게 되었다.

넷째, 현장 수용성 높은 교육과정에 대한 요구 증대이다. 미래교육에 적합하고 학교 현장 수용성 높은 교육과정 개발과 관련하여 교육주체와 국민의 참여 확대 요구가 증가하고 있다. 또한 지역 학교 교육과정 분권화와 자율화에 대한 요구가 높아짐에 따라, 다양한 교육주체 간 협력적인 교육과정 개발 체제로의 개선이 필요하게 되었다. 따라서 고교학점제 등 학습자의 특성 및 진로와 적성에 맞는 맞춤형 교육을 위한 교육과정 및 지원 체계를 마련해야 한다.

이러한 교육과정 개정 배경과 필요성에 따라 개정된 2022 교육과정의 주요 특징은 다음과 같다(교육부 2022 개정 교육과정 총론 주요사항, 2021.11.24).

첫째, 미래 변화에 대응하는 역량 및 기초소양 함양 강화이다. 지속 가능한 사회를 위한 생태전환교육 및 민주시민교육을 전 교과에 반영하고, 미래 세대 핵심역량으로 디지털 기초소양을 강화하고 정보교육을 확대한다.

둘째, 학습자의 성장을 지원하는 고교학점제 등 학생 맞춤형 교육 강화이다. 학생들의 탐구 역량 강화를 위한 교과 재구조화 및 과목 선택권을 확대하고 학교급 전환 시기의 진로 연계 및 학교생활 적응을 위한 진로연계학기를 도입한다.

셋째, 현장의 자율적인 혁신을 지원·촉진하는 학교 교육과정 자율성 강화이다. 학교 자율시간 도입, 시도별 지역 교육과정 근거 마련 등 교육과정 자율성을 확대한다. 초등학교에서는 놀이 및 신체활동을 강화하고 중학교에서는 자유학기 운영 방안 개선을 마련한다.

넷째, 학생의 삶과 연계한 깊이 있는 학습을 위한 교과 교육과정 개발 방향을 제시한다. 이를 위해 학습량을 적정화하고, 비판적 사고 함양 및 탐구 중심으로 교수·학습과 평가를 개선한다.

참고영상

- MBC "행복을 배우는 작은 학교들"
https://youtu.be/x8EeKAj41JM

- David Hoffman의 Sputnik 이야기, TED Talk(2007)
https://www.ted.com/talks/david_hoffman_sputnik_mania?language=ko

✓ 학문중심 교육과정 발생의 뒷 이야기

■ 참고자료 ■

사실은....

2차 세계대전이 끝난 후 미국과 소련 간 이데올로기 냉전 체제에서 군비 경쟁이 가속화되었다. 그렇다면 왜 소련이 인공위성을 더 먼저 발사할 수 있었을까? 여기에는 두 가지 이유가 있다. 첫째, 소련의 인공위성 발사 프로젝트의 책임을 맡았던 코롤료프는 자신이 인류 역사상 첫 번째 인공위성을 쏘아 올리는 데 가장 큰 기여를 한 사람으로 기억되기를 바랐을 뿐만 아니라 인공위성 발사 경쟁에서 미국을 이기기를 강력히 희망했다. 따라서 그는 소련 정부에 무제한적인 경제적 지원을 요청했고 이것을 소련 정부가 받아들였다. 둘째, 동독에서 소련으로 넘어간 독일 과학자들이 인공위성 발사 연구에 참여하여 과학기술적인 측면에서 많은 공헌을 하였다.

약 12년 뒤, 1969년 7월 16일 미국은 유인선인 아폴로 11호를 인류 최초로 달에 보내게 되었다. 그렇다면 인공위성 발사에서 소련에 비해 그렇게 뒤처졌던 미국이 어떻게 12년 만에 인간을 먼저 달에 보낼 수 있었을까? 그 답은 플로리다 주에 위치한 케네디 스페이스 센터에 있다. 스페이스 센터에 케네디란 이름을 붙인 것은 케네디 대통령이 인간을 달에 보내기 위해 미국 정부의 무제한적인 재정 지원을 약속했고, 그 후 매년 GNP의 약 5% 정도를 인공위성 발사 연구에 투자했기 때문이다.

소련과 미국의 사례에서 공히 드러나듯이 인공위성 발사와 학교교육은 어떠한 특별한 관계도 없다. 인공위성 발사 성공의 이유는 국가의 무제한적인 재정 지원이었다. 미국에서 학문중심 교육과정의 등장은 경험중심 교육과정으로 과학과 수학이 뒤처져 국가경쟁력이 떨어졌다는 이유였는데, 과연 학문중심 교육과정이 적용되기 시작하자마자 인공위성을 발사할 만한 효과가 나올 수 있었을까?

미국뿐만 아니라 우리나라를 포함한 전 세계의 정치인들은 자신들의 정치 활동의 실패로 문제가 발생하고 누군가의 희생이 필요할 때면 항상 학교교육을 지목하는 경향이 있다(김재춘 외, 2010).

01 2001 중등
교육과정의 개념 규정을 위한 준거로 적절하지 못한 것은?

① 유, 무형의 자료를 통해 보존되고 표현되어야 한다.
② 학습자의 전인적 발달을 위한 경험의 총체이어야 한다.
③ 시, 도 교육감이 만든 교원복무지침서이어야 한다.
④ 교육의 방법적 원리를 적용할 수 있도록 조직되어야 한다.

02 2004 중등
브루너의 지식의 구조이론이 가장 잘 드러나는 사례는?

① 영문법에서 문장 5형식은 기본 원리이므로 암기하도록 한다.
② 자석의 원리에 대하여 설명해준 다음 자석놀이를 통하여 이해하게 한다.
③ 삼권분립의 원리를 입법부, 사법부, 행정부의 요소별로 구조화하여 가르친다.
④ 물과 알코올을 섞는 실험을 통하여 물체의 분자구조에 따라 부피가 달라지는 현상을 깨닫게 한다.

03 2006 중등
잠재적 교육과정을 설명하는 사례로 가장 적절한 것은?

① 계발활동에서 문예반을 선택하여 소설을 읽고 현대 소설의 특징을 이해하였다.
② 냉전시대 공산주의 국가에서는 시장경제체제의 장점을 제대로 가르치지 않았다.
③ 수업시간에 배운 한자를 30번씩 써 오라는 숙제 때문에 한문을 싫어하게 되었다.
④ 국어시간에 일제강점기 독립운동에 기여한 문학작품을 조사하고 각각의 특징을 기술하였다.

04 2003 초등

〈보기〉에서 제시된 A 교사의 생각을 가장 잘 설명해주는 교육과정은?

A 교사는 평소 학교교육에서 예능 교과가 그 중요성에 비해 소홀히 다루어지고 있다고 생각한다. 지적 기능 못지 않게 중요한 감성은 음악이나 미술 교과를 통해서 잘 계발될 수 있으나, 학교에서는 수업시수가 적어 많은 내용이 가르쳐지지 않고 배제되고 있다는 것이다.

① 영 교육과정
② 중핵 교육과정
③ 융합 교육과정
④ 상관 교육과정

05 2008 초등

학교의 교육목표가 인류의 지속 가능한 발전이라는 보편적 가치에 부합하는지를 점검하였다. 이에 해당하는 점검의 준거는?

① 타당성
② 의사소통성
③ 적용가능성
④ 달성가능성

도란도란 함께 나누기

학창 시절 만난 가장 인상 깊은 교감/교장 선생님 혹은 장학사 등 교육행정가에 대해 쓰시오.

내가 아는 가장 멋진 리더는 누구인지 쓰고, 그 이유를 쓰시오.

6

교육행정의
기   초

교육행정은 교육 조직체 내에서 집단적 협동을 위해 효과적인 지원을 의미하며, 그 관점에 따라 교육에 관한 행정, 교육을 위한 행정, 교육경영이 있다. 교육행정은 교육의 목표를 효과적으로 달성하기 위한 시스템을 마련하고, 조직 구성원의 협동적 행위를 조성하기 위한 분야이다. 학생들은 자신들이 만났던 교육행정가, 즉 교장과 장학사 등을 통해 교육행정이나 교육현실을 이해한다. 하지만 학생들도 언젠가 관리나 경영의 역할을 통해, 교육에 대한 의사결정에 참여하게 될 것이다. 이 장은 교육행정의 개념, 교육행정의 원리, 교육행정의 조직, 학교조직의 운영, 교육행정 관련 이슈에 대해 살펴본다.

교육행정의 개념

가. 교육에 관한 행정

교육에 관한 행정은 교육행정을 행정 분야의 일부로 보고, 행정을 교육의 우위에서 권한을 가지고 위에서 아래를 통제하는 것으로 볼 수 있다. 이를 위해 교육관련 법에 입각하여 교육행정을 운영해 나가고 행정작용에 있어서 권력적, 강제적, 통제적 요소를 강조하여 법규행정으로 본다. 그래서 이를 국가통치론적 관점 혹은 공권설이라고도 한다. 교육운영에 있어 중앙집권적, 관료적 통제하에 두기 때문에 교육의 전문성과 특수성이 경시될 수 있고, 교육활동의 자율성과 독창성이 저하될 수 있다. 이러한 입장에서의 교육행정 연구경향은 주로 교육관련 법규의 정비와 실제 적용 시 나타날 수 있는 사례와 올바른 법규해석, 교육행정조직의 운용방향, 그리고 교육행정 원리의 탐구 등에 초점을 맞춘다.

우리나라는 과거 국가검정 교과서를 통해서 교육과정을 결정하고, 법에 따라 교원을 양성하며 국가수준 학업성취도 평가를 통해서 교육내용을 평가하는 등 교육에 대한 중앙정부의 관리가 지배적이었다. 최근 2022년부터 초등교과서 중 일부 교과가 국정에서 검정으로 바뀌며, 중·고등학교 직업계열과목에서는 최소한의 요건만 갖추면 출판할 수 있는 자유발행제가 도입되는 등 변화도 있다. 하지만 재정에 있어 지방교육을 관장하는 시도 재원 중 지방교육재정교부금 및 보조금으로서 국고의존율이 높아 중앙정부의 관리가 여전히 지배적이며, 지자체별 자율적인 교육운영이 어렵다.

📎 **용어정리**   지방교육재정교부금(financial grants for local education)

지방교육재정교부금은 1972년부터 도입된 초·중·고 교육비 재원으로, 국민이 내는 내국세수 중 20.79%이다(2022년 기준 65.1조원). 지방교육재정교부금은 지방자치단체가 교육기관 및 교육행정기관을 설치·경영하는 데 필요한 재원(財源)의 전부 또는 일부를 국가가 교부하여 교육의 균형 있는 발전을 도모함을 목적(2017년 개정)으로 하고, 보통교부금과 특별교부금으로 나눈다. 보통교부금은 법에서 규정한 의무교육기관의 교원인건비가 포함되고, 특별교부금은 재해, 국가시책사업 및 지역 현안에 대한 특별한 재정 수요가 포함된다.

최근 지방교육재정교부금의 산정방식을 개편해야 한다는 의견이 있다. 학령인구 감소에 따라 교부금의 증가 속도를 합리적으로 조절하고, 고등교육(대학 및 평생교육) 투자가 초·중등교육과 비교하여 현저히 낮은 부분에 대해 종합적 교육서비스를 제공해야 할 필요가 있기 때문이다.

지방교육재정교부금법 [시행 2021. 12. 28.]
KDI 한국개발연구원: 지방교육재정교부금, 왜 그리고 어떻게 고쳐야 하나?
https://www.youtube.com/watch?v=YMzXe5FT8ew

나. 교육을 위한 행정

교육을 위한 행정은 행정이 교육을 지원하는 서비스로 보고, 행정보다는 교육을 우선한다. 교육목적을 달성하기 위해 필요한 인적 물적 조건을 잘 마련하고 지원해 주는 것이 교육행정이라는 관점이다(주삼환, 2010). 그래서 이를 조건정비설이라고도 한다. 교육을 위한 행정은 교육의 특수성 때문에 등장한다.

교육은 미성숙한 아동을 대상으로 하고, 효과가 단기적으로 나타나지 않고, 투입과 산출 분석이 곤란하고, 평가가 어렵다. 이러한 이유로 교육은 다른 행정과 같은 관점에서 바라볼 수 없기 때문에 분리되어야 하고, 교육을 우위를 두어 교육의 목적이 이뤄질 수 있도록 지원해야 한다는 입장이다. 교육행정은 지방분권적이고 자율적인 행정으로서, 행정이 국가의 권력으로부터 출발하지 않고 교육의 실제적 필요에 입각하여 기능적으로 수행되어야 한다. 이러한 교육행정은 행정 그 자체가 목적(目的)이 아닌 수단(手段)으로서 교육에 필요한 인적·물적 제반 조건을 정비 확립시켜주는 보조적인 봉사활동인 것이다.

예를 들어, 만일 어느 섬마을 학교 교사들이 육지로 가는 도중 사고로 인해 교사들이 전부 가르칠 수 없는 상황에 처한다면 교육청은 그 학교에 교사들을 파견해야 한다. 그런데 교사를 파견하는 데에 있어서도 다른 학교와 비교하여 비슷한 조건이 되도록 하고 교수-학습활동이 원활히 이루어지도록 지원해주어야 한다.

교육에 관한 행정과 교육을 위한 행정을 비교해보면 다음 표와 같다(Paul, 1999).

구분	교육에 관한 행정	교육을 위한 행정
개념 비교	• 법규 해석적인 관점을 중시 • 행정의 종합성을 강조하는 입장 • 공법학적인 교육행정의 개념	• 교육의 자주성을 중시 • 교육의 전문성과 특수성 중시 • 교육의 봉사성과 수단성 중시 • 미국의 행정학에서 중시
개념 내용	• 행정을 내무, 외무, 군무, 재무, 법무행정으로 구분 • 내무행정을 경찰행정과 보육행정으로 다시 구분하고 교육행정을 보육행정에 포함시킴	• 교육행정은 교수 및 학습목표를 달성하기 위한 공동의 노력을 기하는 것 • 교육행정은 교육의 목표달성에 필요한 인적물적 조건을 정비 확립하는 데 치중 • 교육행정은 교육목표 달성을 위한 제 반활동을 지도 감독하는 것

다. 교육경영

교육경영의 의미를 이해하기 위해서는 행정과 경영 개념의 차이를 알아야 한다. 행정과 경영의 차이는 다음의 표와 같다.

	행정	경영
목표	공익추구	이윤추구
권력	정치권력에 의한 강제성	정치권력을 지니고 있지 않음
성격	독과점으로 경쟁이 없거나 제한, 서비스의 질 저하	경쟁으로 인한 능률향상, 서비스의 질 높음
운영 방식	세금의 소비	이윤의 추구
운영 성격	합법성	효율성

교육경영은 경영에서 요구하는 효율성과 능률성을 교육에서 추구하는 입장이다. 즉, 주어진 목표를 달성하는데 필요한 조건만을 정비하는 데에 머무르지 않고 적극적으로 시대와 환경을 고려하여 교육이 나아가야 하는 비전을 정하고 이를 위해 필요한 교육체제에 작용하는 여러 가지 요소들을 합리적으로 조정하는 활동으로 보는 관점이다. 따라서 이 관점에서 교육조건은 고정되어 있는 것이 아니라 교육목표 달성을 위해서는 언제든 조정될 수 있다고 보기 때문에 조건들을 조정하는 리더십이 매우 중요하다(윤정일 외, 2010).

예를 들어, 초등학교 앞에는 주로 경시대회 수상이나 예술제 수상 등을 알리는 현수막이 붙는다. 그러나 대학은 주로 취업률 1위, 국가고시 100% 합격, 최우수 대학 선정과 같은 현수막을 통해 효율성을 강조한다. 초등학교는 사는 지역에 따라가게 되지만 대학은 지역에 관계없이 학생을 선발하기 때문에 초등학교보다 경쟁이 요구되고, 대학의 질은 대학이 산출하는 결과, 즉 취업률, 교수 연구실적, 국가선정사업, 언론사의 대학순위와 같은 것으로 판단된다.

② 교육행정의 원리

교육행정의 원리는 교육행정 활동을 수행하는 데 있어 법제적인 면에서의 기본원리와 운영적인 면에서의 원리로 구분하여 설명할 수 있다(정미경 외, 2021). 법제적 측면에서 기본원리는 합법성의 원리, 자주성의 원리, 기회균등의 원리, 지방분권의 원리로 살펴볼 수 있다. 운영적 측면에서 기본원리는 타당성의 원리, 민주성의 원리, 효율성의 원리, 안정성의 원리, 적응성의 원리, 전문성 보장의 원리가 있다.

가. 합법성의 원리

합법성의 원리는 교육정책이나 교육행정의 모든 활동은 법규를 기초로 운영되어야 한다는 것을 말한다(주삼환 외, 2010). 이 원리는 본래 공공행정에서 법치주의에 따라 가장 중요시했던 원리로서 입법기관이 정한 법률에 의해 행정부의 자의적 권한 행사를 제한하려는 데서 시작된 것이다. 즉, 국민의 교육권 보장을 위해 모든 것을 법에 따라야 한다는 것이다. 예컨대, 교육행정이 헌법, 교육기본법, 초·중등교육법, 교육공무원법, 사립학교법, 대통령령, 훈령, 조례, 규정에 따라 운영하는 경우를 들 수 있다. 그러나 합법성을 지나치게 강조하면 행정이 너무 경직화되고 형식화되기 쉽다. 이와 같은 행정의 형식화와 경직화는 목표의 전도현상을 초래할 수 있고 창의적인 행정활동을 저해할 수 있다.

나. 자주성의 원리

자주성의 원리는 교육의 본질을 추구하기 위해 일반행정, 정치나 종교로부터 침해를 받지 않아야 한다는 것을 말한다. 이는 헌법 제31조 제4항에 교육의 자주성·전문성·정치적 중립성 및 대학의 자율성은 법률이 정하는 바에 의하여 보장되어 있다. 교육은 개인의 인간적 권리를 수행하는 사회적 장치로서 보편타당한 진리를 가르치고 합리적 사고와 질서 속에서 운영되어야 한다. 이를 위해 정당의 특성이 반영되거나 종교의 특성이 반영되어서는 안 된다(김달효, 2011). 예컨대, 어느 학교에서 특정 종교인을 우대하거나, 성적에 있어 가산점을 주거나, 정치적 성향에 따라 학교를 운영해서는 안 된다.

다. 기회균등의 원리

기회균등의 원리는 "모든 국민은 능력에 따라 균등하게 교육을 받을 권리를 가진다."라는 헌법 제31조 1항처럼, 국민들이 교육을 받을 수 있는 기회가 균등하게 제공될 수 있도록 교육행정을 시행해야 한다는 것을 말한다(김달효, 2011). 기회균등의 원리는 민주주의의 기본원리로서 특히 교육행정에 있어서 가장 강력하게 요청되는 원리이다. 예컨대, 교육기회 균등은 교육의 기회를 실질적으로 보장하려는 것으로 교육사회학의 기초에서 다룬 교육의 허용적 평등, 보장적 평등, 과정적 평등, 결과적 평등 등 네 가지 측면을 모두 포함하고 있다.

기회균등의 보장을 위한 법률적 근거는 다음과 같다.

헌법 제31조 제1항	모든 국민은 능력에 따라 균등하게 교육받을 권리를 가진다.
헌법 제31조 제2항	모든 국민은 그 보호하는 자녀에게 적어도 초등교육과 법률이 정하는 교육을 받게 할 의무를 진다.
교육기본법 제3조	모든 국민은 평생에 걸쳐 학습하고, 능력과 적성에 따라 교육 받을 권리를 가진다.
교육기본법 제4조	① 모든 국민은 성별, 종교, 신념, 인종, 사회적 신분, 경제적 지위 또는 신체적 조건 등을 이유로 교육에서 차별을 받지 아니한다. ② 국가와 지방자치단체는 학습자가 평등하게 교육을 받을 수 있도록 지역 간의 교원 수급 등 교육 여건 격차를 최소화하는 시책을 마련하여 시행하여야 한다. ③ 국가는 교육여건 개선을 위한 학급당 적정 학생 수를 정하고 지방자치단체와 이를 실현하기 위한 시책을 수립·실시하여야 한다.

교육기본법 제28조	국가와 지방자치단체는 경제적 이유로 교육받기 곤란한 사람을 위한 장학제도와 학비보조제도 등을 수립·실시하여야 한다.
초·중등교육법 제16조	국가와 지방자치단체는 의무교육대상자의 친권자나 후견인이 경제적 사유로 의무교육대상자를 취학시키기 곤란할 때에는 교육비를 보조할 수 있다.

라. 지방분권의 원리

지방분권의 원리는 교육에 관한 책임이 중앙교육행정기관인 교육부에 집중되지 않고 각 지역 교육청에 권한이 이양되어야 한다는 것을 말한다. 즉, 지역의 특수성을 교육행정에 반영하여 교육행정의 다양성과 자율성을 부여하고, 교육에 대한 책임이 중앙정부에 있는 것이 아니라 주민에게 있고, 지역사회와 민의에 의해 교육을 운영해야 한다는 것을 의미한다(윤정일 외, 2010). 이러한 지방분권은 교육행정의 민주화와 지방의 특수성을 살릴 수 있다. 예컨대, 제주도의 경우, 제주어를 정규수업에 포함시켜 세대 간 의사소통을 돕는다거나, 바다가 없는 충청북도의 경우, 정규수업에 해양체험을 넣기도 한다. 그러나 광역적 국가사업의 추진이 어렵고 행정의 통일성과 능률성을 확보하기 어렵다는 단점이 있다.

마. 타당성의 원리

타당성의 원리는 교육행정 활동이 바람직한 교육계획을 세우고 운영해 가는 데 있어서 타당해야 한다는 것을 의미한다(정미경 외, 2021). 즉, 교육을 위해 이루어지는 모든 활동은 목적에 합당해야 한다는 것이다. 교육행정은 항상 올바른 교육목표를 세우고 목표달성을 위해 필요한 교육정책 및 교육계획 등 하위목표가 타당성을 유지할 수 있도록 수립되어야 한다(조규판 외, 2018).

바. 민주성의 원리

행정에서 민주성이란 구성원들의 의사를 행정 과정에 적극적으로 반영하는 동시에 구성원들을 의사결정 과정에 적절하게 참여시켜야 한다는 것을 말한다(주삼환 외, 2010). 따라서 교육행정에서 **민주성의 원리**란 교육활동이 원활히 이뤄지도록 다양한 가치관과 이해관계를 지닌 구성원의 광범위한 참여를 통해 그들의 의사가 반영될 수 있도록 해야 한다는 것을 뜻한다. 교육행정기관이 국민과의 관계에 있어서 행정권의 남용을 최대한 통제하고 국민에 대한 책무성을 확보하는 데 초점을 두어야 한다는 의미이다. 민주성의 원리는 합법성의 원리보다 훨씬 적극적인 개념으로 교육행정에의 시민 참여, 행정의 공개성과 공익성, 행정과정의 민주화 등이 포함된다. 예컨대, 학교운영위원회는 교원 대표, 학부모 대표, 지역인사가 참여하여 학교경영을 협의함으로써 교장의 독단적인 운영을 견제한다.

사. 효율성의 원리

효율성의 원리는 최소의 투자, 최대의 효과라는 경제성의 원리로서, 성공적인 교육행정을 위해 투입되는 시간, 노력, 그리고 인적 물적 자원이 그 투입된 양에 비해 많은 성과를 거둘 수 있도록 해야 한다는 것을 의미한다(김달효, 2011). 학교 및 학급 운영에 경영이란 단어를 붙이고 있는 것은 교육목표의 효율적 달성, 즉 효율성의 원리를 추구하고자 하는 것이다. 미국을 위시한 서구 국가들에서 일어나고 있는 교육의 재구조화 운동(예, 학교통폐합), 학교 선택제 (예, 바우처 시스템, 차터 스쿨) 등도 학교의 효율성을 제고하기 위한 노력의 일환이다. 예컨대, 지역민과 학교 공간을 공유하거나 학습자의 수요가 많지 않은 선택교과목에 순회교사를 배치하는 경우를 들 수 있다. 그러나 효율성의 원리만을 추구하다 보면 교육의 민주성이 희생될 수 있으므로 유의해야 한다.

아. 안정성의 원리

안정성의 원리는 국민의 합의를 거쳐 수립된 교육정책을 문제가 없는 한 정권이나 장관이 교체되어도 바꾸지 말아야 한다는 것이다. 교육정책은 국민의 관심과 함께 관련 분야가 넓고 밀접한 영향을 미쳐서, 정책의 변화는 그 파급효과가 크다. 따라서 정책의 수립에 신중을 기해야 하며, 시행되는 정책의 빈번한 개편이나 개혁을 지양해야 한다. 예컨대, 만일 대입시험제도가 매년 바뀌게 된다면 학생, 학부모, 교사 모두 혼란스러울 것이다. 안정적인 입시제도는 사회의 안정과 질서유지의 기능을 수행한다고 볼 수 있다.

자. 적응성의 원리

적응성의 원리는 안정성의 원리와 상반되는 개념으로 빠르게 변화하는 교육환경 속에서 교육의 운영방식 역시 유연하게 대응할 수 있어야 한다는 원리이다. 즉, 교육행정 역시 정보화 사회의 변화에 발맞추어 적극적이고 능동적으로 유연한 행정체계를 구축하여 운영해야 한다는 의미이다. 그러므로 획일적이고, 통제적인 교육행정이 아닌 민주성의 원리와 지방분권의 원리에 입각하여 사회적·시대적 변화에 적응하고 유연한 정책을 수립하고 운영해야 한다.

차. 전문성 보장의 원리

전문성 보장의 원리는 교육행정 분야 이론과 기술을 충분히 익힌 전문가가 교육행정을 담당해야 한다는 것을 말한다. 교육은 미성숙한 아동을 대상으로 하고 전문적 지식과 기술을 필요로 하기 때문에 장기간의 교육과 훈련을 받아야만 제대로 그 업무를 수행할 수 있다. 예컨대, 교사가 되기 위해서는 교원자격증을 갖춰야 하고, 교육행정가가 되기 위해서는 교육경력이 요구되는 것을 들 수 있다.

교육행정의 조직

　　교육제도(educational system)는 교육에 대한 작용이나 활동을 법률을 기반으로 구체적으로 조직하여 비교적 안정된 조직의 형태를 가지고 있다. 교육제도의 핵심인 학교제도는 공식적이고 의도적인 교육활동이 조직화되어 있다. 이외에도 학교제도를 뒷받침하는 교육행정제도, 교육재정제도 등도 교육제도에 포함된다.

그림 6-1　우리나라의 학제

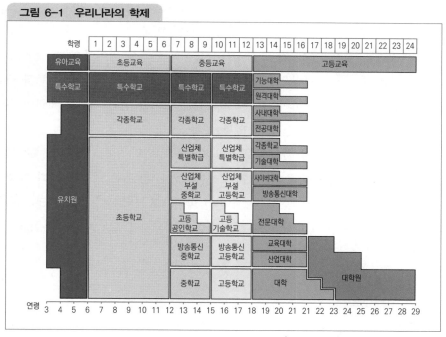

한국고등교육정보센터, 2020년 8월 기준

가. 학교제도 개관

학제는 학교제도의 준말로, 한 나라의 교육목표를 달성하기 위해 학교의 단계별 구조를 형식적으로 표준화한 체계이다. 학제는 연령에 따른 학교급을 구분하는 종적 연결구조와 학교의 교육목표 및 대상자에 따른 학교 종별의 차이를 보여주는 횡적 연결구조로 구분할 수 있다. 우리나라의 현행 학제는 6-3-3-4제의 기본 학제에 절충식 분기형 학제이다.

1) 초·중등교육

초·중등 학제는 초등교육 6년(만 6-12세, 초등학교), 전기 중등교육 3년(만 12-15세, 중학교), 후기 중등교육 3년(만 15-18세, 고등학교)로 구성된다. 초등학교부터 중학교까지 총 9년이 의무교육이고, 초·중등학교는 시설, 설비 등 대통령령으로 정하는 설립기준을 갖춰 시·도 교육감의 인가를 받아야 하며, 설립주체에 따라 국립, 공립, 사립으로 구분된다. 교육부장관이 교육과정의 기준과 내용의 기본적인 사항을 정하며, 시·도 교육감은 이러한 범위 내에서 지역의 실정에 맞는 기준과 내용을 정할 수 있다.

고등학교는 교육과정 운영과 학교의 자율성에 따라 일반고등학교, 특수목적고등학교, 특성화고등학교, 자율형 고등학교로 구분된다. 학교 구분과 무관하게 모든 고등학교 졸업생은 같은 수준의 학력으로 인정된다. 고등학교 교육과정을 마치지 않더라도 고등학교 졸업학력 검정고시에 합격하면 고등학교를 졸업한 사람과 동등한 학력으로 인정받을 수 있다.

2) 고등교육

고등교육을 실시하기 위하여 대학, 산업대학, 교육대학, 전문대학, 원격대학, 기술대학, 각종학교 등을 둔다. 대학은 학사·석사·박사 학위과정을 두어 학칙으로 정하는 과정을 마친 사람에게 학사·석사·박사 학위를 수여한다. 일반적으로 학사·석사·박사 학위과정의 수업연한은 각각 4~6년, 2년 이상, 2년 이상이다.

교원양성기관으로 교육대학, 사범대학, 한국교원대학교가 있고 수업연한은

4년제 대학과 동일하다. 이 외에도 수업연한이 6년인 의과대학, 한의과대학, 치과대학 및 수의과대학이 있다. 2년제, 3년제 전문대학은 전문학사학위를 수여한다. 다만, '전문대학 수업연한 4년제 간호학과' 지정 대학은 학사학위를 수여할 수 있으며, 전공심화과정에 입학하여 학칙으로 정하는 과정을 이수한 사람에게는 학사학위를 수여할 수 있다. 정보·통신 매체를 통한 원격교육을 제공하는 사이버대학은 전문학사학위 과정 및 학사학위 과정을 둘 수 있다. 특정 분야의 전문인력 양성을 위하여 대학원만을 두는 대학원대학교는 학사학위과정은 운영하지 않고 석사·박사 학위과정만을 운영한다.

나. 교육행정조직

우리나라의 교육행정조직은 중앙정부의 중앙교육행정조직과 지방자치제를 근거로 하는 지방교육행정조직으로 나눠볼 수 있다. 조직은 특정한 목표를 추구하는 집단으로, 업무수행에 필요한 인원 배치와 업무의 체계가 잘 조직되어야 효율적인 협동체계를 구축할 수 있다.

중앙교육행정조직은 법이 정한 범위 안에서 교육과 교육을 통한 인력양성에 관한 정책을 수립하고 이를 추진한다. 그리고 이러한 정책을 지역교육청이 얼마나 잘 수행하고 있는가에 대해서도 평가한다. 이러한 평가를 통해 중앙교육행정부처에서는 우리나라의 제도화된 교육 전반에 대해 관리한다.

지방교육행정조직은 교육의 자주성과 중립성을 확보하고, 교육행정의 민주화와 지방분권화를 보장하기 위하여 교육자치제가 기본으로 설계되어 있다. 교육자치제로 불리는 지방교육자치제는 획일적인 국가의 통제에서 벗어나 지역민의 의사를 반영하여 정책을 수립하도록 하는 제도로, 관련 법률로는 「지방교육자치에 관한 법률」이 있다. 특별시·광역시 및 도 단위의 지방자치단체별로 교육·학예에 관한 내용을 심의·의결하기 위해 교육위원회를 두고, 시·도의 교육·학예에 관한 사무의 집행기관으로 시·도에 교육감을 둔다. 교육감의 임기는 4년으로 하며, 교육감의 계속 재임은 3기에 한정한다. 이 외에도 시·도의 교육·학예에 관한 사무를 분장하기 위하여 1개 또는 2개 이상의 시·군 및 자치구를 관할구역으로 하는 하급교육행정기관으로서 교육지원청을 두고, 교육지원청에는 교육장이 공·사립의 유치원·초등학교·중학교·고등공민학교 및 이에 준하는 각종학교의 운영·관리에 관한 지도·감독을 수행한다.

학교조직의 운영

가. 학교장

학생이 다니고 싶은 학교, 교사가 오래 머물고 싶은 학교, 학부모가 자녀를 보내고 싶은 학교의 모습은 다를 수 있다. 다양한 이견에도 공통적인 부분은 학생들의 교육 성취 수준이 높은 학교, 교육구성원의 의견이 존중되는 학교, 사회적 책무성을 다하는 학교 등이 언급된다. 좋은 학교를 만드는 것은 교육행정의 지향점이며, 자율적 학교체제 구축 측면에서 학교장의 역할이 중요하다.

학교장은 학생, 교사, 학부모 및 지역사회 인사 등의 학교공동체를 아우르며 리더십을 발휘하는 학교의 총괄 책임자이다. 학교장은 학교의 비전을 세우고, 학생에 대한 긍정적 기대와 함께 교사의 역량 강화를 적극 추진해야 한다. 좋은 학교는 학교장 혼자 만들 수 있는 것이 아니기 때문에 유능한 교사와 함께 공유적 리더십을 발휘하고, 교사들과 상호 협력하며 집단지성을 이끌어내야 한다. 이를 위해 학교장은 운영과정에서 학교운영위원회, 학생회, 교직원회의 등 민주적 제도를 활용하고 그 과정을 공개하며 활발한 소통의 장을 만들어야 한다. 마지막으로 학교장은 학부모와 지역사회의 학교 참여를 유도하고, 건강과 안정을 보장하여 안심되는 학교환경을 구축해야 한다.

나. 교육공동체를 위한 학교운영위원회

학교장 중심의 독자적인 학교운영체제를 민주적인 학교운영체제로 전환하기 위해서는 교육공동체의 구성원인 학생, 학부모 교사 등의 의견을 반영할 수 있는 기구가 필요했고, 그렇게 등장한 **학교운영위원회**는 1999년 사립학교까지 의무 설치되었다. 학교운영위원회는 학교운영의 자율성을 높이고 주민자치 정신을 구현하기 위해 국·공립 및 사립 초등학교·중학교·고등학교·특수학교에 설치한 심의·자문기구이다. 학교운영위원회는 폐쇄적인 학교운영을 지양하고, 학교운영상 필요한 중요한 의사결정에 학부모, 교원, 지역사회 인사 등의 교육공동체가 참여함으로써 학교 정책 결정의 민주성, 합리성, 효율성을 확보하고자 하는 집단 의사결정 기구이다. 학교운영위원회는 학부모의 소극적인 참여 및 전문성 침해 등의 지적도 있으나, 학교의 법정기구로 그 역할이 확대되고 있다.

다. 학생교육 기본단위 학급경영

학생교육을 위한 기본단위는 학급이다. 교사는 바람직한 학급경영을 위해서 교육적으로, 학생의 이해를 바탕으로, 민주적이고 효율적인 방법으로 임해야 한다(정미경, 2021). **학급경영**은 교사가 학생들을 대상으로 하는 교육활동 중 수업활동을 제외한 모든 활동을 지칭한다. 학급경영 역시 학급의 교육목표의 달성을 위해 계획, 조직, 조정, 통제와 관련된 일련의 활동이 뒤따른다. 동시에 교수−학습활동과 학생 생활지도가 함께 지원되는 활동이다.

라. 교육활동을 위한 지원 시스템

학생의 교육활동을 지원하기 위해서는 학교의 교육과정 운영을 뒷받침하는 다양한 기구가 필요하다. 그 기구들은 학교마다 필요에 따라 상이하나 보편적으로, 교무(기획), 학생지원, 연구 등의 부서가 있다. **학교의 조직체계**는 교장−교감−보직교사(부장교사)−교사로 이어진다. 교장은 교무를 총괄하고, 소속 교직원을 지도·감독하며, 학생을 교육한다. 교감은 교장을 보좌하여 교무를 관리하고 학생을 교육하며, 교장이 부득이한 사유로 직무를 수행할 수 없을 때에는 교장의 직무를 대행한다. 다만, 교감이 없는 학교에서는 교장이 미리 지명한 교사가 교장의 직무를 대행한다. 보직교사는 원활한 학교운영을 위하여 교사 중 교무를 분담하는 중간 관리자이고, 교사는 법령이 정하는 바에 따라 학생을 교육한다. 학교의 각 부서는 별도의 자문기구 구성 및 회의를 통해 민주적인 의사결정을 하고 있다. 예를 들면, 교육과정위원회, 인사위원회, 성적관리위원회 등 위원회가 있고, 교직원회의, 교무회의 등 학교경영과 관련된 회의가 있다. 또한, 교과 중심의 협의회나 학년 중심의 협의회가 공식적 또는 비공식적으로 운영되고 있으며, 교내뿐만 아니라 교육청 단위의 학습조직으로 활동하기도 한다.

교육행정 관련 이슈

교육은 그동안 시대적, 정치적 상황뿐만 아니라 COVID-19로 인하여 다양한 혁명적인 변화를 겪었고, 그 변화에 적응하기 위해 많은 정책과 모형들이 도입되었다. 시대 전환에 대응하기 위한 새로운 미래교육 체제들에 대한 논의는 지속적으로 확장되어오고 있다. 그중 교육참여와 수업에 질에 대한 이슈를 살펴보고자 한다.

가. 교육참여 그리고 교육 거버넌스

교육은 삶의 세계인 지역사회 속에서 성장하고 발달하므로 학교는 지역과 연계하여 활발한 교류를 이어가야 한다. 학교 중심의 교육을 넘어서 지역사회와 상호 배움의 장을 확장하며 교육생태계를 구축해야 한다. 이를 위해서는 교육청과 지자체의 행정적 협력을 넘어서 주민의 주체적인 참여를 통한 교육 거버넌스를 시도해 볼 수 있다. **교육 거버넌스**란 민관주체들이 교육을 함께 고민하고 궁리하면서 학교와 지역교육 전체를 지원하는 여건을 조성하는 움직임으로서, 마을교육공동체와 같이 학교와 마을의 만남과 협력을 통해 교육생태계를 통한 모두의 연대를 이루는 것이다. 아동·청소년의 학습은 학교에서 나아가 주민들과 함께 삶과 지역의 발전을 위한 자기 결정력을 높이는 지역의 배움으로 확장할 수 있다.

중앙정부 수준의 교육 거버넌스 체제 중의 **국가교육위원회**는 교육정책이 사회적 합의에 기반하여 안정적이고 일관되게 추진되도록 하기 위해 만든 위원회이다. 위원회를 설치한 목적은 교육의 자주성, 전문성 및 정치적 중립성을 확보하여 교육발전에 이바지하도록 하기 위함이다. 위원회는 대통령 소속으로 교육비전, 중장기 정책 방향 및 교육제도 개선 등에 관한 국가교육발전계획을 수립하고, 교육정책에 대한 국민의견을 수렴하며 조정하는 등의 업무를 수행한다. 「국가교육위원회 설치 및 운영에 관한 법률」은 2021년 7월 제정되었고, 위원회는 21명의 위원으로 구성된다.

시·도 교육청 및 지역 수준의 교육 거버넌스는 **지방교육자치제**라고 볼 수 있다. 지방교육자치제는 중앙정부에 의한 획일적인 지시와 통제를 지양하고 지역의 실정과 특수성이 지방 교육정책에 반영되도록 지원하는 제도적 기반이다(김성열 외, 2021). 지방자치제도는 1991년 「지방교육자치에 관한 법률」이 제정되고 나서 정착되었으며, 지방자치제의 사무는 특별시·광역시·도 등 광역자치단위에서 실시되며, 일반 지방자치는 시·군·구 등의 기초자치단위까지 실시된다.

학교 수준의 교육 거버넌스는 1995년 **학교운영위원회** 제도의 도입으로 획기적으로 변화하였다. 학교운영위원회는 1995년 12월 지방교육자치에 관한 법률의 개정에 따라 설치 근거가 마련되고 이후 국립 초·중등학교에서 전면적으로 실시되었다. 학교운영위원회는 학교운영의 자율성을 높이고, 지역의 실정과 특성에 맞는 다양한 교육을 창의적으로 실시하는 데 목적이 있다. 위원회는 학교의 교원 대표, 학부모 대표 및 지역사회 인사로 구성되며, 위원 정수는 5인 이상 15인 이내로 학생 수에 따라 다르다. 주요 기능은 학교헌장 및 학칙의 제정·개정, 학교 예산·결산, 학사일정, 교과용 도서 및 교육자료 선정, 학부모

경비 부담사항 등 학교 운영의 주요한 사항에 대하여 심의·의결한다.

나. 수업의 질과 장학

장학(supervision, 奬學)이라는 말의 어원은 superior와 vision의 합성어로서, 위에서 바라보다, 즉 우수한 사람이 위에서 감시한다는 의미를 가지고 있다. 그래서인지 장학을 떠올리면 '학습목표', '대청소', '인사', '연구수업', '각본수업'과 같은 것이 생각난다. 그러나 장학의 의미는 '교사의 수업개선 및 수업전문성 향상을 위해 이뤄지는 활동'이다. 또한 장학은 교사를 대상으로 한 수업의 개선을 목적으로 하고, 효과적인 장학이 되기 위해 교사는 자율적이고 참여적이어야 한다.

1) 임상장학

임상장학은 1950년대에 하버드 대학의 코건(Cogan)과 그의 동료들에 의해 교사지망생들의 수업방법 개선을 위한 방법의 하나로 개발되었다가 후에 현직 교사의 수업기술 향상을 위한 장학방법으로 발전되었다. 임상장학은 학급 내에서 혹은 수업 현장에서 교사와 학생 사이에 이루어지는 상호작용 관계에 초점을 둔 장학활동을 말한다. 이는 교사의 자각, 신념, 태도, 지식에 대한 정보를 중심으로 수업의 개선을 목적으로 한다(윤정일 외, 2010). 임상장학의 목적은 교사의 전문적 성장과 교실수업의 개선에 있다. 다시 말해, 수업상황에 대한 객관적 피드백을 교사에게 제공하며, 교수-학습에 있어서의 문제를 진단하고 해결하도록 이끈다. 교사들의 수업계획을 수립하는 데 도움이 되며, 교사의 전문적 신장을 위해 도움을 주는 것이다(윤정일 외, 2010). 임상장학은 자신의 수업에 대한 문제를 인식하고 개선하고자 하는 교사에게 유익하다.

2) 컨설팅장학

컨설팅장학은 전문가가 학교교육 개선을 목적으로 학교가 원하는 다양한 활동을 지원하는 독립적 자문활동을 의미한다. 특히 교사가 자신이 겪고 있는 문제에 대한 인식과 해결법에 대해 충분히 파악하지 못할 때 이루어지는 장학이다. 컨설팅장학의 내용은 다음과 같이 그 분야가 폭넓다.

- 교육과정: 학교교육과정 편성 및 운영, 창의적 교육과정 편성 및 운영 등
- 교수학습: 교수학습 전략 및 수업컨설팅, 교과연구회 및 수업동아리 운영, 평가도구 개발 및 활용, 특수교사와 일반교사의 협력방안 지원, 과정중심 평가방법으로의 개선, 수업전문성 향상 등
- 학교경영: 학교경영 협의 및 교직원 조직 관리, 지역사회 연계 협력 지원 등
- 교육시책: 교사 및 학생에 대한 상담 기법 등

3) 동료장학

동료장학은 동료 교사들이 자신들의 교육활동의 개선을 위해 공동으로 노력하는 과정이다. 일반적으로 둘 이상의 교사가 서로 수업을 관찰하고, 관찰사항에 대하여 상호 조언하며, 서로의 전문적 관심사에 대하여 토의함으로써 자신들의 전문적 성장을 위해 함께 연구하는 장학 형태이다. 동료장학의 전형적인 형태는 동학년 또는 동교과 단위로 수업연구나 수업방법 개선을 위해 공동으로 협의하는 것이다. 또한 동료 상호 간에 정보, 아이디어, 도움 또는 충고, 조언 등을 주고받는 공식적, 비공식적 행위도 모두 동료장학에 포함된다. 동료장학은 수업개선을 위해 학교교사들이 공동으로 노력함으로써 장학활동을 위해 학교의 인적 자원을 최대한 활용할 수 있다. 또한 교사들로 하여금 수업개선에 크게 기여할 수 있다는 유능감과 성취감을 갖게 해 학교교육의 개선에 긍정적인 효과를 가져올 수 있다. 그리고 적극적인 동료관계를 증진할 수 있고, 이를 토대로 하여 교사 개인의 전문성 신장을 도모할 수 있다.

4) 약식장학

약식장학은 교장이나 교감이 간헐적으로 짧은 시간 동안 학급순시나 수업참관을 통하여 교사들의 수업 및 학급경영 활동을 관찰하고, 이에 대해 교사들

에게 지도, 조언을 제공하는 과정을 말한다. 약식장학은 단위학교에서 일상적으로 빈번하게 수행되기 때문에 일상장학이라고도 부른다(윤정일 외, 2010). 약식장학은 원칙적으로 학교 행정가인 교장이나 교감의 계획과 주도하에 전개된다. 또한 간헐적이고 짧은 시간 동안의 학급순시나 수업참관을 중심활동으로 한다. 미리 준비한 수업활동이나 학급경영활동이 아닌 평상시의 자연스러운 수업활동을 관찰할 수 있으므로 교장이나 교감이 학교교육 전반의 정보를 파악하는 데 도움을 준다. 그리고 다른 장학 형태에 대하여 보완적이고 대안적인 성격을 갖는다.

5) 자기장학

자기장학은 외부의 강요나 지도에 의해서가 아니라 교사 스스로가 자신의 전문성 신장을 위해 스스로 계획을 수립하고 실천해 나가는 것을 말한다(윤정일 외, 2010). 예를 들면, 자신의 수업을 녹화 또는 녹음 후 분석하거나, 학생이나 학부모 및 동료의 평가를 참조하거나, 대학원 진학, 각종 세미나와 연수 참석, 전문서적 구독이나 관련 전문가의 자문과 조언을 들 수 있다(주삼환 외, 2010).

위에서 설명한 장학을 표로 비교하면 다음과 같다.

장학	장학담당자	장학방법
임상장학	장학사 및 장학관	장학담당자와의 수업계획, 수업참관을 통한 자료수집, 평가 등을 통한 수업활동 개선
컨설팅장학	전문가	학교교육 개선을 위한 독립적 자문활동
동료장학	동료 교사	수업연구, 수업방법 협의, 정보 및 아이디어 교환 등
약식장학	교장이나 교감	교장 및 교감의 수업 순시
자기장학	교사 자신	스스로 세운 계획

참고영상

- 교육부 TV 교육부 정책소개
  https://www.youtube.com/watch?v=Jn9VlrEupkw

- EBSCultere(EBS교양) 미래교육 플러스
  −변화의 열쇠, 교장 선생님
  https://www.youtube.com/watch?v=3l3fmrCbOoQ

01 2002 초등

교육을 위한 행정이라는 입장에서 교육행정의 기능을 올바르게 설명한 것은?

① 운영에 있어서 권력적 강제적 요소를 강조한다.

② 교육 법규를 해석하고 그대로 집행하는 데 중점을 둔다.

③ 교수−학습 과정을 개선하는 데 필요한 조건의 지원에 중점을 둔다.

④ 공식적 교육 조직에서 상급자의 명령에 절대적인 복종을 요구한다.

02 2013 중등

다음 제도 개혁의 취지에 부합하는 '교육행정에 대한 관점'을 설명한 내용으로 가장 적절한 것은?

> 최근 지방교육행정조직에서 '지역교육청'의 명칭을 '교육지원청'으로 변경하고 그 역할에 있어서도 변화를 꾀하였다. 이를 통해 행정의 기능을 종래의 '관리·점검' 중심에서 '일선 학교의 교육활동에 대한 지원 강화' 중심으로 새롭게 정립하고자 하였다.

① 교육행정을 '교육에 관한 행정'으로 보는 입장이다.

② 자율적 행정지원보다 관료적 효율성을 강조한 관점이다.

③ 교육의 자주성·전문성 측면보다 행정의 통제성, 획일성 측면을 강조한 관점이다.

④ 교육 관련 법규에 따라 교육정책을 집행하는 공권적 작용을 강조하는 입장이다.

⑤ 교육행정을 교육목표의 효과적 달성에 필요한 조건을 정비 확립하는 수단적 활동으로 보는 입장이다.

03 2004 중등

교육행정의 기본원리 중에서 '민주성의 원리'와 가장 관련이 깊은 것은?

① 중학교 무상 의무교육 실시

② 고교평준화 정책의 기본 골격 중시

③ 선택과 집중에 의한 대학 재정 지원

④ 정책결정과정에 국민의 참여기회 확대

04 2012 중등

다음의 대화에서 세 교사가 언급하고 있는 장학지도 유형을 가장 바르게 짝지은 것은?

> 김교사: 금년에 발령받은 최 교사는 수업의 질이 낮아 학생과 학부모의 불만이 많습니다. 그의 수업 전문성을 향상시키기 위해서는 전문성을 갖춘 교내 교원의 개별적 도움이 필요합니다. 최 교사의 수업을 함께 계획하고, 실제 수업을 관찰, 분석, 피드백해 줄 필요가 있습니다.
>
> 박교사: 김 선생님, 저도 초임 때는 그런 경험이 있었어요. 이제 중견교사가 되고 보니 그동안의 노력과 경험으로 수업에 대한 자신감이 생기긴 했어요. 그래도 더 좋은 수업을 위해 제가 필요하다고 생각하면 대학원에도 다니고 각종 연수에도 적극 참여하려고 합니다.
>
> 이교사: 부족한 부분을 채워야 하겠다는 자발적 의지가 중요해요. 학교에서 일상적으로 이루어지는 장학활동보다는 내가 모르는 것을 교내·외의 유능한 전문가에게 의뢰하고 체계적인 도움을 받았으면 해요. 때로는 누군가가 전문가를 소개해 주었으면 해요.

	김교사	박교사	이교사
①	동료장학	자기장학	약식장학
②	동료장학	요청장학	컨설팅장학
③	임상장학	자기장학	컨설팅장학
④	임상장학	동료장학	자기장학
⑤	요청장학	약식장학	자기장학

도란도란 함께 나누기

가장 기억에 남는 수업은?

좋은 수업은 어떤 수업일까요?

7

교육방법 및
교육공학의
기   초

교수자에게 수업의 가장 큰 목표는 학생들이 수업내용을 쉽게 이해할 수 있도록 체계적으로 전달하고, 학생들의 성취를 높이는 것이다. 이 장에서는 수업의 진행을 위한 다양한 교육방법과 구체적 이론과 실천을 위한 교육공학에 관하여 설명하고자 하였다. 이를 위해 우선 교수와 학습에 관한 개념과 관련 이론들에 대해 학습한 뒤, 다양한 교육방법에 대해 살펴보도록 한다. 그리고 교육공학에서는 효과적이고 효율적이면서 매력적인 수업을 위해 사전에 고려해야 할 것은 무엇인지, 어떻게 수업을 진행할 것인지, 어떻게 평가할 것인지 그리고 어떻게 개선할지에 대한 관련 이론과 실천에 대해 학습하도록 한다.

교수와 학습

가. 교수-학습의 개념

교수와 수업은 보통 혼용되어 사용되는데, 「교육학용어사전」(서울대학교 교육연구소, 1999)에서는 교수는 'teaching'을 수업은 'instruction'을 지칭한다. 교수 혹은 수업이란 가르치는 사람, 즉 교수자가 행위의 주체가 되어, 교육목적이나 목표를 달성하기 위하여 설정된 교육과정에 따라 구체적인 교육내용을 학습자에게 지도하는 것과 관련된 일체의 활동을 의미한다(이지헌 외, 2018). **교수**(teaching)는 교실 안에서의 교수자와 학습자 간 가르치고 배우는 활동을 의미한다면, **수업**(instruction)은 교실 수업을 넘어 수업 전 준비와 수업 후 정리 및 평가를 모두 포함하는 포괄적인 활동을 의미한다.

학습(learning)이란 교수나 수업을 통한 결과로서 "경험이나 훈련의 결과로 발생하는 비교적 영속적인 행동의 변화"로 정의할 수 있다(이병승 외, 2021). 학습은 여러 학자들의 이론에 따라 달리 정의되지만 공통적으로 나타나는 특징을 종합하여 정의하면, 유기체의 의도적인 활동을 통한 결과와 경험을 바탕으로 생성되는 비교적 영속적인 인지적·행동적 변화로 이해할 수 있다(류지헌 외, 2013).

　　교수-학습 과정은 **교육의 3요소인 교사, 학생, 교육내용** 간 상호의존적인 관계를 맺고 있으며, 교육목표를 달성하기 위해 많은 하위 구성요소를 가지고 있다(백영균 외, 2015). 일반적으로 교육목표, 교육내용, 교육방법, 교사, 학생, 교육환경 등이 주로 언급되며, 이들의 관계를 도식화하면 다음 그림과 같다.

그림 7-1　교육목표를 달성하기 위한 하위요소들 간 관계

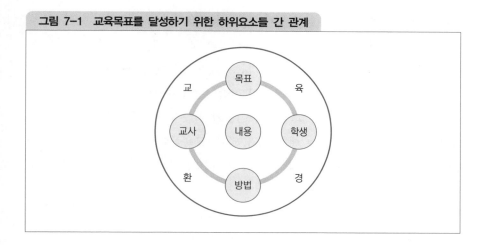

　　교육목표의 설정은 교수-학습 과정의 방향을 명확하게 하며, 학습자에게 제공할 교육내용을 결정하게 한다. 또한 달성하고자 하는 교육목표가 무엇이냐에 따라, 교육내용이 무엇이냐에 따라 교육방법이 결정된다. 교수-학습 과정에서는 교사가 핵심적인 역할을 수행한다. 교사는 교육목표의 달성을 위해 적절한 교육방법을 선택하고 교육내용을 학습자에게 전달한다. 교수-학습 과정에서 교사만큼 핵심적인 요소는 학생, 즉 학습자로 학습자의 성취를 위해 교육목표가 설정되어야 하며, 교사는 학습자의 성취를 위해 교수-학습 과정을 진행한다. 이 모든 과정은 결국 교육환경 내에서 이루어지는데 수업을 위한 교실 및 학교 환경 그리고 교사와 학생이 처한 환경 등을 고려해야 한다.

나. 교수-학습이론

교육활동을 성공적으로 수행하기 위해서는 교수-학습이론에 대한 이해가 필요하다. 학습이론은 인간의 학습을 설명하기 위한 원칙을 체계화한 것으로 인간이 어떻게 새로운 지식과 기술, 태도를 익히는지, 그로 인하여 어떠한 행동의 변화가 일어나는지를 설명하고 예측한다. 이에 반해 교수이론은 학습이론으로 도출된 제반 원리를 교육실제에 적용함으로써 여러 가지 교육적 현상이나 문제를 해결하는 데 관심이 있다. 따라서 학습이론은 기술적이며 학습자의 변화에 관심을 갖는데, 교수이론은 처방적이며 교수자의 교수행위에 초점을 둔다. 그러나 양자 모두 학습을 전제로 하고 있기 때문에 둘을 엄밀하게 구분하기가 어려우므로, 여기에서는 전통적인 학습이론을 중심으로 살펴보도록 한다.

학습이론은 교수이론과 교수설계 이론에 이론적 토대를 제공해주며, 교수설계나 교수방법을 선택하는 데 기초가 되고, 교육공학의 전 영역에 영향을 미친다. 학습이론은 크게 행동주의 이론과 인지주의 이론, 구성주의 이론으로 구분한다.

1) 행동주의 학습이론

행동주의 학습이론은 학습을 '경험의 결과, 관찰할 수 있는 행동의 변화'라고 정의하고 관찰 가능한 행동에 초점을 맞추고 있다. 이 이론에 따르면 학습이 자극과 반응의 연합에 의해 이루어진다고 본다.

① 고전적 조건형성이론

고전적 조건형성이론은 구소련의 생리학자 파블로프(Pavlov)의 실험을 기초로 시작되었다. 실험 초기 고기(무조건 자극)를 보고 침(무조건 반응)을 흘렸던 개는 종소리와 함께 고기가 주어졌을 때에도 역시 침을 흘렸다. 일정 기간 종소리와 고기가 거의 동시에 주어지는 과정(조건화)이 반복된 후, 개는 종소리(조건 자극)만 듣고도 침(조건 반응)을 흘리게 되었다. 종소리를 고기와 짝지어 여러 차례 반복하여 개는 종소리에 침을 흘리게 된 것이다. 즉, 종소리는 무조건 자극

(고기)과 연합된 결과 침을 유발하는 기능을 획득했다. 이때 종소리를 조건 자극이라고 부르고, 조건 자극이 유발한 반응을 조건 반응이라 한다. 그러므로 조건반응은 무조건 반응과는 달리 학습된 반응이다.

CF에 나오는 인기 연예인의 경우 대중들에게 호감을 불러일으키는 무조건자극에 해당한다. CF에 나오는 냉장고나 과자는 본래는 중립자극이었다. 그런데 인기 연예인이 해당 상품을 반복해서 광고한다. 결국 대중들은 해당 상품에대해 호감을 갖게 된다. 또 다른 예로 교사가 학생들에게 갑자기 A4용지를 나눠주면 학생들은 긴장한다. 본래 A4용지는 학생들을 긴장시킬 수 없었지만, 시험이라는 무조건 자극과 연합되어 조건화 과정을 거친 결과 학생들을 긴장하게 만드는 능력을 갖게 된 것이다. 이러한 반응은 고전적 조건화에 의해 학습이 이루어진 사례이다.

고전적 조건화 이론은 학습이 매우 체계적이고 과학적인 방법으로 외부의사건에 의해 유도될 수 있고, 그 결과는 예측 가능하며, 학습이 일어나는 환경의 속성을 변화시킴으로써 학습의 양과 가능성을 변화시킬 수 있음을 보여주었다. 예컨대, 교사가 학생을 평소 무서운 벌로 다스린다면 교사에 대한 학생의두려움은 학교에 대한 두려움으로 발전하여 학교를 싫어하게 된다. 반대로 학생이 학교에 대한 긍정적인 태도를 갖도록 조건화할 수 있다는 것을 의미한다.

그림 7-2 파블로프의 고전적 조건형성과정

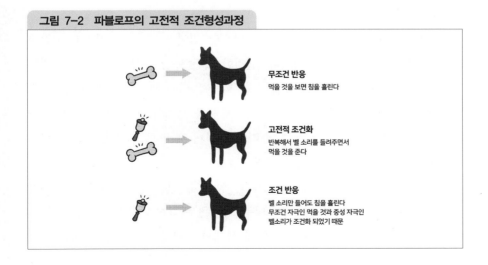

무조건 반응
먹을 것을 보면 침을 흘린다

고전적 조건화
반복해서 벨 소리를 들려주면서
먹을 것을 준다

조건 반응
벨 소리만 들어도 침을 흘린다
무조건 자극인 먹을 것과 중성 자극인
벨소리가 조건화 되었기 때문

러시아의 생리학자 파블로프(1849-1936)는 개의 소화에 대한 연구를 하였다. 이 연구에서 파블로프는 개가 음식(고기분말) 냄새를 맡았을 때 분비되는 타액의 양을 측정하기 위해서 용기에 개의 타액을 모았다. 그런데 뜻밖의 사실을 발견하게 되었다. 개는 처음에는 고기분말의 냄새를 맡기도 전에 타액을 분비했다. 심지어는 음식을 가지고 실험실에 들어오는 연구자를 보거나 연구자의 발소리만 들어도 타액을 분비하였다. 처음에 파블로프는 이런 타액 분비를 막으려고 노력했다. 왜냐하면 그것이 그의 실험을 망친다고 생각했기 때문이다.

그러나 파블로프는 이러한 사건에 흥미를 갖게 되었다. 그는 개가 고기분말 냄새를 맡기 전에 타액을 분비하도록 특정한 학습이 일어난 것으로 추론했다. 이것이 고전적 조건화의 시작이다.

Sternberg & Williams(2003) 참조.

② **조작적 조건형성이론**

스키너(Skinner)는 동물이 지렛대를 밟으면 먹이가 나올 수 있도록 고안된 **스키너 상자**를 사용하여 실험하였다. 일정한 시간 동안 음식을 주지 않은 쥐를 스키너 상자에 넣고 쥐가 지렛대를 눌러 먹이를 먹는 과정을 관찰한 결과, 쥐는 처음에는 지렛대와 무관하게 탐색적인 반응을 보이다, 전기 자극을 받고 놀란다. 그러다 우연히 지렛대를 밟아 먹이를 얻게 된 후에 반응은 빠른 속도로 학습되어 계속적으로 지렛대를 누르게 된다.

이와 같이 유기체는 긍정적인 결과를 얻을 수 있는 행동은 반복하고 부정적인 결과나 중립적인 결과가 수반되는 행동은 반복하지 않는다. 즉, 행동은 선행하는 자극보다 행동의 결과에 의해 통제되기 때문에 행동을 이해하기 위해서는 행동에 수반되는 결과를 분석해야 한다. **조작적 조건형성이론**의 핵심은 **행동의 결과를 통제**하여 조작 반응을 변화시키는 데 있다. 다시 말하면 특정 행동을 증가시키고 싶으면 행동 뒤에 긍정적 결과를, 감소시키고 싶으면 행동 뒤에 부정적 결과를 주면 된다.

이때 반응의 확률 혹은 강도를 증가시키는 절차 혹은 결과를 '강화'(예, 학생들이 조용히 할 때 칭찬을 하면 조용히 하는 행동이 증가한다)라 하고, 반대로 반응의 확률 혹은 강도를 감소시키는 절차 혹은 결과를 '벌'(예, 학생들이 떠들 때 자유시간을 끝낸다면 이후에는 자유시간에 떠드는 행동이 감소한다)이라 한다. 그런데, 벌을 자제하고 목표행동에 부합되는 바람직한 행동을 강화하는 것이 효과적이다. 예를 들면 학급에서 큰 소리를 내는 것을 벌하기보다 학생의 조용히 하는 행동을 칭찬하고 보상하는 것이 바람직하다.

교실에서의 조작적 조건화의 모습은 교사에게도 나타난다. 국어 시간에 문학과 문법을 가르칠 경우 학생들은 대부분 문학 시간은 좋아하지만 문법 시간은 싫어한다. 문학 시간에는 학생들이 적극적으로 참여하고 즐거워하는 반면, 문법 시간에는 소극적으로 반응하거나 심하면 소란스럽게 잡담한다. 그러면 교사는 점점 문학 시간을 늘리고 문법 시간은 줄이게 된다. 즉, 교사가 조작적으로 조건화된 것이다. 물론 유능한 교사라면 조건화되지 않으려고 주의하면서 학생들이 문법에 흥미를 느낄 수 있는 방법들을 시도해 볼 것이다.

조작적 조건화는 학생들 간의 상호작용에서도 발생할 수 있다. 예를 들어 미술 공동작업을 함께 하고 싶어 하는 두 여학생들이 있다. 그러나 한 학생은 물감으로 작업하고 싶어하고, 다른 학생은 점토로 작업하고 싶어한다. 이때 서로 자신이 선택한 재료로 작업을 하려고 논쟁을 벌이다가 결국 한 학생이 양보하여 점토로 작업하자고 제안한다. 다른 한 여학생은 이 제안에 당황하여 자기가 양보하여 물감으로 작업하겠다고 제안하였다. 결국 공동작업은 처음에 양보하였던 여학생의 제안대로 물감으로 공동작업을 하게 되었다. 다음에 또 이와 유사한 논쟁이 일어난다면 먼저 양보했던 여학생이 이전보다 더 빨리 자기 의견을 포기하고 상대방에게 양보하게 될 것이다. 왜냐하면 이 여학생은 먼저 양보함으로써 결국은 자기가 원하는 것을 얻게 된다는 것을 알았기 때문이다. 여기서 먼저 양보했던 여학생이 조작적으로 조건화되었다라고 할 수 있다 (Sternberg & Williams, 2003).

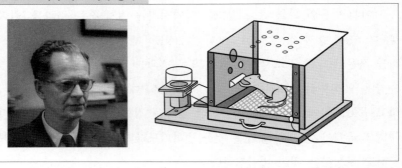

그림 7-3 스키너[1]와 스키너 상자

③ 교수설계에 주는 시사점

행동주의 학습이론이 교수설계에 주는 시사점은 다음과 같다. 첫째, 바람직한 학습을 유도하기 위해, 학습목표는 수업이 끝났을 때 학습자가 성취해야 하는 결과를 관찰 가능한 행동목표로 진술한다(예, 설명할 수 있다. 구분할 수 있다. 나열할 수 있다. 등의 행위동사). 둘째, 수업목표에서 진술된 행동에 대해 계속적인 평가와 피드백을 제공한다. 셋째, 정답에 대해 칭찬, 미소, 상 등 강화를 하고 오답이면 무시한다. 벌보다 긍정적 강화 사용이 효과적이다(권대훈, 2009). 넷째, 수업내용은 쉬운 것부터 어려운 것으로 점진적으로 제시하고, 복잡하고 어려운 문제는 단순한 것으로 세분화하여 제시한다.

2) 인지주의 학습이론

인지주의 학습이론은 눈에 보이는 행동에만 주안점을 둔 행동주의 학습이론에 반대하여, 눈으로 직접 관찰할 수 없지만 정보가 기억에 저장될 때 어떤 일이 일어나는지를 설명하기 위한 정보처리 과정에 초점을 두고 있다. 즉, 외적

---

1 출처: B. F. 스키너에 대한 위키백과 https://ko.wikipedia.org/wiki/B._F._스키너

행동을 불러일으키는 내적 과정에서 학습의 의미를 밝힌다. 인지주의에서는 외부의 정보나 지식이 두뇌 속의 **사전지식**에 통합되는 것, 즉 지식의 획득을 학습이라고 본다(이용남, 신현숙, 2011).

대부분의 인지주의 학습이론은 부호화, 저장, 인출이라는 세 가지 기본 조작과정을 이야기한다. **부호화**(encoding)는 감각적 투입물들을 기억하도록 몇 가지 표상상태로 어떻게 변형하는지에 관한 것이다. **저장**(storage)이란 부호화된 정보를 어떻게 보유하는지에 관한 것이다. **인출**(retrieval)이란 기억 속에 저장된 정보에 어떻게 접근하는지에 관한 것이다(Sternberg & Williams, 2003). 예를 들면, 교사가 학생들에게 단어들을 학습시키고자 한다고 가정해보자. 학생들에게 요구하는 첫 번째 일은 인쇄된 종이 위의 단어들을 보도록 하고, 감각정보를 기억 속으로 넣게 하는 것이다. 그 다음에는 기억 속에 정보를 저장해야 하며, 마지막으로 시험을 치를 때에 학생들은 정보를 밖으로 인출해야 한다.

① 통찰이론

쾰러(Köhler)는 아프리카의 테네리페 섬의 유인원 연구소 소장으로 근무하는 동안 수행한 실험 결과를 바탕으로 **통찰이론**을 발표하였다. 쾰러는 침팬지를 폐쇄된 놀이터에 가두고 손이 닿지 않는 곳에 바나나를 매달아 놓았다. 침팬지는 바나나를 먹기 위해 손을 뻗거나 발돋움을 하거나 뛰어오르는 행동을 했다. 이러한 시도가 실패하자 침팬지는 주변을 주의 깊게 살폈으며, 결국 막대기를 이용하여 바나나를 따거나 상자를 발판으로 삼아 바나나를 땄다. 가끔 침팬지는 주변의 나뭇가지를 부러뜨려 도구로 사용하거나 나무를 연결하여 사용하는 등 도구를 제작하기도 하였다.

쾰러는 위와 같이 문제 장면에 존재하는 다양한 요소의 관계를 파악하여 문제를 해결하는 것을 **통찰**(insight)이라 하였다. 통찰이론에 따르면 학습자는 단순한 시행착오 행동을 통해서 문제를 해결하는 것이 아니라 문제를 효과적으로 해결할 수 있는 방안에 대한 '가설'을 설정한 다음 그 가설에 근거하여 문제를 해결한다. 즉, 문제 장면에서 문제를 효과적으로 해결할 수 있는 방안을 갑자기 이해하면 통찰이 일어난 것이다. 이를 '아하' 경험이라고 한다(권대훈, 2009).

그림 7-4 쾰러의 유인원 실험

② 정보처리이론

정보처리이론은 인간이 외부세계에서 획득한 정보를 어떻게 지각하고 이 해하고 기억하는가에 대한 이론이다. 정보처리이론에서는 이러한 인간의 일련 의 기억과정을 컴퓨터의 정보 입력, 저장, 인출 과정에 비유한다.

정보처리이론은 인간의 학습이 학습자 외부에서 정보를 획득하여 저장하 는 과정이라 가정한다. 앳킨슨(Atkinson)과 쉬프린(Shiffrin)(1968)에 따르면 인간에 게는 보고, 듣고, 느끼는 감각기관이 있는데 이들 감각기관을 통해 들어온 정 보를 체계적으로 정리하여 두뇌라는 저장고에 보관하고 필요한 경우마다 이를 재생하여 원하는 곳에 활용한다고 보았다. 정보는 감각기억(감각등록기)을 통해 입력되었다가 주의집중을 통해 단기기억에 임시저장된다. 여기에서 시연과 부 호화 등의 과정을 거치면 장기기억으로 저장된다.

감각기억은 자극이나 정보를 처리할 때까지 원래의 형태로 자극이나 정보 를 잠시 보관하는 곳으로 용량에는 거의 한계가 없지만, 즉시 처리되지 않으면 정보는 곧 사라진다(시각적 정보는 약 1초, 청각적 정보는 약 4초). 예를 들면, 하루 중 우리는 수백 명의 사람들을 보지만 그들의 얼굴을 모두 기억하지는 못한다. 그들의 얼굴은 감각기억상에서 사라진 것이다. 감각기억의 내용은 너무 짧은 순간 파지되기 때문에 의식할 수조차 없다. 그러나 감각기억에 파지된 정보에 주의를 기울이면 그 정보는 단기기억으로 전이된다. 예를 들어 학생들이 교사 의 프레젠테이션의 내용을 주의 깊게 듣지 않고 있다고 가정해보자. 이때 교사가 "이 내용은 시험에 출제될 것이다"라고 이야기하면 학생들이 갑자기 주의집중을 하게 된다. 이때 정보는 감각기억에서 단기기억으로 전이된다.

단기기억은 제한된 정보를 짧은 시간(짧게는 10~20초, 길게는 수 분) 동안 파지하는 임시저장고를 일컫는다. 단기기억에서는 저장된 정보에 대한 인지처리가 이루어지므로 단기기억을 일하고 있는 기억, 즉 **작업기억**이라고 부르기도 한다. 수업 중 교사가 중요하다고 한 것을 당장은 학생들이 기억하지만 수업이 종료할 때 즈음에는 기억나지 않는 경우가 해당 정보가 단기기억에서 사라진 예이다. 또한 교사들이 어떤 것을 설명한 후에 학생들에게 방금 설명했던 내용을 말하도록 질문하는 것은 학생들이 정보를 단기기억 속에 저장하였는지를 확인하는 것이다.

단기기억의 가장 큰 특징은 용량, 즉 기억범위가 상당히 제한되어 있다는 것이다. 단기기억의 용량은 7(7±2)이다. 이는 인간이 한 번에 가장 잘 저장하는 단위가 7이라는 의미이기도 하다. 주민등록번호 뒷자리 7자리를 외우는 것이 그리 어려운 일이 아닌 이유는 단기기억에 저장할 수 있는 최적의 정보양에 해당하기 때문이다. 이러한 제한된 용량 때문에 학생들이 필기를 하고 있을 때 교사가 설명을 할 경우 학생들은 교사의 설명을 잘 듣지 못한다. 필기하고 있는 내용만으로도 이미 단기기억의 용량이 다 차버리기 때문이다.

그림 7-5 정보처리과정

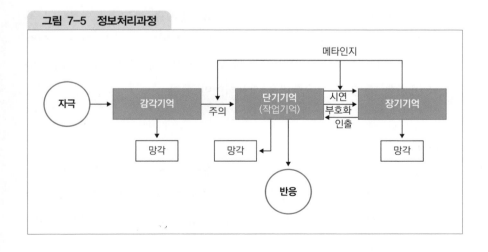

장기기억은 영구적인 기억 저장고로 용량은 무제한이다. 장기기억에는 정보, 기능, 신념, 태도 등 우리가 일생동안 경험하고 학습한 모든 것이 저장되어 있다. 정보를 단기기억에서 장기기억으로 저장하는 방법에는 시연과 부호화가 있다. 시연(암송)은 정보를 원래 형태 그대로 소리 내어 읽거나 속으로 반복하는 전략이다. 시연을 반복할수록 기억은 향상된다. 또 한꺼번에 소나기식으로 공부하는 집중학습보다 규칙적으로 여러 차례 반복해서 시연하는 분산학습이 더 효과적이다.

부호화는 새로운 정보를 잘 기억하기 위해 그 정보를 유의미하게 하거나 장기기억에 저장되어 있는 정보에 관련짓는 인지전략이다. 복잡하고 많은 양의 정보를 효율적으로 기억할 수 있도록 도와주는 방법이다. 부호화의 방법에는 정보를 의미적으로 관련되고 일관성이 있는 범주로 묶는 조직화, 정보에 의미를 추가하거나 정보를 기존 지식에 관련짓는 인지전략인 정교화, 정보의 시각적 심상을 이용하는 심상형성, 장기기억에 저장하기 위한 다양한 기억법(예, 두문자법, 문장작성법 등)이 있다.

③ 교수설계에 주는 시사점

인지주의 학습이론이 교수설계에 주는 시사점은 다음의 몇 가지로 요약할 수 있다. 첫째, 인지주의 학습이론은 사고의 과정과 탐구 기능의 교육(예, 발견학습, 탐구학습)을 강조한다. 둘째, 학습자가 스스로 문제를 해결하고 탐구하여 목표에 도달할 수 있도록 함으로써 내적인 동기를 유발한다. 셋째, 교사는 학습자 스스로가 새로운 정보를 처리할 수 있도록 인지처리 전략을 가르쳐주거나 그것을 개발할 수 있는 교육방법을 모색하여야 한다.

📎 **용어정리**   파지

파지(retention)란 흥분, 경험, 반응의 결과가 장차의 반응이나 경험의 수정의 기초로서 지속적인 영향을 미치는 것을 의미한다. 유기체는 의식된 인지적 내용이든 그렇지 않은 내용이든 그가 경험에 의하여 얻은 내용들을 저장하는데 이를 기억이라

한다. 그러나 기억하고 있는 것이 전부 재생되지는 않는다. 기억하고 있는 것 중에 재생되는 것을 파지라 하며, 비록 재생되지 않는 것일지라도 동일한 내용을 다시 학습할 경우 기억해 둔 잠재적 효과가 나타나 학습을 용이하게 하는 현상을 파지라고 한다. 파지에 대비되는 용어는 망각(忘却)이다(서울대학교 교육연구소, 1999).

✓ 메타인지(meta cognition)
▪ 참고자료 ▪

인지과정에 대한 지식 혹은 인지를 말하며, 상위인지 또는 초인지라고 부른다. 이는 자신의 사고과정을 인식하거나 정보를 선택하고 분류하는 방법을 아는 것, 학습과제에 맞는 문제해결 전략을 선택하는 것, 자신의 문제해결 전략을 검토하고 오류를 찾는 것, 과제의 결과를 예측하거나 평가할 수 있는 것을 말한다. 이를 가능하게 하는 기술로는 계획, 감독, 평가 등이 있다(고려대학교 교육문제연구소, 2010).

인지전략은 정보를 처리하는 방식-주의, 부호화, 조직화, 정교화, 시연, 인출-을 의미하고, 메타인지는 이러한 인지과정에 대한 지식과 인지과정을 어떻게 적용할 것인가에 대한 지식을 의미한다. 인지전략은 학습내용 혹은 정보에 적용되는 정신과정이고, 메타인지전략은 자기의 사고에 적용되는 인지과정이다.

수학을 공부한다고 가정하고 인지전략과 메타인지전략의 관계를 예로 들어보자. 먼저 학습목표를 설정하고(메타인지), 교재에 주의를 집중해서 읽는다(인지전략). 몇 행 읽다가 개념을 제대로 이해하지 못하고 있음을 깨닫고(메타인지), 그 부분을 다시 읽는다(인지전략). 그 부분을 이해했다고 판단되면(메타인지), 다음 개념을 공부한다(인지전략). 중요한 개념은 마음속으로 반복한다(인지전략)(권대훈, 2009).

---

3) 구성주의 학습이론

구성주의 학습이론은 학습자가 지식을 구성해 나감으로써 학습을 성취한다는 구성주의(constructivism)적 관점에 근거한다. 행동주의나 인지주의는 학습이 이루어지는 과정에 대해 연구하는 심리학적인 접근인데 비해 구성주의는 지식이란 무엇이며 지식이 어떻게 구성되는지에 대해 관심을 갖는 철학적 접근이다. 이에 따라 행동주의와 인지주의는 학습할 가치가 있다고 객관적으로 검증된 학습내용을 학습하기 위해 각 이론의 방법에 따라 학습한 후 그 성취 여부를 평가하는 공통점을 갖고 있다.

반면 구성주의의 인식론은 객관적인 지식의 존재를 부정하는 **주관주의**에 근거한다. 지식의 실재는 지식을 가진 사람의 마음에 존재하는 것으로 학생 개개인의 경험에 의한 해석이라고 가정한다. 즉, 지식은 교사에 의해 전달되는 것이 아니라 학습자가 스스로 능동적으로 구성하는 것이다. 그렇다고 하여 구성주의가 완전히 새로운 학습이론의 시각이라고 보기는 어렵다. 구성주의는 **피아제**(Piaget)**의 인지적 구성주의**와 **비고츠키**(Vygotsky)**의 사회적 구성주**의 등 인지적 과점의 틀을 공유하고 있기 때문에, 기존의 학습이론에서 한 단계 더 나아간 이론으로 보는 것이 적절할 것이다(류지헌 외, 2013).

구성주의의 교수설계의 시사점은 다음과 같다. 첫째, 구성주의는 학습자 중심의 학습환경을 강조한다. 집단 활동을 통해 학생들이 상호작용을 하거나 스스로 능동적으로 탐색하는 기회를 더 많이 부여해야 한다. 둘째, 실제적 과제와 맥락 안에서의 문제해결을 강조한다. 학습자에게 의미 있는 지식이란 해당 지식을 실제로 사용할 수 있는 지식이므로 최대한 **비구조화된**, **실제적**, **맥락적** 과제를 제공해주어야 한다. 셋째, 구성주의 학습이론에서 교사의 역할은 지식의 전달자가 아닌 학습자의 지식 구성을 돕는 조력자이자 촉진자이다.

교수-학습 패러다임의 변화

Kuhn(1970)은 새로운 패러다임은 근본적인 변화를 촉발시켜 학문 분야가 탐구해야 할 문제와 탐구의 방향을 제시한다고 하였다(정미경 외, 2020). 산업사회는 산업혁명을 통한 생산성을 향상시키기 위한 표준화와 규격화가 강조되며,

표 7-1 산업사회와 정보사회의 교수-학습 패러다임

산업사회 교수-학습 패러다임	정보사회 교수-학습 패러다임
선별에 초점을 둔 교육	학습에 초점을 둔 교육
표준적 인재양성	창의적 인재양성
일제식 수업	다양한 형태의 수업
경쟁적 학습	협동적 학습
규준참조평가	준거참조평가
수동적 학습자	능동적 학습자
권위적인 교사	학습 안내자, 촉진자로서의 교사
교사 중심 교육	학습자 중심 교육

백영균 외(2015). 스마트 시대의 교육방법 및 교육공학 참조.

의사결정은 위에서 아래로, 특정 분야의 전문성이 강조되는 분업화된 사회의 특징을 가지고 있다. 반면 정보사회는 개인의 개성과 취향을 존중하는 주문식, 맞춤형을 선호하고, 여러 사람이 의사결정에 참여하고 전문성보다는 창의성과 다양성이 강조되는 사회의 특징을 가지고 있다(Reigeluth, 1999). 이러한 특징을 바탕으로 한 산업사회와 정보사회는 그 사회의 구조적 특성을 반영하고 있기 때문에 교수-학습 패러다임에 있어서도 다른 양상을 보일 수밖에 없다.

〈표 7-1〉에서 보는 바와 같이 **산업사회의 교수-학습 패러다임**은 **교사 중심 교육**으로 권위적이고, 학습자 간 경쟁적 분위기를 형성하는 규준참조평가 방식을 기반으로 하며, 적재적소에 배치할 인재들의 선별에 초점을 두는 교육이다. 반면 **정보사회 교수-학습 패러다임** 하의 교육은 **학습자 중심 교육**으로 교사는 학습을 안내하고 촉진하는 역할을 수행하며, 학습자 간 협동을 중요한 교육적 가치로 여기며 준거참조평가 방식을 선호한다. 또한 교육의 목적이 개인의 유의미한 학습에 초점을 두기 때문에 학습자의 능동적 참여를 통한 다양한 형태의 수업이 권장된다. 과거의 교수-학습 패러다임에서 교실 안에서 주도권을 쥐고 있던 교사의 역할은 정보사회 교수-학습 패러다임에서는 학습자의 학습을 안내하고, 촉진시키고, 함께 학습해 가는 학습 동료로서의 역할로 변화하였다. 결국 교사는 학습자의 유의미한 학습을 위해 학습자를 동기화시키고,

주의집중을 유도하는 다양한 전략을 모색하기 위한 노력을 기울여야 하는 환경에 놓여있다.

최근 4차 산업혁명이 대두되면서 정보사회 교수-학습 패러다임은 더욱 강조되고 있다. 교육은 사물인터넷, AI(인공지능)와 빅데이터, 증강현실 등의 최신 정보기술로 초지능, 초연결로 변화하는 사회에 적응하는 차세대 인력을 양성하도록 요구받고 있다. 초지능(super-intelligence)은 인공지능의 개발로 인해 인간의 의사결정과 판단의 정확도를 넘어선 지능사회로 변화한다는 것을 의미한다. 빅데이터 기술을 기반으로 한 인공지능의 분석과 예측은 매우 강력하기 때문이다. 초연결(hyper-connectivity)은 사물인터넷 기술을 바탕으로 개인과 가상공간의 연결, 물리적 공간과 가상공간의 연결을 통해 모든 개체가 연결된다는 것을 의미한다(김보경, 2018).

이러한 최신 정보통신기술의 발달과 함께 4차 산업혁명을 거치면서 학교교육에도 큰 변화가 생기고 있다(정미경 외, 2020). 첫째, 이전의 "학교"라는 장소가 갖는 의미가 퇴색되고 있다는 점이다. 언제, 어디서든지 연결되는 네트워크를 통해 시간과 공간에 구애받지 않고 연결됨으로써 교육 역시 학교가 아닌 가상의 인터넷 공간에서 이루어지고 있다. COVID-19로 원격수업이 확대됨에 따라 학습장소 혹은 학습공간의 확대는 더욱 가속화되었다.

둘째, 교사의 역할이 변화하고 있다는 점이다. 예전에 교사는 학습자에게 지식, 기술, 태도를 가르치고, 전달하는 데 초점을 두었다. 정보사회에서의 교사는 학습자가 스스로 학습하도록 안내하고, 학습을 촉진하여 학습자의 유의미한 학습을 지원하는 역할을 수행한다. 이 과정에서 종종 교사와 학습자 간 역할이 혼재되기도 한다.

셋째, 교수학습 방법에서도 많은 변화가 이루어지고 있다. COVID-19 이후로 학습자로 하여금 동기를 유발하고, 학습자의 주의집중을 유도하기 위해 교사는 다양한 방법을 활용한 원격수업을 실시하고 있다. 특히 다양한 에듀테크의 발달로 디지털 교과서가 개발·활용되고, 다양한 형태의 온라인 수업 실현을 지원함으로써 학습자의 자기주도적 학습을 실현하는 데 일조하고 있다.

COVID-19는 비대면 원격수업을 확대시켰으며, 이로 인해 디지털 리터

러시(디지털 문해력) 함양은 더욱 중요해졌다. 교육현장에서 이루어지는 디지털 정보화 교육은 필수적인 교육으로 중요해지고, 학습자의 **디지털 리터러시** 함양 역시 중요해지고 있다. 디지털 문해의 내용으로 가장 먼저 포함해야 할 것은 디지털 정보 단말기 조작 능력이다. 활자 매체의 경우 별도의 기능이 요구되지 않지만 디지털 매체의 경우, 정보의 해독 전에 정보에 접근하기 위한 훈련 및 활용에 기술이 요구된다. 컴퓨터의 키보드 마우스 조작 기술, 소프트웨어 활용 능력, 스마트폰의 앱 활용, 인터넷 정보 수집 능력 등이 필요하다. 또한 정보에 접근한 후에는 디지털 텍스트로부터 정보 지식을 얻기 위해서는 **비선형적인 사 고력**이 요구된다. 전후사고가 이어지는 선형적인 사고력이 아니라 서로를 연결 하는 관계 능력, 결말을 통해 선후를 구조화하는 비약적 사고력, 영상적 이미지 로 문자 매체를 함축하는 표현능력 등이 필요하다. 또한 디지털 정보의 풍요 속 에서 필요한 정보를 수집하고 식별하는 비판적 사고능력을 필요로 한다.

교육방법

　　교육방법이란 설정된 교육목표를 학습자들이 성취하도록 하기 위해 사용 하는 일련의 절차와 행동으로 교수방법 혹은 교수법이라고도 한다. 여행의 목 적에 따라 선택하는 길이 달라지고, 선택한 길에 따라 보이는 경치와 지나는 지점이 달라진다. 이와 같이 교육방법 또한 교육목표, 교육내용, 집단 크기 등 에 따라 달라져야 한다. 어떤 교육방법은 특정한 내용이나 특정한 학생에게 보 다 적합해 보인다. 그러나 누구에게나 어떤 경우에든 가장 효과적인 교육방법 은 없다. 교육방법은 교육목적, 학습내용의 특성, 학습자의 특성뿐만 아니라 교 수가 행해지는 학습환경을 고려하여 적절하게 선택되어야 한다. 최근에는 학습 자 상호 간 또는 학습자와 교수자 간의 협력, 학습자의 능동성을 촉진하는 교 육방법에 대한 관심이 높아지고 있다.

가. 강의법

강의법은 가장 전통적인 교육방법으로 교수자의 주도하에 일방적으로 학습자에게 학습정보를 전달하고 이해시키는 형태를 말한다. 강의법은 교사 중심의 교육방법이기 때문에 학습자가 능동적으로 학습활동에 참여할 수 없고, 학습자의 주의를 집중시키기 어렵다는 등의 비판을 받고 있다. 하지만 강의법은 장소와 여건을 불문하고 많은 학습자를 대상으로 교육을 할 수 있으며, 논쟁의 여지가 없는 사실적 정보나 개념을 논리적이며 객관적으로 분명하게 짧은 시간에 효율적으로 전달할 수 있는 장점이 있다.

나. 토의법

토의법이란 학습의 목적을 달성하기 위하여 학습자가 자신의 의견을 제시하고 다른 사람의 의견을 받아들이는 상호작용 속에서 합의점을 찾고 문제를 해결하는 방법이다. 토의법을 통해 다른 사람과의 의견교환을 위한 사회적 기술을 익힐 수 있다. 또한 학습자 자신의 의견을 외적으로 표현하면서 사고를 확고히 할 수 있어 학습의 내면화에 많은 기여를 한다. 반면에 강의법에 비하여 목적 달성에 시간이 많이 걸린다. 또한 방관자적인 태도를 취하는 학생이 있을 가능성이 있고, 내향적인 학습자에게는 참여의 어려움이 있기도 하다.

사회시간에 학생들은 다양한 뉴스 기사를 읽은 후 토의를 통해 현재의 정치적 문제나 중요한 주제에 대해 생각한다. 그리고 토의한 내용을 근거로 그 주제에 대한 자신의 생각을 기록한다.

다. 협동학습

협동학습이란 집단을 조직하고, 공동의 목표를 설정하며, 설정된 목표를 달성하기 위하여 공동으로 노력하고, 구성원끼리 도움을 주고 받는 학습방법이다. 협동학습에는 긍정적인 상호의존과 개별 책무성 그리고 동등한 성공기회 등의 요소가 포함된다. 협동학습은 집단의 목표가 집단 구성원 각자의 성취 수준에 의존하도록 그 구조를 설정해 놓음으로써 집단 구성원 각자가 열심히 공부하는 한편 집단의 다른 구성원을 도와주도록 유도한다.

> 중학교 과학 시간에 학생들은 알려지지 않은 물체의 성질을 결정하기 위한 탐색을 함께 수행한다. 각 집단에서 한 학생은 인터넷 검색을 하고, 다른 학생은 배경 연구를 위해 공공도서관에 간다. 다른 학생들이 그 물체에 친숙한 사람을 찾는 동안에 나머지 학생은 물체에 대한 실험을 설계하고 운영하는 것에 초점을 둔다. 학생들은 자신들이 찾은 정보를 함께 조합하고 협동적인 해결책을 찾는다.

라. 발견탐구학습

발견학습은 개념과 원리를 습득하는 지적인 과정을 통하여 학습자 스스로가 지적인 내면화과정을 형성하고 새로운 지식과 기술을 획득하는 방법이다. 학습자는 성공적인 발견학습을 통하여 지적인 쾌감과 지적 탐구에 대한 내적 동기를 형성한다. 또한 한번 형성된 지식과 기술이 오래 기억되고 내면화될 수 있다. 더욱이 인지적 지식 및 기술의 습득뿐만 아니라 그러한 지식을 탐구하고 학습하는 방법을 동시에 습득할 수 있다. 반면에 학습시간이 오래 걸리기 쉬워 정해진 시간에 많은 내용을 다루어야 하는 경우에는 활용하기 어렵다.

탐구학습은 지식의 획득과정에 학생이 주체적으로 참여함으로써 자연이나 사회를 조사하는 데 필요한 탐구능력을 습득할 뿐만 아니라 새로운 지식을 탐구하는 학습방법이다. 탐구학습은 창의력과 같이 상위 수준의 지적 능력을 개발할 수 있고, 학습과정을 주도적으로 진행하면서 긍정적인 자아개념을 형성할 수도 있다. 반면에 탐구 시간이 많이 걸려 주어진 시간 안에 학습목적을 달성하기 어렵고, 단순한 개념을 전달하는 데는 오히려 비효과적일 수 있다.

김교사는 학생들에게 '자성'을 이해시키기 위해 다음과 같이 준비하였다. 자석들을 준비하고, 학생들에게 수업 시간에 자석들을 관찰하게 하였다. 관찰 활동 후 자석들을 서로 붙여보고 떨어뜨려도 보면서 N극과 S극 사이에 작용하는 힘을 탐색하도록 시간을 주었다. 여기에 철가루를 나눠주고, 극 사이에 철가루를 뿌리고 철가루의 모양이 어떻게 변화하는지 관찰한다. 학생들은 이 과정을 통해 극이 의미하는 바를 이해하고 극 사이에 작용하는 힘이 무엇인지 구분할 수 있게 된다.

박교사는 용질이 녹는 빠르기에 영향을 주는 요인을 이해시키기 위해 탐구학습을 진행하려고 한다.

일정량의 얼음을 녹이려고 하는데 어떻게 하면 빨리 녹일 수 있을까요?
- 물을 많이 넣으면 빨리 녹을 것이다.(가설설정)
- 물을 빨리 저으면 빨리 녹을 것이다.(가설설정)
- 그럼 이제부터 얼음이 든 비커를 젓지 말고 물의 양만 조절해서 넣어 보아요.(변인통제)

그러면 이제 빨리 저을수록 빨리 녹는지 실험해 보기로 해요.
- 물의 양은 그대로 두고, 빨리 젓기와 천천히 젓기로 변화시켜 보세요.(변인통제)

이제 실험한 결과를 발표해 봅시다.
- 용질을 빨리 녹이기 위해서는 잘 저어주어야 한다.(가설검증 및 결론 유도)

마. 문제중심학습

문제중심학습(Problem-Based Learning, PBL)은 문제를 중심으로 학습을 진행(Barrows & Myers, 1993)함으로써 자기주도학습과 협동학습을 통해 문제해결을 하는 과정에서 관련된 내용지식, 협동학습능력, 문제해결능력, 의사소통능력, 자율적 학습능력을 증진해 가는 학습자 중심의 학습방법이다. PBL을 모형으로 정리하여 처음 소개한 Barrows(1994)는 의과대학 학습자들이 오랜 시간 교육을

표 7-2 구조화된 문제와 비구조화된 문제의 특징

구조화된 문제	비구조화된 문제
문제가 무엇인지 쉽게 정의할 수 있다.	문제가 개별 학습자에 의해 새롭게 정의될 수 있다.
문제해결에 필요한 정보가 충분히 제공된다.	문제해결을 위해 추가적인 정보 수집이 필요하다.
문제의 해결 자체가 중요하다.	문제의 본질에 대한 해석을 중시한다.
정답의 수가 한정되어 있다.	문제에 대한 해결안은 다양하며 대안적이다.

류지헌 외(2013). p. 96.

받지만, 처음 의사가 되었을 때 실제 환자들을 진단하는 데 어려움을 겪는다는 것에 주목하였다. 이를 해결하기 위한 대안적 수업방법으로 제시된 것이 PBL로 실제적 맥락에서 **비구조화된 문제**(ill-structured problem)를 제공함으로써 학생들이 협력하여 문제를 해결함으로써 자기주도적 학습과 고차원적 사고능력을 바탕으로 한 문제해결을 수행할 수 있다(장경원 외, 2019).

PBL은 학습자들이 문제해결을 위해 대안적 가설을 세우고, 가설검토를 위한 자료를 수집하고, 분석하고 종합하여 결론에 도달함으로써 문제를 해결하는 과정을 거친다. 다시 말하면 PBL의 학습은 학습자들이 문제상황을 인지하는 데서 시작된다. 문제상황이 주어지면 학생들은 교실에서 그들이 해결해야 할 문제와 관련된 지식 목록을 작성하는데, 이것은 문제상황을 더 잘 이해하기 위하여 필요한 것이 무엇인지를 찾아내는 것이다. 그리고 나서 각자에게 학습과제를 부여하고 개개인은 부여된 학습과제를 해결한 후 협동학습 과정을 거치게 된다. 협동학습에서는 단순히 각자의 문제해결안을 보고하는 것이 아니라 문제를 재검토하고 문제해결과 관련하여 여러 사람의 의견 수렴을 통해서 수정, 보완하여 발전된 결과를 얻고자 한다.

오늘은 3월 10일 화요일이고, 당신이 일하고 있는 치료실에 남자아동이 아버지와 함께 치료실을 방문하였다. 아동은 또래에 비해 뚱뚱하고 키도 큰 편이었다. 아동의 아버지 또한 큰 덩치에 짧은 머리카락 사이로 보이는 큰 흉터, 큰 목소리로 이야기하였다. 자신의 사고 후 치료 때문에 모 대학병원을 방문하였다가, 아동의 검사권유를 받고 그 병원 심리검사실에서 검사를 받았다고 하였다. 심리검사 결과지를 내밀며 "말을 안 듣고 잘 못해서 검사를 받았는데 이게(결과지에 적힌 내용) 무슨 말인지 모르겠고, 거기(병원)서 이런 데(치료를 받을 수 있는 기관) 가보라고 해서 찾아왔다"고 하였다. 아버지는 "아이가 말을 안 들으면 때리면 말을 잘 듣게 되는거지 뭐 이런 데 찾아가 보라고 하는지 모르겠다"고 하였다. 아버지와 초기 상담의 결과, 아동의 어머니는 아버지의 사고와 길어지는 치료로 힘들어하다가 얼마 전 집을 나갔으며, 아버지는 재활치료 중이며 곧 공장으로 복귀할 예정이라고 하였다.

〈아동의 검사결과〉 – 학생들에게 제공한 심리검사 결과 요약

이름: ○○○

생년월일: 2008년 11월 3일

검사소견: 검사 도중 일어나서 연필을 던지고, 뛰어다니거나 검사실 구석에 가서 등 돌리고 있는 행동, 양말 벗어 검사자에게 주고 발을 책상 위에 올리는 행동, 검사시행을 거부하거나 심지어 졸기까지 하여 제대로 시행하지 못함

지능: K–WISC–Ⅲ 검사는 아동과의 의사소통의 어려움으로 인해 검사시행 이루어지지 않음.

K–ABC 실시, 경도 정신 지체 범위에 해당

사회성숙도: 사회연령2.45세, 사회성숙지수38로 중등도 정신지체 범위에 해당

〈조별 문제접근방식〉

1. 위 내용에서 모르는 용어에 밑줄을 긋고, 그 용어를 찾아봅시다.
2. 위의 상황을 해결하기 위해 중요한 정보를 찾아보고, 그 이유에 대해 토론해 봅시다.
3. 위의 상황에서 당신이 미술치료사로서 해결해야 할 중요한 문제들은 무엇인가?
4. 위 상황에서의 아동의 증상은 무엇이라 판단하며, 아동에게 필요한 서비스는 무엇인가?
5. 위의 상황에서 미술치료사로서 아동에게 적절한 치료목표 설정해 봅시다.
6. 설정한 치료목표에 부합하는 미술치료프로그램 개발해 봅시다.

최영주(2015) 참조.

바. 플립드 러닝

플립드 러닝(flipped learning)은 거꾸로 수업, 거꾸로 교실, 역진행수업 등 다양한 이름으로 불리고 있다(유승우 외, 2018). 교수자는 모든 학습자들이 미리 예습을 한 후 수업에 임하고, 수업이 끝나면 복습을 통해 완전학습을 하기를 기대한다. 플립드 러닝은 이런 교수자의 바람을 현실적으로 실현 가능하도록 전환시킨 방법으로, 단어의 뜻 그대로 학습의 순서가 뒤집힌 수업방법이다. 교실밖에서 학습자의 사전학습이 선행되고, 교실에서 학습자들의 토론·토의를 통한 문제해결과 심화학습, 교수자의 학습촉진이 진행되고, 수업 후에는 학습자들의 활동결과에 대한 교수자의 피드백을 제공하고 평가함으로써 학습자들의 적극적인 참여와 교수자의 학습촉진자로서의 역할을 부각시킨다.

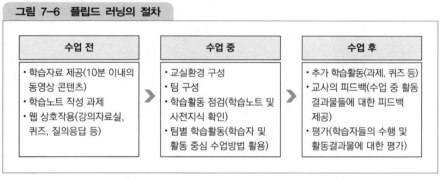

그림 7-6 플립드 러닝의 절차

수업 전	수업 중	수업 후
• 학습자료 제공(10분 이내의 동영상 콘텐츠) • 학습노트 작성 과제 • 웹 상호작용(강의자료실, 퀴즈, 질의응답 등)	• 교실환경 구성 • 팀 구성 • 학습활동 점검(학습노트 및 사전지식 확인) • 팀별 학습활동(학습자 및 활동 중심 수업방법 활용)	• 추가 학습활동(과제, 퀴즈 등) • 교사의 피드백(수업 중 활동 결과물들에 대한 피드백 제공) • 평가(학습자들의 수행 및 활동결과물에 대한 평가)

유승우 외(2018). 교육방법 및 교육공학 참조.

특히 COVID-19로 인한 원격수업이 활성화되며, 플립드 러닝은 "수업 중" 활동을 온라인 상에서 진행될 수 있도록 변화하였다. 플립드 러닝의 이러한 형태는 블렌디드 러닝의 형태로 볼 수 있다. 블렌디드 러닝은 원래 교실 수업과 원격수업을 병행하여 진행하는 수업을 의미하는데, 다양한 플랫폼과 디지털 앱의 활용을 통해 실시간 쌍방향 수업이 가능해짐에 따라 온라인상에서 콘텐츠 활용 중심 수업과 실시간 쌍방향 수업의 블렌디드도 가능해졌다. 플립드 러닝 역시 "수업 중" 활동이 온라인 실시간 수업으로 전환되며, 이전의 형태에서 온라인의 결합을 통해 하이브리드되었다고 볼 수 있다.

교육공학

교육공학(educational technology)이란 "적절한 기술공학적 과정과 자원을 창출, 활용, 관리함으로써 학습을 촉진하고 수행을 증진하기 위해 연구하고 윤리적으로 실천하는 학문"이다(미국교육공학회, 2008). 교육공학은 인간 학습에 관한 연구를 수행하는 사람들과 실제 교수−학습 문제에 직면한 학생과 교사 간에 교량 역할을 수행한다. 교육공학은 최적의 학습경험의 구성과 전달이라는 전반적인 목적을 달성하기 위해 도구를 활용한다.

교육공학 도구를 활용하기 위해서는 다음과 같은 것이 고려되어야 한다. ① 학습경험이 어떻게 구안되어야 하는가? ② 학습경험이 어떻게 전달되어야 하는가? 이러한 경우 학습이론을 활용하여 다양한 교수기법, 교수방법, 교수활동이 검토되고, 최적의 학습경험을 창출하기 위하여 교육내용을 조직한다. 더 나아가 그러한 경험이 계획, 실행, 평가되는 방식을 심층적으로 검토한다. 또한 학습사태가 개별 학생에 의해 어떻게 수용되고 경험되어야 하는지를 검토하기 위하여 컴퓨터, 원격수업을 위한 매체, 인터넷 등과 같은 교수매체를 검토한다(Newby, Stepich, Lehman, & Russell, 2008). 이러한 내용을 연구하는 것이 교육공학이다.

가. 교수설계

교수설계(instructional design)란 교육의 한 측면, 즉 교수의 과정을 이해하고 개선하려는 학문영역이며, 교수설계자가 보다 효과적으로 교수체제를 설계할

그림 7-7   ADDIE 모형

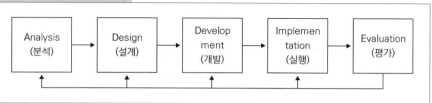

수 있도록 교수의 조건과 결과의 인과관계를 처방적으로 제시하여 과학적인 설계활동의 지침을 제공해주는 교육공학의 핵심적인 연구영역이다(나일주, 2010). 교수설계 모형과 이론에서 가장 기본이 되는 ADDIE 모형과 딕과 캐리(Dick & Carey)의 교수체제 설계모형을 살펴보고자 한다.

ADDIE 모형은 분석(Analysis), 설계(Design), 개발(Development), 실행(Implementation), 평가(Evaluation)의 단계가 포함되며, 체계적, 체제적, 순환적 특징을 갖는다. 첫째, 분석단계에서는 학습자들의 요구와 학습자 및 학습환경, 학습과제를 분석한다. 둘째, 설계단계에서는 분석의 결과를 기초로 성취행동 목표를 진술하고, 평가도구를 개발하고, 교수전략 및 교수매체를 선정한다. 셋째, 개발단계에서는 설계단계에서 계획된 것을 기초로 교수자료를 제작하고 형성평가를 실시하고 교수자료를 수정한다. 넷째, 실행단계에서는 개발된 프로그램이나 교수자료를 활용한다. 다섯째, 평가단계에서는 교수 프로그램의 효과성과 효율성을 총괄평가를 통해 평가한다.

딕(Dick)과 캐리(Carey)의 교수체제 설계모형은 제안된 그 자체를 그대로 적용할 수도 있고, 혹은 특정 과제에 따라서 변경을 요할 경우에는 변경하여 적용할 수 있도록 융통성 있게 개발된 것이다. 이 모형은 모두 9단계로 구성되어 있다. 또한 체제적 접근을 적용한 모형이다. 이 모형은 상호작용하는 요소들로 이루어져 있으며, 각 요소들은 입력과 산출을 가지고 있고, 효과에 대한 정보를 계속 수집하여 설정된 최종 목적에 도달할 때까지 반복 수정함으로써 효과적인 교수설계가 개발된다(이인숙 외, 2010).

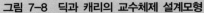
그림 7-8 딕과 캐리의 교수체제 설계모형

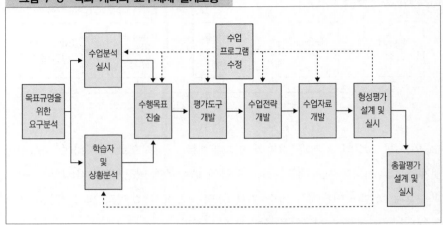

✓ 체계적(systematic) 접근과 체제적(systemic) 접근　　■참고자료■

체계적 접근은 주로 단계적이고 순차적인 절차를 의미하는 데 반하여, 체제적 접근은 역동적이고 비순차적이며 전체 체제의 유기적 총체나 복잡한 생태학적 관계를 이해하기 위한 방법이다. 교수설계 과정은 입력-과정-출력 패러다임의 과정이기 때문에 체계적이며 동시에 각 구성요소의 결과가 직접적 또는 간접적으로 교수설계 과정의 모든 다른 구성요소에 영향을 주기 때문에 체제적이기도 하다(박숙희, 염명숙, 2009).

나. 교수매체

　　매체(media)란 중재하는 수단, 도구 혹은 매개체를 말한다(나일주, 2010). **교수매체**란 교육목표가 효과적이고 효율적이며 매력적인 방법으로 안전하게 달성될 수 있도록 하기 위해 교수자와 학습자 사이, 또는 학습자와 학습자 사이에 학습에 필요한 커뮤니케이션이 발생하도록 도와주는 다양한 형태의 매개 수단 또는 제반 체제다(변영계 외, 2000). 교수매체의 적절한 활용을 위해서는 수업목표, 수업내용, 수업방법 그리고 매체의 특성을 잘 파악하여 가장 알맞은 교수매체를 선택하도록 해야 한다.

일반적으로 17세기 도서에 최초로 삽화를 활용(참고자료 참조)한 것을 교수매체의 시초라고 본다. 전통적인 교수매체로 슬라이드, OHP, 실물화상기, 컴퓨터 등이 있으며, 현대에는 교수-학습 과정에서 수업목표를 달성하기 위해 교수자와 학습자 간 사용되는 모든 수단을 가리키는 개념으로 확대되었다(이지헌 외, 2018).

전통적인 교수매체와 더불어 컴퓨터와 정보통신의 발달로 관심을 받았던 것이 이러닝(e-learning)이다. 이러닝은 정보통신기술을 활용하여 언제, 어디서나, 누구나 원하는 수준별 맞춤형 학습을 말한다. 이와 비슷한 개념으로 유비쿼터스 학습(Ubiquitous learning, U-learning, 유러닝)이 있으며, 유비쿼터스 학습은 교육 장소가 교실과 사이버 공간을 넘어 언제 어디서나 원하는 학습이 이루어지는 학습으로 이러닝이 확대된 개념으로 볼 수 있다. 최근에는 인공지능(AI), 사물인터넷(IoT), 빅데이터, 가상현실(Virtual Reality), 증강현실(Augmented Reality), 메타버스 등의 기술이 교육에 적극적으로 활용됨으로써 에듀테크(education과 technology의 합성어)를 기반으로 한 원격수업 환경을 제공하고 있다. 이를 통해 학습자들은 언제 어디서나 어떤 내용에 상관없이 학습이 가능해졌으며, 학습자 중심 수업을 넘어 창의적이고 자기주도적인 학습을 지원하는 학습자 개인 맞춤형 수업이 가능해지고 있다.

■ 참고자료 ■

✓ 코메니우스의 세계도회(世界圖繪, 1657)

코메니우스(Comenius)는 '감각적 지각력'을 지식형성의 일차적 공리로 정의하고 이를 기반으로 한 새 교수법을 시도하여 「세계도회」를 저술하였다. 이 삽화도서는 특별히 아동의 라틴어와 과학교육용으로 저술된 것으로 1657년에 초판이, 1969년에 2판이 출간되었다. 총 151개 장으로 구성되었으며 각 장은 신, 세계, 공기, 나무, 인간, 꽃, 야채, 금속, 새 등과 같이 제시된 주제의 설명과 이에 적합한 실물의 삽화를 제시하고 있다. 제시된 삽화는 객관적 실체와 시각자료를 통해 자연의 다양한 대상과 사물들의 추상적 특징과 차이점을 구별하면서 정확하고 실천적 지식을 학습하는 데 도움을 주는 것에 목적이 있다(이인숙, 한승연, 임병노, 2010).

Comenius의 Orbus Pictus(Sattler, p. 32)

참고영상

- 기억의 과정
  https://www.youtube.com/watch?v=T7Ezm6JMth4&t=119s

- 21세기 교육 패러다임- 세계의 PBL - 1부- PBL 교육_#001
  https://www.youtube.com/watch?v=AZwrVs2v-ig

- 21세기 교육 패러다임- 세계의 PBL - 1부- PBL 교육_#002
  https://www.youtube.com/watch?v=Qm1AikVu5R0

- EBS 다큐프라임 - 미래학교
  https://www.youtube.com/watch?v=YFNinAcb1X0&list=PLs4JGZn3dxT8rA5H2YF7vztzAUQRCo4ZP

01 2000 중등

행동주의가 교수설계에 주는 시사점으로 가장 적절한 것은?

① 피드백의 중요성을 강조한다.
② 사고의 과정과 탐구 기능을 강조한다.
③ 학습자의 능동적 참여를 강조한다.
④ 학습자의 내재적 동기의 중요성을 강조한다.

02 2001 중등

인지주의 학습이론에 따른 수업방법과 관계가 깊은 것은?

① 사고과정의 변화보다 학습의 결과를 중시한다.
② 내재적 동기유발보다 외재적 동기유발을 중요시한다.
③ 학습과제를 세분화하고 조형의 원리에 의해 지도한다.
④ 통찰이 일어나도록 문제상황을 구조화하여 정리한다.

03 2003 중등

다음 중 구성주의 교수–학습이론의 특징에 해당되지 않는 것은?

① 학생 입장에서 중요하고 의미 있는 과제를 제시한다.
② 학생이 알고 있는 지식을 최대한 활용하도록 장려한다.
③ 학생이 토론을 통해서 서로의 학습에 기여할 수 있도록 한다.
④ 학생에게 학습목표에 도달할 수 있는 최적의 방법을 분명하게 제시한다.

04 2001 중등

다음 중 교수매체를 활용하고자 할 때, 가장 먼저 해야 할 활동은?

① 최적의 교수매체와 자료를 선정한다.
② 교수매체와 자료를 수업에서 활용한다.
③ 교수매체와 자료의 활용 결과를 평가한다.
④ 교수매체를 적용할 학습자의 제반 특성을 분석한다.

05 2010 중등

음식 만들기 수업에 교사가 적용한 교수기법 중 정보처리이론과 관련이 깊은 것을 〈보기〉에서 **모두** 고른 것은?

> ㄱ. 자료를 제시하고 요리법을 설명하면서 중요한 부분에 밑줄을 그어 주의를 유도하였다.
> ㄴ. 음식을 만드는 데 필요한 재료 목록을 제시하고 유사한 항목끼리 묶어 기억하도록 하였다.
> ㄷ. 음식을 만드는 주요 과정을 랩 가사로 만든 후 학생이 익숙한 노래 가락에 맞추어 부르게 하였다.
> ㄹ. 음식 만들기를 성공적으로 수행한 학생에게는 자신이 평소하고 싶었던 게임을 하도록 허용하였다.

① ㄱ, ㄴ   ② ㄴ, ㄹ   ③ ㄷ, ㄹ   ④ ㄱ, ㄴ, ㄷ

06

다음 중 4차 산업혁명에 따른 교수–학습 패러다임과 관계가 없는 것은?

① 학생 중심 수업
② 협력이 강조되는 수업
③ 다양한 매체를 적용하는 융통적인 수업
④ 학교 안에서 이루어지는 상호작용이 강조되는 수업

> ✎ **적용활동**
>
> - 정보통신기술의 발달로 인해 학습자와 교사의 역할이 변화하고, 이를 둘러싼 교육환경 역시 역동적으로 변화하고 있습니다. 이러한 교육환경 속에서 교사에게 필요한 역량은 무엇이며, 어떤 노력을 기울여야 하는지 이야기해 봅시다.
> - 다음 영상을 보고, 학생 중심 수업이 갖는 문제를 정리해 봅시다.
>   교육대기획 다시, 학교 1부 – 02 학생 중심 수업이 강의형 수업보다 좋은 수업일까요?
>   https://www.youtube.com/watch?v=2D4Pi–5tX2k
>

교육학의 이해
INTRODUCTION TO EDUCATION

도란도란 함께 나누기

내가 경험한 최악의 평가와 최고의 평가는?

학생들의 전인적 성장을 위해서 평가는 어떻게 변화해야 할까?

8

교육평가의
기   초

교육평가란 무엇일까? 평가라고 하면 보통 학교에서 경험했던 중간고사, 기말고사와 같은 성취도 평가를 가장 많이 떠올린다. 실제로 학교 현장에서 이루어지는 교수-학습은 평가와 매우 밀접하게 관련되어 있으며, 평가는 교육에 있어서 중요한 요소이기도 하다. 그렇기 때문에 교수-학습 전 과정에 대한 이해를 통해 교육평가를 이해할 필요가 있다.

교육은 목표를 설정하고, 교육내용을 선정·조직화하고, 수업을 통해 교육 내용을 전달하고 학생들이 교육내용을 얼마나 기억하고 있는지 혹은 어느 정도의 성취에 이르렀는지를 확인하는 일련의 체계적인 절차를 거친다. 본 장에서는 교육평가에 대한 이해를 위해 교육평가의 개념과 기능, 유형, 절차를 살펴보고, 검사도구는 어떤 조건을 갖춰야 하는지, 그리고 교육평가에 대한 이슈에 대해 살펴본다.

① 교육평가의 개념과 기능

가. 교육평가의 개념

교육의 목표는 학습자의 바람직한 방향으로의 변화이다. 이를 위해 교육이 이루어지고, 교육이 제대로 이루어졌는지를 확인하기 위한 일련의 행위를 교육평가라 한다. **교육평가**(educational evaluation)라는 용어는 1930년 **타일러**(R. Tyler)가 처음으로 사용하였으며, 교육목표의 달성 여부를 판단하는 행위라고 정의하였다(성태제 등, 2014).

일반적으로 교육평가는 크게 두 가지의 의미로 사용되고 있다. 좁은 의미에서 교육평가는 학습자의 학습한 결과, 즉 성취를 판단하는 과정을 의미로, 주로 학교 현장에서 이루어지는 성적평가가 여기에 해당된다. 학교 현장에서 교사나 학생들은 교육평가를 주로 이런 의미로 사용하고 있다(권대훈, 2016). 넓

그림 8-1 타일러의 교육평가에 대한 정의

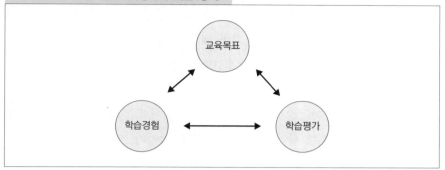

은 의미에서 교육평가는 평가대상의 가치나 효과 등을 판단하는 과정을 뜻하며, 여기에서 말하는 평가대상은 학습자뿐만 아니라 교사, 수업, 교육환경 등을 모두 포함한다. 학자들마다 교육평가에 대한 정의가 조금씩 다르지만 종합적으로 정리해 보면, 교육평가란 교육과 관련하여 평가대상에 대한 질적, 양적 자료를 수집하고 교육목적 또는 평가목적을 고려하여 평가자가 내리는 가치판단이라고 할 수 있다(이지헌 외, 2018).

교육평가가 갖는 의의를 네 가지로 설명할 수 있다(이병승 외, 2021).

첫째, 교육평가는 교육목표의 달성도를 확인한다. 교육평가는 교육목표에 비춰 학습에 대한 성취 혹은 수행 정도를 판단할 수 있다.

둘째, 교육평가는 학습에 대한 학습자의 행동 증거를 수집한다. 수집방법은 시험, 관찰, 질문지 등 다양하다. 중요한 것은 행동 증거를 수집하는 데 어떤 타당한 방법을 사용하느냐이다.

셋째, 교육평가는 인간 이해의 수단이자, 개인차의 변화를 다룬다. 학습에 대한 성취뿐만 아니라 지능, 성격, 적성, 흥미, 태도 등 다양한 평가는 교육현장에서 학습자에 대한 전반적인 이해를 돕는다.

나. 교육평가의 기능

교육평가에서 다루는 영역은 학생에 대한 인지적, 정의적, 신체적 평가,

학교에 대한 평가, 교사에 대한 평가 등 범위가 넓다. 교육현장에서 교육평가의 영역이 이렇게 범위가 넓은 이유는 교육목표의 달성 주체인 학생과 학생에게 영향을 미칠 수 있는 모든 것이 평가의 대상이 되기 때문이다(이병승 외, 2021). 학교 교육활동과 관련하여 교육평가의 기능을 살펴보면 다음과 같다(박철홍 외, 2014).

첫째, 학습자의 학업성취도를 평가한다는 것이다. 교육에 있어서 설정된 교육목표의 달성 여부를 확인하는 일은 중요한 일이며, 이는 학습자의 학습된 결과에 의해 확인할 수 있다.

둘째, 학습자의 학습에 대한 진단, 개선을 위한 피드백을 제공한다. 교육 평가를 통해 학습자의 성취 정도, 교과에 있어서 발달상태, 학력 저하 요인 등을 확인하여 그 대책을 세우고 피드백을 제공함으로써 학습자의 학습 개선을 도울 수 있다.

셋째, 평가의 결과를 생활지도, 진로지도, 상담의 자료로 활용할 수 있다. 평가결과는 학습자들로 하여금 스스로를 이해할 수 있는 계기가 될 수 있다. 학생들의 능력과 적성에 알맞은 과정과 진학, 그리고 신체적 조건에 적합한 활동이나 장래 계획 등 그들의 능력을 충분히 발휘할 수 있는 교육활동을 설계할 수 있다.

넷째, 교수-학습 과정에 있어서 개선을 위한 단서를 제공한다. 평가를 통해 얻어진 자료는 학생뿐 아니라 교사의 교수법 개선을 위해 유용한 자료가 되어 수업의 질을 개선할 수 있다. 평가를 통해 얻은 정보는 교육목표, 목표달성을 위한 학습경험 선정, 선정된 학습내용 조직에 이르기까지 개선을 위한 중요한 자료가 된다.

다섯째, 교육프로그램의 교육적 효과를 평가한다. 교육프로그램은 교육과정, 수업, 수업자료 등이 통합된 개념으로, 이를 통해 교육의 결과를 확인할 수 있다. 그러므로 교육의 결과를 통해 실시된 교육프로그램의 교육 효과를 가늠할 수 있다. 또한 전국적으로 이루어지는 학업성취도 평가나 국제 간 학력 비교 등은 교육정책의 방향을 수립하는 데 정보를 제공한다.

다. 교육평가 관련 개념

평가라는 용어는 측정, 검사, 총평 등의 개념과 혼재된 의미로 사용된다. 이를 좀 더 상세하게 구분해보면 다음과 같다.

첫째, 측정(measurement)이란 개인의 속성이나 특성을 양적으로 기술하는 것이다. 이때의 수치는 개인이 그 속성을 어느 정도 지니고 있는지를 나타낸다. 저울을 이용해서 몸무게를 재거나 자로 키를 재거나 또는 시험에서 몇 문항을 맞추었는지 세는 것이 측정에 해당한다.

둘째, 검사(test)는 평가대상의 특성을 측정하는 도구이다. 몸무게를 재기위해 사용하는 체중계, 키를 측정하기 위해 사용한 자, 중간고사 시험문항, 여러 지능검사들이 여기에 해당한다.

셋째, 총평(assessment)은 대상을 종합적으로 판단하는 것을 의미하며, 사정(查定)이라고도 한다. 총평은 종합적인 판단을 위해 다양한 방법을 이용하여, 다양한 정보를 수집하는 것이 중요하다.

넷째, 평가(evaluation)란 대상의 가치를 판단하는 것을 의미한다. 주관적인 가치가 반영되며, 학생에게 일어난 변화의 정도를 결정하는 데 관심이 있다. 그리고 이를 위해 총평과 마찬가지로 다양한 방법으로 정보를 수집하는 것이 중요하다.

예를 들어, 한 학생이 주의가 산만하고, 학업성취도가 저조하여 상담실에 의뢰되었다. 학생에게 개인용 지능검사 웩슬러 지능검사를 실시했더니 IQ가 100이었다. 이는 측정에 해당한다. 그리고 이때 사용된 웩슬러 지능검사는 검사이다. 추후 상담자는 지능검사와 더불어 상담을 실시하고, 추가로 실시된 몇 개의 검사 결과를 분석하여 이를 토대로 학생의 심리적 상태를 설명하였다. 이를 총평이라고 한다. 상담자는 IQ 100에 대해 동년배 학생들의 평균에 해당한다고 해석하며 학업성취도 저조 원인을 지능이 아닌 다른 원인에서 찾아야 한다고 판단하였다. 이는 평가에 해당한다.

② 교육평가의 유형

교육평가는 교수-학습 과정의 어느 시점에서 어떤 목적으로 시행하느냐에 따라 진단평가, 형성평가, 총괄평가로 구분하며, 어떤 평가 기준을 사용하느냐에 따라 준거참조평가, 규준참조평가, 능력참조평가, 성장참고평가로 구분한다. 이 외 결과가 아닌 과정에 대한 대안적 평가인 수행평가가 있다.

가. 평가시점과 평가목적에 따른 구분

진단평가(diagnostic evaluation)는 교수-학습활동이 시작되기 전에 학습자의 출발점 위치를 파악하기 위해 실시하는 평가이다. 학습자들의 능력과 특성(예, 학생의 사전 학습 정도, 준비도, 흥미도, 동기 상태 등)을 사전에 파악하여 교육목표 및 계획을 수립하는 데 목적을 둔다. 다시 말해, 진단평가란 교수활동이 시작되는 초기 단계에서 수업을 위한 기초 자료를 얻고, 어떤 교수-학습 과정이 적절한지를 결정하기 위해 학습자의 기초 능력을 진단하는 평가라 할 수 있다. 진단평가의 예로는 반 배치고사, 수업시간 전에 실시하는 쪽지 시험이나 퀴즈, 수업을 시작하기 전에 복습 여부를 묻는 질문 등이 있다.

형성평가(formative evaluation)는 수업이 진행되는 상태에서 교육행위가 계획대로 진행되고 있는지를 확인하고, 수업 개선에 필요한 정보를 얻기 위해 실시하는 평가이다. 즉, 교수-학습 과정 중에 가르치고 배우는 내용을 학습자들이 얼마나 잘 이해하고 있는지를 수시로 점검하고, 학습자들의 수업 능력, 태도, 학습법 등을 확인함으로써 교육과정을 개선하고 교재의 적절성 등을 확인할 수 있다. 형성평가의 예로는 수업 중 5분 테스트, 퀴즈, 쪽지 시험과 같이 평가지를 이용하는 경우와 수업 중 구두 질문과 이에 대한 학생의 미소나 고개 끄덕임의 확인 등이 있다.

총괄평가(summative evaluation)는 교수-학습이 끝난 다음 교육목표의 달성,

성취 여부를 종합적으로 판정하기 위해 실시하는 평가이다. 대체로 총괄평가는 한 과목 혹은 학기, 그리고 교육프로그램이 끝나는 시점에서 실시한다. 총괄평가의 예로는 졸업시험, 최종 작품 평가 등이 있다.

표 8-1 진단평가, 형성평가, 총괄평가 비교

	진단평가	형성평가	총괄평가
시기	수업 전	수업 중	수업 후
목적	학습자의 출발점 행동 진단 효과적인 교수-학습전략 모색	학습의 진전 확인 교수-학습활동의 개선	성적, 평점 등 부여 교육목표의 달성 여부 판정
기준	준거참조	준거참조	규준 및 준거참조

나. 평가기준에 따른 구분

검사에서 얻은 원점수는 적절한 기준에 따라 해석된다. 그 기준이 무엇이냐에 따라 준거참조평가, 규준참조평가, 능력참조평가, 성장참조평가로 구분된다(성태제, 2016).

흔히 **절대평가**라고 부르는 **준거참조평가**(criterion-referenced evaluation)는 학습자가 숙달하거나 성취해야 할 객관적 기준을 평가자가 미리 정해두고, 학습자가 정해진 준거나 목표에 도달하였는지를 판단하기 위해 실시하는 평가이다. **준거**(criterion)란 성패 당락을 구분하는 일종의 기준선으로서 달성해야 할 최저목표나 과락을 결정하는 점수를 말한다. 준거참조평가는 교육목표 달성도를 확인하거나 수업의 효과를 판단하고자 할 경우, 자격증 시험과 같이 일정한 성취기준을 확인해야 할 경우에 적절하다. 운전면허 자격시험, 국가공인자격시험이 그 예이다.

규준참조평가(norm-referenced evaluation)는 학습자의 집단 내 상대적 위치를 가늠하기 위해 실시하는 평가 소위 **상대평가**를 의미한다. **규준**(norm)이란 집단 내 학생들의 점수를 기초로 특정 점수의 상대적 위치를 설명하기 위해 사용하는 일종의 자를 뜻한다. 규준참조평가에서는 원점수가 같아도 집단의 규준에 따라 평가의 결과가 달라질 수 있다. 예를 들어 A라는 학생이 수학 90점, 영어 90점을 받았다고 가정해 보자. 이 두 점수는 동일한 결과처럼 보인다. 하지만 수학반 평균은 85점인데 반하여, 영어반 평균은 65점이라면, A학생이 받은 이 두 과목의 원점수인 90점은 동일한 결과라고 볼 수 없다. 따라서 규준참조평가에서 특정 학생의 원점수는 의미가 없으며 평가결과는 다른 학생들의 성취 정도에 따라 좌우된다. 규준참조평가는 학생을 분류, 선발해야 할 상황인 대학 입학시험이나 능력별 집단을 편성하고자 할 경우에 주로 사용된다.

능력참조평가(ability-referenced evaluation)는 개인 간의 비교나 성취가 아닌 학생이 지니고 있는 능력에 비추어 얼마나 최선을 다했는지에 초점을 두는 평가이다. 학생 개인이 지니고 있는 능력을 얼마나 발휘하였는지에 초점을 맞추기 때문에 개인을 위주로 하는 평가라고 볼 수 있다. 우수한 능력을 가지고 있음에도 최선을 다하지 않은 학생과 능력이 상대적으로 낮더라도 최선을 다한 학생이 있을 때 어떻게 평가하는 것이 학생들의 바람직한 학습태도를 함양하는 데 도움이 될 것인지 고민해야 한다. 준거참조평가에 따르면 후자는 전자보다 항상 낮은 점수를 받아야 할 것이고, 규준참조평가에 따르면 전자는 후자보다 항상 높은 점수를 받게 된다. 그러므로 전자의 경우에는 낮은 평가결과를 줌으로써 경각심을 심어주고, 후자의 경우에는 높은 평가결과를 줌으로써 학습동기를 강화할 수 있다.

성장참조평가(growth-referenced evaluation)는 교육과정을 통하여 학생이 얼마나 성장하였느냐에 관심을 두는 평가이다. 이 평가는 최종 학습결과나 학업성취보다는 초기 능력 수준과 관찰 시점에 측정된 능력 수준 간의 차이에 관심을 둔다. 성장참조평가는 단순히 교육의 시작과 완료 시점에 측정한 결과 간 차이를 확인하는 것이 아니다.

능력참조평가나 성장참조평가는 대학 입시나 국가자격증 취득과 같은 **고부담검사**(high-stakes tests)에는 평가결과에 대한 공정성 문제 때문에 적용하기가 어렵다. 그러나 교수-학습 과정의 개선이나 학생 진로지도 등과 같은 기능이 강조되는 평가환경에서라면 이 두 평가가 교육적인 평가방법이라고 할 수 있다.

표 8-2 준거, 규준, 능력, 성장참조평가의 비교

	준거참조평가	규준참조평가	능력참조평가	성장참조평가
목적	목표달성 확인 및 자격 부여	분류 및 선발 배치	개인의 최대 능력 발휘	개인의 성장 점검
기준	객관적 기준	규준(상대적)	개인의 능력	개인의 사전, 사후
개인차	극대화하지 않음	극대화	고려하지 않음	고려하지 않음
장점	교육적 의도에 맞는 평가 고등사고력 함양에 도움	개인차의 변별 가능 경쟁을 통한 동기 유발에 유리	개별적 평가 학습동기 유발	교육적 의도에 맞는 평가 학생 개인에 초점
단점	준거 설정 기준이 문제가 될 수 있음 검사점수의 통계적 활용이 어려움	교육적 의도에 부적합 학습자 간 지나친 경쟁 심리 조장	고부담검사에서 적용하기 어려움 학생 능력에 대한 정보가 없을 경우 적용 어려움	고부담검사에서 적용하기 어려움 결과의 타당성 확보를 위한 조건에 부합

성태제(2016). 교육평가의 기초(2판). p. 96 참조.

다. 수행평가

교육현장에서 새로운 대안으로 제시되고 있는 **수행평가**(performance assessment)는 학생 스스로가 자신이 습득한 지식이나 기능을 나타낼 수 있도록 산출물을 만들거나 행동으로 나타내거나 답을 구성하도록 요구하는 평가방식이다(김성열 외, 2021). 수행평가는 선택형 문항 위주의 전통적 평가에 대응되는 평가로 실제 상황에서의 수행 정도를 직접적인 관찰을 통해 측정하는 것을 포함한다. 따라서 수행평가는 실생활을 포함한 여러 가지 상황에서 지식이나 기능들이 수행되는 과정과 결과를 종합적으로 판단하는 평가라고 정의할 수 있다. 수행평가의 방법으로는 서술형 및 논술형 검사, 구술시험, 실기시험, 관찰, 면접, 연구보고서, 포트폴리오 등이 있다.

이러한 수행평가의 특징은 다음과 같다(한국교육과정평가원, 2017).

첫째, 학습자의 성장 과정에 대한 지속적인 평가이다. 수행평가는 학습자의 성취에 대한 일회적 평가가 아닌 학습의 과정에 대한 지속적인 평가이다.

둘째, 과정과 결과를 함께 평가하는 것이다. 학습자의 수행 결과뿐 아니라 수행의 과정을 평가하는 것을 강조한다. 셋째, 의사소통 및 협업 능력 등을 강화한다. 학습자들의 수행을 평가하기 위해 다양한 평가방법이 활용된다는 특징을 가지고 있다. 이 과정에서 학습자의 의사소통능력이나 협업 능력 등이 강화될 수 있다. 넷째, 실제 상황과 유사한 맥락에서의 평가라는 점이다. 그래서 수업 중에 이루어지거나 실제 상황과 유사한 상황을 제시해 줌으로써 문제를 해결하는 과정을 정리하게 하는 등의 평가가 진행된다. 다섯째, 능동적 학습활동을 유도한다. 수행평가는 주로 교수―학습의 과정 중에 이루어지기 때문에, 평가를 통해 학습자들이 수업에 능동적으로 참여하도록 유도할 수 있다. 여섯째, 전인교육을 추구하는 평가이다. 단순히 학습자가 알고 있는 지식의 정도를 측정하는 것이 아닌, 지식, 기능, 태도를 아우르는 종합적인 평가를 진행함으로써 평가에 있어서 전인교육적 관점을 추구한다고 볼 수 있다.

3

교육평가의 절차 및 검사도구에 대한 이해

교육평가가 획일적인 단계나 절차를 따르는 것은 아니지만, 체계적인 평가를 위해서는 다음의 절차를 따르는 것이 일반적이다(김석우, 2015). 체계적이고 적합한 평가를 위해서는 적합한 검사도구가 필요하기 때문에 교육평가의 절차에는 검사도구를 제작하는 단계가 포함되어야 한다. 또한 검사도구는 평가 문항이 모여 만들어지기 때문에 문항 제작을 위한 다양한 문항의 유형에 대해서도 살펴보아야 한다.

가. 교육평가의 절차

교육평가는 체계적인 평가를 위해 다음과 〈그림 8-2〉와 같은 절차를 따

그림 8-2 교육평가를 위한 일반적 절차

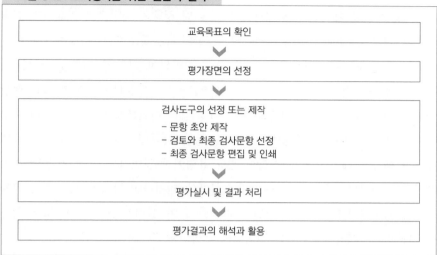

김석우(2015). 교육평가의 이해 참조.

르는 것이 좋다.

먼저 교육목표를 확인해야 한다. 교육평가를 위해서는 무엇을 평가할 것인지가 명확해야 한다. 교육목표는 교육이 최종적으로 도달해야 할 지점을 가리키고 있기 때문에 가장 먼저 교육목표를 명확히 하고, 평가하고자 하는 바를 구체화시킬 필요가 있다.

두 번째, 어떻게 평가할 것인지를 결정해야 한다. 교육목표 확인을 통해 무엇을 평가할 것인지가 명확해졌다면, 이제 교육목표의 달성 정도를 가장 잘 확인할 수 있는 장면을 선정해야 타당한 평가를 실시할 수 있다. 필답검사, 질문지, 관찰, 면접, 실험실습 등의 다양한 방법이 활용될 수 있다.

세 번째, 평가를 위한 검사도구를 선정하거나 제작을 해야 한다. 다시 말하면 교육의 성취를 확인할 수 있는 행동 증거를 수집하는 데 이용할 도구를 선정하거나 제작하는 것이다. 이 단계는 앞선 평가 장면 및 방법 결정과 거의 동시에 진행된다. 기존의 검사도구를 선정해도 무방하지만, 새로운 검사도구를 제작하는 것도 좋다.

검사도구는 검사문항으로 구성되기 때문에 우선 문항 초안을 제작해야 한다. 문항 초안을 제작하기 위해서는 우선 어떤 형태의 문항으로 표현하고 진술할 것인지를 결정해야 하며, 이때 평가대상의 수, 참조방식, 측정하고자 하는 행동의 유형과 수준, 학습자의 특성 등을 고려하여 문항의 유형을 결정한다. 문항의 유형을 결정하고 난 후에는 '**이원분류표**'를 작성하는데, 보통 학교 현장에서 검사를 개발할 전체 계획을 위해 작성된다. 이원분류표는 각 문항이 재고 있는 내용과 행동이 무엇인지와 문항 수 등을 나타내는 표이다. 이원분류표의 내용과 행동을 재기에 가장 적합한 문항 유형이 무엇인지를 정한 후 문항 초안 제작에 들어간다. 기본적으로는 이원분류표에 의거하여 작성하지만, 최근 교육 현장에서는 수행평가가 확대되면서 아래와 같이 성취기준을 기준으로 이원분류표에 따라 **문항곤란도** 혹은 **난이도**를 포함하여 작성하기도 한다.

네 번째, 평가를 실시하고, 그 결과를 처리해야 한다. 수집된 결과를 채점하여 평가의 기초자료를 만드는 것이다.

그림 8-3 성취기준에 따른 이원분류표 예

20 학년도 ( )학기 ( )차 지필고사 문항정보

( )학년 ( )과목 교과담임 ____________㊞, __________㊞

결재	계	부장	교감	교장

실시일	20 년 월 일 교시		출제단원							예상평균		
구분	내용영역	성취기준	평가영역			문항곤란도			정답	배점	문항형식	출제근거
			지리	이해	적용	상	중	하				
1		[작성방법] 1. 성취기준은 학기 초에 제출한 '**2015 개정교육과정 성취기준**'안에 있는 성취기준을 사용해 주십시오. 2. 교과학습 진도계획보다 시험범위가 앞서가지 않도록 작성합니다. 3. 평가영역과 문항곤란도가 일정하게 분포되도록 문제를 출제하도록 합니다. 4. 작성 후에는 평가영역과, 문항곤란도의 계를 입력 확인합니다. 5. 상단의 출제단원과 예상평균 등이 모두 기재되어 있는지 확인하고 출력하여 제출합니다. 6. 서술형이 포함될 경우에는 서술형 문항 정답지(배점, 채점기준 등)를 작성하십시오.									객관식	
2											주관식	
3												
4												
5												
…												
서술형1											서술형	
서술형2											서술형	
…												
계										100		

다섯 번째, 평가결과는 목적과 기준에 따라 해석하고 활용해야 한다. 평가결과 자체, 즉 측정된 결과는 그 자체로 큰 의미를 갖기 어렵다. 목적과 기준에 따라 측정된 결과를 해석하고 평가되었을 때 의미를 갖는다. 해석된 평가결과는 학습자의 학습동기의 촉진, 사후지도의 실시 혹은 교사의 수업개선 등을 위한 피드백 자료로 활용될 수 있다.

나. 문항의 유형

문항의 유형은 선택형(selection type)과 서답형(supply type)으로 구분할 수 있다(이지헌 외, 2018). **선택형 문항**은 주어진 선택지 중에서 학생이 답을 선택하는 문항으로 흔히 **객관식**이라 불린다. **서답형 문항**은 학생이 답을 쓰는 문항으로 **주관식**이라 불린다. 선택형에는 진위형(이자택일형), 연결형, 선다형 문항(다지선택형)이 있고, 서답형에는 단답형/완성형, 논술형(에세이) 문항이 있다.

선택형 문항 중 **진위형**(true-false type)은 학생들에게 제시된 문항의 참, 거짓을 판단하여 답하게 하는 형태로 이자택일형이라고도 한다. 진위형 문항은 개념의 정의, 사실, 원리 등에 대한 진술의 진위 여부를 판단할 수 있는지를 파악하는 데 유용하다. 특히 진위형 문항은 제작이 용이하고, 빠르게 객관적으로 채점할 수 있다는 장점을 가진 반면, 학생들의 고등사고력 측정에 한계가 있으며, 추측으로 답을 맞힐 확률이 높다는 단점이 있다.

연결형(matching type)은 문제군에 들어가 있는 각 질문에 대해 답지군에서 정답을 찾아 연결하는 형태이다. 연결형 문항은 내용 간의 연관성에 대한 이해도를 파악하고자 할 때 유용하다. 장점은 진위형만큼 한 번에 많은 내용을 측정할 수 있고, 빠르고 객관적으로 채점할 수 있다는 점이다. 그러나 학생들이 답을 쉽게 추론할 수 있으며, 고등사고력 측정에 한계가 있다는 점 그리고 답을 연결해갈수록 추측할 확률이 점점 높아진다는 단점을 가지고 있다.

선다형(multiple choice type)은 답지 중에서 2개 이상의 정답을 찾아내는 형태로, 진위형이나 연결형보다는 장점이 많아 상대적으로 더 많이 활용된다. 선다형은 문항의 난이도를 조절할 수 있다는 점, 고등사고력 측정이 가능하다는 점, 다른 선택형 문항보다 추측할 확률이 낮다는 점 그리고 빠르고 객관적으로 채점할 수 있다는 장점이 있다. 그러나 정답일 것 같은 오답지를 제작하는 것이 어려워 문항 제작에 상대적으로 시간이 오래 소요되며, 주어진 답지에서 여전히 추측할 확률을 배제할 수 없다는 단점이 있다.

서답형 문항 중 **단답형**(short-answer type)은 주어진 질문에 학생이 직접 답안을 쓰도록 하는 형태로 괄호형 혹은 완성형이라고도 한다. 단답형은 용어의 정의나 수학 문제의 답 등을 알고 있는지 파악하기 위해 주로 사용된다. 장점은 제작이 용이하고, 정해진 시간 내에 많은 영역의 내용을 측정할 수 있다는 점, 추측으로 답을 맞힐 수 있는 확률을 배제한다는 점이다. 단점은 상대적으로 고등사고력 측정에 한계가 있으며, 선택형 문항에 비해 채점 시 객관성이 보장되기 어렵다는 점이다.

논술형(essay type)은 질문에 대하여 학생이 자유롭게 기술하는 형태로, 논술형 문항은 학생의 이해, 분석, 종합, 문제해결력 등 고등사고력 측정에 주로 사용된다. 이러한 논술형 문항은 제작이 용이하며, 학생들이 마음껏 자신의 능력을 발휘할 수 있으며, 고등사고력 측정에 효과적이라는 장점이 있다. 이에 반해 채점에 시간과 노력이 많이 소요되며, 객관적이고 일관적인 채점이 어렵다는 단점이 있다.

✓ **문항의 유형** ▪참고자료▪

1. **진위형(True-False)**: 이 방법은 두 답안 중 하나를 고르는 식으로 기술하며, 참/거짓, 동의/반대, 예/아니오 형태로 답하게 한다.
   예) '노부부는 천천히 계단을 올라갔다.'에서 '천천히'는 형용사다. (참/거짓)

2. **연결형(Matching)**: 문항에 적합한 답을 다른 열에서 찾도록 하는 것이다.
   예) 다음에 나열된 전쟁의 주요 원인을 찾아 답하라.

_____① 미국 독립전쟁

_____② 미국 남북전쟁

_____③ 스페인 대 미국전쟁

주요원인

ⓐ 미국에 유리한 무역협정안에 대한 영국의 서명 거부

ⓑ 미국의 쿠바에 대한 인도주의식 내정간섭과 영토 합병의 필요성을 주장한 언론의 선정주의

ⓒ 사우스캐롤라이나 주가 연방정부의 관세법 무효를 주장했던 연방법 무효화 논란

ⓓ 납세인 대표단 부재하의 세금 부과

3. 선다형(Multiple Choice): 질문과 여러 선택지로 구성되는데, 일련의 선택지에는 정답 또는 '최선의' 답이 포함되어 있다. 정답 이외의 모든 오답 또는 덜 적절한 답은 틀린 선택지라고 부른다.

예) 에릭슨의 심리사회적 발달이론 중, 각 단계에서 획득해야 할 기본 덕목이 **바르게** 연결된 것은?

① 출생에서 1세 - 정체감 대 역할혼돈

② 6~12세 - 자율성 대 수치 및 의심

③ 중년기 - 생산성 대 침체성

④ 노년기 - 신뢰 대 불신

4. 단답형/완성형: 이 문항은 학생에게 단답이나 구문을 구체적으로 생각해 내어 답하도록 한다. 완성형 문항과 단답형 문항은 유사하다. 완성형 문항은 하나의 단어나 짧은 문구로 문장을 완성할 것을 요구하며, 단답형 문항은 하나의 단어나 문구로 답할 수 있는 질문을 제시한다.

예) 미국 남북 전쟁의 주요 원인은 (   )이다.

연방법 무효화 논란은 미국 어떤 전쟁의 주요 원인으로 작용하였는가?

검사도구의 조건

평가자는 좋은 검사도구를 선정 또는 제작해야 한다. 좋은 검사도구를 사용하지 않고서는 올바른 평가결과를 기대할 수 없기 때문이다. 좋은 검사도구는 평가에 적합해야 하며, 이러한 적합성을 결정하는 기준에는 타당도, 신뢰도, 객관도, 실용도가 있다.

가. 타당도

타당도(validity)는 평가도구가 재고자 하는 바로 그것을 충실히 재고 있는지를 말해주는 개념이다. 예를 들어 몸무게를 재려고 하는데 줄자를 사용한다면 몸무게를 알 수 없을 것이다. 혹은 수학능력을 확인하려고 하는데 영어시험을 본다면 수학능력을 알 수 없다. 이럴 경우 타당도가 낮다고 한다. 타당도는 다음의 방식으로 살펴볼 수 있다.

1) 내용타당도

내용타당도(content validity)는 검사 내용의 타당성을 확인하는 방법이다. 검사문항이 측정하고자 하는 전체 영역을 적절하게 대표하는 정도와 문항이 수업목표와 일치하는 정도를 의미한다. 검사의 각 문항을 주의 깊게 검토하여, 그 문항이 검사에서 측정하고자 하는 것을 재는지 여부를 결정하는 것이다. 대체로 이원분류표나 그 분야의 전문성과 지식을 갖춘 사람들에 의해 판단된다.

예를 들어, 중학교에서 국어를 가르치고 있는 김교사는 우선 이원분류표에 근거하여 수업목표 및 교수−학습 과정에서 중요하게 다루었던 내용들을 확인하였으며, 이것들을 중심으로 학기말 시험문제를 출제하였다. 시험문제를 출제한 후 교과 전문가와 협의하여 자신이 출제한 문항들이 타당성을 가지고 있는 문항인지 점검하였다.

2) 준거 관련 타당도

준거 관련 타당도(criterion−related validity)란 타당도를 확인하려는 한 검사의 점수와 다른 점수와의 상관계수로 검사도구의 타당도를 나타내는 방법이다 (김석우, 2015). 준거 관련 타당도는 예언타당도와 공인타당도로 나뉜다.

첫째, **예언타당도**(predictive validity)는 어떤 평가도구가 목적하는 준거를 얼마나 정확하게 예언하느냐를 의미한다. 타당도를 확인하려고 하는 검사의 점수와 미래에 실시되는 검사의 점수 간 상관을 타당성의 기준으로 보는 것이다. 즉, 검사점수가 미래의 행동을 얼마나 잘 예측하느냐의 문제라고 볼 수 있다. 대학수학능력시험은 학생이 대학에서 수학할 능력이 있는지를 예언하기 위해 만들어진 검사이므로, 대학수학능력시험점수가 예언타당도를 갖기 위해서는 그 학생의 대학 학점을 기준으로 판단할 수 있을 것이다. 이 두 점수가 유의미한 높은 정적 상관관계가 있다면 대학수학능력시험은 대학에서의 학점을 예언하는 검사로서 타당성을 인정받을 수 있다.

둘째, **공인타당도**(concurrent validity)는 새로운 검사의 타당도를 기존에 타당성을 인정받고 있는 다른 검사와의 상관을 기준으로 검증하는 방법이다. 타당도를 확인하려는 검사와 이미 공인된 검사를 동시에 실시하여 두 점수 간에 얼마나 상관이 있는지를 타당성의 기준으로 보는 것이다. 예를 들면, 영어 능력을 측정하는 새로운 검사를 개발한 어떤 교사가 자신의 검사와 토익시험을 동일 학생들을 대상으로 같은 날 치른 후 두 점수 간 상관계수를 산출한 다음에 통계적으로 유의미한 높은 정적 상관관계가 있음을 확인하였다면, 새로운 검사는 다른 사람들에게 영어 능력을 측정하는 검사로서 타당성을 인정받을 수 있다.

✔ 상관계수(correlation coefficient)   ▪참고자료▪

상관관계는 '관계가 있다' 혹은 '관계가 없다'라는 흑과 백의 결정으로 끝나는 것이 아니라 어느 정도 관계가 있느냐에 관심을 둔다. 그러한 관계를 나타내는 지수를 상관계수라고 부르며, 이것의 기호는 'r'이다. 그리고 상관계수 값은 -1에서 +1의 범위를 갖는다. 여기서 +값을 갖는 상관을 정적 상관, -값을 갖는 상관을 부적 상관이라고 부른다. 예를 들어, 허리둘레가 늘어날수록 나쁜 콜레스테롤 수치가 높아졌다. 반면 허리둘레가 늘어날수록 좋은 콜레스테롤 수치가 낮아진다. 허리둘레와 나쁜 콜레스테롤 수치는 정확하게 같이 증가하고 같이 내려갔다. 이러한 경우에 정적 상관관계이며 상관계수는 +1이다. 반대로, 허리둘레가 늘어날수록 좋은 콜레스테롤 수치는 오히려 낮아진다. 하나가 오르면 다른 하나는 내려가고, 하나가 내려가면 다른 하나는 올라간다. 이런 경우를 부적 상관관계라고 부르며, 이때 상관계수는 -1이다. 허리둘레와 갑상선 수치와의 관계를 살펴봤더니 일정한 관계를 보이지 않았다. 이 경우 둘의 상관관계는 정확히 +1 혹은 -1이라고 말할 수 없으며, 이때의 상관계수(r)는 -1<r<1 사이 어디에 있을 것이라고 생각할 수 있다(홍성열, 2002).

---

3) 구인타당도

구인타당도(construct validity)는 검사가 측정하고자 하는 심리적 특성(즉, 구인)을 측정하고 있는 정도를 기준으로 보는 타당도를 뜻한다. **구인**(construct)이란 관찰 불가능한 특성을 설명하기 위해 만들어진 개념이다. 즉 구인타당도는 관찰될 수 있는 변인들을 통해서 관찰할 수 없는 변인을 추정하는 타당성 정도를 예측하는 방법이다. 예를 들어 한 연구자가 자아존중감이 부모, 동료, 대인관계, 학문, 경제 상태 등 여러 가지 요인에 대한 자아존중감으로 구성되어 있다고 생각하였다. 연구자는 이론적으로 자아존중감이 이러한 하위요인으로 구성되었다고 간주하고, 그러한 요인을 대표할 수 있는 여러 개의 문항을 개발한다. 그리고 그는 이러한 문항을 기초로 자료를 수집하고, 그러한 자료들의 결과가 자신이 주장하는 요인들과 관계가 있는지를 통계적 과정을 통해서 타당성을 검증한다. 따라서 구인타당도는 측정하고자 하는 특성의 구성요인을 얼마나 충실하게 이론적으로 설명하며 경험적으로 측정하느냐의 문제이다(김석우, 2015). 구성요인들의 타당성을 검증하는 방법으로는 상관계수법과 요인분석법이 주로 이용된다. **상관계수법**은 각 구인에 의해 얻은 점수와 심리특성을 측정하는 총점의 상관계수에 의해 타당도를 검증하는 방법이다. 요인분석은 상관관계를 근거로 유사한 혹은 상관이 높은 변인들끼리 묶는 통계적 방법이다.

나. 신뢰도

신뢰도(reliability)는 측정 도구를 통해 얻은 점수가 어느 정도 일관성이 있는가를 가리키는 개념이다. 측정할 때마다 다른 결과를 내놓는다면, 얻은 결과에 대해서 신뢰감을 가질 수가 없다. 예를 들어, 저울로 몸무게를 쟀을 때 처음에는 60kg이었으나 두 번째 쟀을 때는 40kg이었다면 일관성이 있지 않기 때문에 신뢰도가 낮다. 반면에 두 번 모두 60kg으로 나타났거나 40kg으로 나타났다면 일관성이 있기 때문에 신뢰도가 높다. 신뢰도를 측정하는 대표적인 방법으로 재검사 신뢰도, 동형검사 신뢰도, 반분검사 신뢰도, 문항내적 합치도가 있다.

1) 재검사 신뢰도

재검사 신뢰도(test-retest reliability)는 한 개의 검사도구 혹은 검사를 동일 집단을 대상으로 일정 기간의 시차를 두고 두 번 실시하여 각 점수들 사이의 상관관계를 파악하는 방법이다. 이 방법은 추정 방법이 간단하다는 장점을 갖고 있다. 그러나 검사를 두 번 실시해야 한다는 번거로움과 두 번의 실시로 인한 연습효과나 기억효과가 있다는 점이 단점이다. 두 검사 실시 간격이 짧다면, 첫 번째 검사에서 얻은 지식이 두 번째 검사에 연습이나 기억효과 등의 영향을 미쳐 신뢰도가 높아질 수 있다. 반대로 두 검사의 실시 간격이 너무 길다면, 그 기간 사이에 검사 대상자는 시간의 경과나 여러 가지 경험을 통해 성장 혹은 성숙 등 본래 측정하려던 특성이 변하여 신뢰도가 낮아질 수 있다.

2) 동형검사 신뢰도

동형검사 신뢰도(equivalent or parallel-form reliability)는 두 개의 동형검사를 제작하고 그것을 같은 피험자에게 실시하여 두 검사에서 얻은 점수 간의 상관계수를 산출해 내는 것이다(권대훈, 2016). 동형검사란 표면적으로 내용은 다르지만, 두 검사가 측정하고자 하는 바가 동질적이며 동일하다고 추정할 수 있는 문항으로 구성된 검사라는 의미이다. 재검사 신뢰도의 기억이나 연습효과를 최소화할 수는 있으나, 검사를 두 번 제작하고 실시해야 한다는 번거로움이 있다. 특히 두 검사를 거의 같거나 완전히 같은 동질적인 검사로 구성하기가 어렵다는 단점이 있다.

3) 반분검사 신뢰도

반분검사 신뢰도(split-half reliability)는 한 개의 검사도구 혹은 검사를 한 피험자 집단에게 실시한 다음 일정 기준에 따라 두 부분의 점수로 분할한다. 반분검사 신뢰도는 한 검사 내에서 문항을 분할하여, 양 점수 간의 상관계수를 계산해 내는 것이다. 가장 널리 사용되는 것은 홀수와 짝수 방법이다. 일반적으로 검사도구의 신뢰도는 검사 길이, 즉 문항 수와 밀접한 관련이 있다. 반분검사 신뢰도의 경우 문항수의 영향을 받는데, 문항이 적을 경우 신뢰도가 낮을 수 있고, 문항이 많을 경우 신뢰도가 높을 수 있다.

4) 문항내적 합치도: KR과 α계수

문항내적 합치도(inter-item consistency)는 검사에 포함된 문항들에 대한 반응이 일관성이 있는 정도를 의미한다. 앞에서 살펴본 재검사 신뢰도와 동형검사 신뢰도는 동일 피험자에게 두 번 실시해야 하는 번거로움이 있고, 실시 간격과 동형성 정도에 따라 신뢰도가 달라진다는 문제가 있었다. 그러나 문항내적 합치도는 검사를 두 번 실시하지 않고 검사의 신뢰도를 추정할 수 있다는 장점이 있다. 왜냐하면 문항을 둘로 나누지 않고 문항 자체를 하나의 검사로 간주하고 일치도를 측정하는 방법이기 때문이다. 즉, 검사에 포함된 문항에 대한 반응이 일관성이 있는 정도를 의미한다(홍성열, 2002). 문항내적 합치도를 추정하는 방법에는 Kuder와 Richardson(1937)이 개발한 KR-20, KR-21과 Cronbach(1951)가 개발한 α계수가 있다. KR은 계산이 쉽고 한 번만 실시하면 구할 수 있으므로 기억 및 연습효과를 우려하지 않아도 되며, 검사를 반으로 나누는 방식의 영향을 받지 않는다(권대훈, 2016). α계수는 흔히 **크론바 알파**(Cronbach α)**계수**라고 하며, 검사점수의 분산이 크고 문항점수들이 비슷할수록 커진다. α계수는 검사를 반으로 나누는 방식의 영향을 받지 않고, 문항 간 일관성에 의해 단일한 신뢰도 추정결과를 얻을 수 있다는 장점이 있다(성태제, 2016). 또한 실제 계산하는 과정이 매우 복잡하지만 컴퓨터 프로그램을 통해 쉽게 구할 수 있어 가장 널리 활용되고 있다.

타당도가 높으려면 반드시 신뢰도가 높아야 하지만, 신뢰도가 높다 해서 타당도가 높은 것은 아니다. 예를 들어 지능을 측정하기 위해 머리둘레를 자로 잰다고 하자. 이 자는 신뢰도는 높으나 타당도는 낮다. 왜냐하면 자는 매번 동일한 측정치를 갖는다. 즉, 신뢰도가 높은 것이다. 하지만 머리둘레로 진정한 지능을 측정한다고 할 수 없기 때문에 타당도는 낮다. 그러므로 신뢰도가 높다고 해서 높은 타당도를 보장할 수는 없다. 하지만 어떤 지능검사 도구가 정말로 지능을 잘 측정하고 있다면 측정되는 IQ는 대체로 일관될 것이다. 즉, 높은 타당도는 높은 신뢰도를 보장한다.

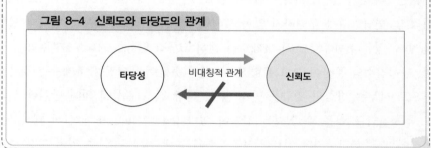

그림 8-4　신뢰도와 타당도의 관계

다. 객관도

　객관도(objectivity)는 신뢰도의 일종으로 '평가자'의 측정에 일관성이 있는지를 말해주는 개념으로 평정자 신뢰도라고도 한다. 객관도는 동일 평가대상에 대해 한 평가자의 평가가 일관성이 있는지를 의미하는 '**평정자 내 신뢰도**(객관도)'와 동일 평가대상에 대해 여러 평가자의 평가가 일치하는지를 의미하는 '**평정자 간 신뢰도**(객관도)'로 나눌 수 있다.

　채점자가 동일 답안지를 반복하여 채점하였을 때 각각 점수가 다르게 나올 경우 그 채점의 객관도는 낮아진다. 선택형 검사와 같이 채점자의 주관이 개입될 소지가 낮은 경우는 별 문제가 없겠지만, 논술형과 같이 개방적인 형태의 문항에서는 객관도가 크게 문제된다. 또한 여러 명의 교사가 그 검사를 채점할 경우에 서로의 채점결과가 크게 다르다면 평가자 간 신뢰도는 낮다. 객관도, 즉 평정자 신뢰도를 구하는 방법은 여러 평정자의 평가결과가 얼마나 일치하는지에 대한 상관계수를 구하는 방법(α계수)과 여러 평정자 간 평가결과가 얼마나 일치하는지를 백분율(%)로 표시하는 방법(kappa 계수)이 있다(권대훈, 2016).

라. 실용도

실용도(usability)란 검사도구를 사용함에 있어 시간과 비용, 노력을 적게 들이고도 목적을 달성할 수 있는 정도, 즉 검사도구의 경제성을 의미한다. 어떤 검사가 타당도, 신뢰도, 객관도가 높아 필요한 결정을 내리는 데 아무리 좋은 정보를 제공해 준다고 해도 실제로 그 검사를 이용하는 데 비용이나 노력이 많이 든다면 실용성이 부족한 것이다. 따라서 실시와 채점이 용이하고, 검사문항의 수가 적당해야 한다. 그리고 채점, 결과 해석, 활용의 용이성, 검사 비용의 적절성 등이 고려되어야 한다(이병승 외, 2021).

교육평가에 대한 이슈

4차 산업혁명 시대에 발맞춰 변화하는 사회에서 성공적으로 적응하고 살아갈 수 있도록 학생들을 어떻게 준비시켜야 할지에 대해 관심이 집중되고 있다. 우리나라 역시 창의·융합적 인재 양성을 위해 평가 혁신을 통해 학교교육을 개선하는 방향을 설정하였다(국정기획자문위원회, 2017). 이에 평가 관련 교육정책들이 연이어 시행되었는데, 과정 중심 평가, 수업과 연계한 수행평가 확대, 서·논술형 평가 확대 등이다(김경희, 이명진, 2021, 재인용). 다양한 교육평가와 관련하여 도입된 최근의 교육정책들의 키워드들을 통해 교육평가가 나아가야 할 방향을 가늠해 보고자 한다.

가. 결과 중심 평가에서 과정 중심 평가로

기존 결과 중심 평가의 대안으로 수행평가가 도입되어 **결과 중심의 평가 패러다임**에서 **과정 중심의 평가 패러다임**으로 전환하는 계기가 되었다. 4차 산업혁명을 거치면서 교수-학습 패러다임이 변화함에 따라 사회는 이전의 지식이나 기술을 습득한 인재가 아닌 창의적이고 문제해결력을 갖춘 인재를 요구하고 있다. 이러한 인재는 기존의 교수-학습 패러다임 하의 교육에 따라 지식과 기술을 습득해서만은 만들어지지 않는다. 특히 사회에 진출하여 업무를 수행할 때는 다양한 수단과 방법을 동원하여 문제를 해결해야 한다. 이러한 이유로 교육현장은 교수-학습 과정 전반에 대한 혁신적인 변화를 요구받고 있다.

최근의 다양한 교육정책들은 기존의 결과 중심 평가 패러다임을 깨뜨리고, 보다 실재적·실천적·혁신적인 평가로의 전환을 꾀하고 있음을 알 수 있다. 이에 따라 결과 중심의 평가에서 학습자의 능력과 성장을 중시하는 평가로 변화할 것을 기대할 수 있을 것이다.

그림 8-5 과정 중심 평가의 의미

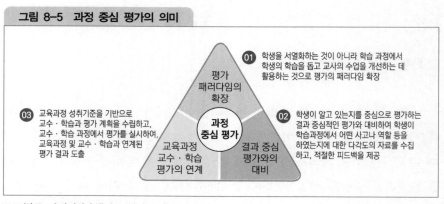

KICE(한국교육과정평가원)연구·정책 브리프 vol.14

나. 수업과 평가의 연계 강화

선발과 경쟁 위주의 평가를 지양하고 결과 중심 평가 패러다임을 전환하려는 학생 평가 개선 방안들이 다양하게 제안되고 있다. 특히 실제 맥락에서 진행되는 과정 중심형 평가가 도입됨에 따라 수업과 평가의 연계는 점점 강화되고 있는 추세이다.

'2022 개정 교육과정'(교육부, 2021)에 따르면, 창의력 및 비판적 사고력 등 미래 역량 함양을 지원하는 평가, 과정 중심 평가 등을 강화하는 방향으로 개선한다. 실생활 맥락과 연계한 교수-학습 및 평가를 통해 학생의 자발적·능동적 참여를 강화하는 방향으로 개선된다면, 수행평가 및 서·논술형 평가가 더욱 확대될 것이다.

다. 탄력적 평가 체계 구축

4차 산업혁명 시대의 도래뿐 아니라 COVID-19 역시 교육현장에 큰 변화를 가져왔다. COVID-19는 기존에 당연시 여겼던 지필고사가 온라인상에서 컴퓨터 기반 평가로 전환되는 계기가 되었다. 이러한 시대적 상황과 맞물린 사회 변화는 교육의 변화를 가속화시킨다. 최근에는 기술의 발전으로 인해 더욱 가속화되는 경향이 있으며, 교육평가 역시 예측하기 어려운 다양한 상황에 융통적으로 적용할 수 있고, 실생활 맥락과 연계한 보다 탄력적인 평가 체계의 구축을 요구하게 되었다. 특히 학생 중심 혹은 맞춤형 교육으로의 변화 요구에 따라 평가 역시 학습자 개인에 맞춘 다양한 평가방법이 연구되고 적용될 것이다.

참고영상

- 20년 국가수준 학업성취도평가 결과 및 학습 지원 강화를
  위한 대응전략 발표
  https://www.youtube.com/watch?v=P-q2Aa9J88s

- 과정 중심 평가 교육부 홍보영상
  https://www.youtube.com/watch?v=XkJTq4MzUw0

- [3분 노하우] 교사라면 어떤 평가를 해야 할까요?
  https://www.youtube.com/watch?v=JmoyWHuNlqM

01 　2002 중등

다음과 같은 평가방식은?

〈보기〉
- 수업 도중에 실시한다.
- 학습 단위에 관련된 학생의 학습 이해 상태를 교사가 학생에게 피드백한다.
- 학습 단위의 구조에 따라 오류를 확인함으로써 교수방법을 수정, 보완하는 데 필요한 정보를 수집하기 위해 실시한다.

① 총괄평가　　　　② 형성평가　　　　③ 사후평가　　　　④ 진단평가

02 　2006 중등

규준참조평가에 관한 진술로 가장 거리가 먼 것은?

① 규준이란 교과에서 설정한 학습목표이다.
② 학생 상호 간의 점수 경쟁을 조장할 수 있다.
③ 개인의 집단 내 상대적 위치에 대한 정보 파악이 용이하다.
④ '수, 우, 미, 양, 가'의 평어를 부여할 때는 미리 정해 놓은 각 등급의 배당 비율을 따른다.

03 　2004 중등

다음은 수학시험이 끝난 후에 교사와 학생이 나눈 대화의 내용이다. 학생이 제기하고 있는 검사의 양호도 판단 기준은?

〈보기〉
교사: 이번 시험은 수업 시간에 배운 공식만 알면 풀 수 있는 아주 쉬운 문제였지요?
학생: 저도 그 공식은 잘 아는데, 시험에 나온 어휘들이 너무 어려워서 문제를 이해할 수 없었어요. 이번 시험은 수학보다 국어를 잘 하는 학생에게 유리한 것 같아요.

① 신뢰도　　　　② 타당도　　　　③ 객관도　　　　④ 실용도

04 2000 초등

수행평가의 일반적 특징을 가장 잘 나타낸 것은?

① 학습의 과정과 결과를 모두 중시하는 평가
② 신체적인 움직임에 따라 측정을 중시하는 평가
③ 객관적이면서도 표준화된 측정방법을 중시하는 평가
④ 담당 교사보다는 외부 전문가의 판단을 중시하는 평가

05 2010 초등

'중간고사 대체용으로 활용된 표준화 검사의 신뢰도가 교사가 제작한 중간고사용 검사의 신뢰도보다 높았다.'는 진술에 대한 가장 적절한 해석은?

① 표준화 검사가 교사가 제작한 검사보다 실용적이다.
② 표준화 검사의 실시절차가 교사가 제작한 검사의 실시절차보다 간편하다.
③ 표준화 검사의 점수가 교사가 제작한 검사의 점수보다 타당한 측정치이다.
④ 표준화 검사가 교사가 제작한 검사보다 재고자 하는 특성을 일관성 있게 측정하고 있다.

✎ **적용활동**

- 다음의 영상을 보고, 평가는 꼭 필요한 것인지 토론·토의해 보세요.
  〈뉴스G〉 지긋지긋한 '시험', 그 시작은?
  https://www.youtube.com/watch?v=U9PxqXFGxYQ

- 교육정책은 보다 나은 교육을 위해 꾸준히 개선되고 있습니다. 그러나 교육현장에서 교사와 학생이 느끼는 바는 정책의 기대효과와는 다른 양상을 보이기도 합니다. 다음 영상을 보고, 무엇이 문제이고, 이 문제를 해결하기 위해서는 어떤 대안이 필요한지 논의해 봅시다.
  EBS 다큐프라임 – [교육대기획] 다시, 학교 1부– 가르치지 않는 학교
  https://www.youtube.com/watch?v=GXgW82QdJX8

교육학의 이해
INTRODUCTION TO EDUCATION

도란도란 함께 나누기

고등학생 시절 가장 큰 고민은 무엇이었습니까? 그리고 어떤 도움을 받았습니까?

_____

_____

_____

_____

_____

_____

_____

Wee클래스, Wee센터, Wee스쿨, 청소년상담복지센터, 학교밖청소년지원센터가 어떤 기관인지 찾아보고 이야기 나눠봅시다.

_____

_____

_____

_____

_____

_____

_____

_____

9

생활지도와
상   담

상담과 관련해서 자주 사용되는 용어에는 생활지도와 심리치료가 있다. 이 세 가지 용어는 개념적 정의는 다르지만 때에 따라서 중복해서 사용하기도 한다. **생활지도**는 진로 및 교육과 관련된 정보를 제공한다(정순례, 양미진, 손재환, 2020). 상담과 심리치료는 각각 지향하는 목표의 강조점이 다르다. **상담**의 목표는 심리치료에 비하여 개인이 자신의 연령에 맞는 발달 과제를 다루는 것을 도와주는 데 초점을 둔다. 그렇기 때문에 청소년들의 학업문제, 부모와 정서적으로 독립하는 문제, 진로를 결정하고 준비하는 문제, 그 밖에 나이에 따라 경험하게 되는 전형적 문제에 관심을 갖는다. 이에 비하여 **심리치료**는 상담에 비하여 성격의 기본 구조 변화를 목적으로 한다. 일직선상에 놓는다면 생활지도와 심리치료는 양쪽 끝에 있고 상담은 그 중간에 위치하고 있다고 볼 수 있다.

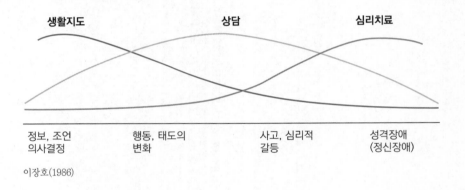

이장호(1986)

심리치료가 상담보다 더 심각한 문제를 다루기는 하지만 오늘날에는 상담에서 자살, 성폭력, 위기개입 등의 문제까지 다루고 있으며, 또한 내담자의 생활 전반의 복지향상을 위한 다양한 지원 활동도 이루어지고 있어서 생활지도, 상담, 심리치료의 구분이 더욱 모호해지고 있는 것이 사실이다. 이 장에서는 학교 장면 혹은 청소년 지도 장면에서 주로 이야기되는 생활지도와 상담에 대해 살펴보고자 한다.

생활지도

생활지도는 영어의 'guidance'에서 유래한 것으로 학생들을 '안내한다, 이끌어준다, 지도한다'는 의미가 있다. 생활지도의 개념은 관점에 따라 서로 다를 수 있지만, 학생의 학업발달, 진로발달, 인성발달, 합리적 의사결정, 문제해결을 조력하는 절차와 과정을 말한다. **생활지도**에는 학생을 대상으로 상담하고 심리평가를 실시하며 그 결과를 해석해주거나 심리평가 결과를 활용하여 학생에게 중요한 조언을 제공하는 등의 전문적 활동 영역과 내용이 포함된다. 또한 출결지도, 예절교육, 교육정보 제공 등이 생활지도에 해당된다(이용남, 신현숙, 2010).

생활지도는 모든 교사들이 할 수 있는 일반적인 교육활동이다. 생활지도에는 학생조사, 정보제공, 상담, 진로지도, 정치(定置, 취업지도, 진학지도, 학과선택지도 등 자기 자신과 희망하는 진로를 정확하게 이해하여 학생의 현명한 선택을 돕는 활동), 상담 등이 포함된다. 여기에서 상담은 생활지도의 활동 중의 하나이다. 생활지도에서의 상담은 학업에 대한 흥미나 능력에 대한 문제, 적성의 발견과 진로선택의 문제, 학교생활 적응의 문제, 교우관계나 교사와의 관계에 대한 문제, 성격 혹은 인성지도에 관한 내용을 다룬다. 이와 같이 상담은 생활지도 활동 어디에도 관여하지 않는 부분이 없어서 생활지도에서 상담이 차지하는 비중은 매우 크다.

② 상담

가. 상담의 의미와 목적

상담은 도움이 필요한 내담자와 전문적인 훈련을 받은 상담자와의 관계에서 일어나며, 내담자의 생활과제를 해결하거나 사고·행동 및 감정 측면의 인간적 성장을 위해 노력하는 학습과정이라고 할 수 있다(이장호, 1991). 내담자와 상담자 간의 수용적이고 구조화된 관계를 통해서 내담자의 성장과 발달을 촉진하는 심리적 조력의 과정이다(권대훈, 2009).

상담의 구체적 목적은 내담자의 필요나 요구에 따라 다양하지만, 기본적으로 내담자가 더 생산적이고 만족스러운 생활을 할 수 있도록 행동 변화를 이끄는 것을 목적으로 한다. 상담은 상담자와 내담자, 상담관계로 구성된다. **상담자**는 도움을 제공하는 측면에서 전문성을 지니고 있다. 상담자의 전문적 자질이란 상담이론을 충분히 이해하고 상담의 기술을 효과적으로 적용하되 윤리적인 지침을 준수하는 능력을 말한다. 한편 **내담자**는 도움을 받는 사람으로 자신의 문제를 스스로 해결하는 것에 어려움을 겪는 사람이다. 마지막으로 상담자와 내담자가 형성하는 **상담관계**는 상담자의 진정성과 공감적 이해 및 무조건적 긍정적 존중에 기초한 신뢰관계라고 할 수 있다.

나. 상담이론

상담이론은 인간의 현재 경험을 이해하기 위한 하나의 이론적 틀이라 할 수 있다. 상담자는 특정 상담이론으로 훈련을 받기도 하고, 내담자의 호소문제에 따라 적용하는 상담이론을 달리하기도 한다. 상담이론에 따라 문제의 원인을 다르게 보고, 문제해결에 접근하는 기법이 다르며, 내담자에 대한 조력의 방식도 다르다. 대표적 상담이론인 정신분석상담, 인간중심상담, 행동주의 상담, 합리적 정서행동상담, 인지치료, 현실상담을 살펴보고자 한다.

1) 정신분석상담

① 기본가정과 목표

프로이트(Freud)의 정신분석이론은 인간의 행동은 어릴 때의 경험에 의해 좌우되며, 마음의 대부분은 무의식으로 이루어져 있다고 가정한다(권대훈, 2009). 무의식은 전혀 의식할 수 없는 부분으로, 의식과 무의식의 관계는 빙산에 비유된다. 물 위에 보이는 부분은 의식이고 물속에 감추어져 있는 부분은 무의식이다. 무의식은 의식하기 두려운 고통스러운 사건들이 선별적으로 망각되어 억압된 내용들로 구성된 정신구조이다. 어린 시절의 고통스러운 경험, 부끄럽고 용납할 수 없는 욕구와 갈등은 불안과 죄의식을 불러일으키기 때문에 자연스럽게 의식 밖으로 밀려나고 현재의 의식에서 사라져 존재하지 않는 것처럼 느껴진다. 하지만 무의식은 인간의 행동과 사고, 감정 전반에 끊임없이 영향을 미친다(정순례, 양미진, 손재환, 2020).

프로이트는 인간의 성격이 원자아(원욕, 원초아), 자아, 초자아로 구성된다고 본다. 원자아(id)는 쾌락을 따르는 원초적 충동이며, 본능과 무의식의 지배를 받는다. 유아기에는 원자아가 우세하다. 유아는 원하는 것은 무엇이든 즉시 가지려 하고, 가지지 못하면 울고 떼를 쓴다. 자아(ego)는 2~3세경에 발달하며 현실원리에 따라 작동한다. 자아는 원자아의 충동을 억제하고 욕구를 충족할 현실적 수단을 찾는다(노안영, 2005). 자아가 발달한 아동은 화가 난다고 해서 무작정 동생을 때리지 않는다. 아동은 그러한 행동이 문제를 일으킬 수 있다는 것을 알고 원자아의 충동을 회피하거나 다른 방식으로 표출한다. 초자아(superego)는 사회의 가치, 도덕, 이상을 내면화시킨 것으로 양심이라 부르기도 한다. 초자아는 4~5세 무렵 발달한다. 양육자의 도덕적 기준을 내면화하게 되므로 프로이트는 초자아의 발달에 양육자가 결정적인 역할을 한다고 본다. 남의 물건을 발견했을 때 원자아는 무조건 빨리 가지고 도망가라고 재촉하고, 초자아는 남의 물건을 탐하지 말라고 경고한다. 원자아의 충동과 초자아의 도덕적 기준 사이에서

현실적 수단을 찾는 것이 자아이다. 자아는 원자아의 충동과 초자아의 힘 사이에 균형을 유지한다. 그러나 자아가 균형을 유지하지 못할 때 문제가 발생한다.

　　정신분석상담의 목표는 무의식에 숨겨져 있는 충동, 갈등, 욕구, 감정 등을 의식 수준으로 끌어내어 심리적 문제를 해결하는 것(무의식의 의식화)과 적응적이고 문제해결적인 자아의 기능을 강화하는 데 있다. 자아의 기능을 강화하기 위해서는 자신의 부정적인 측면을 드러낼 수 있는 대인관계를 형성하고, 원자아의 욕구도 적절히 충족시켜 주는 여유 있는 생활방식을 가져야 한다(김광웅, 2007).

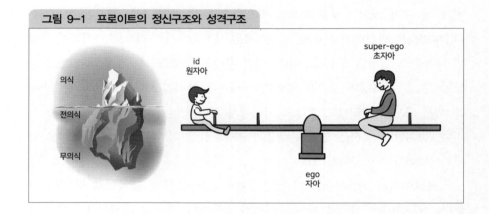

그림 9-1　프로이트의 정신구조와 성격구조

② 기법

　　정신분석상담은 자유연상, 꿈의 분석, 전이, 해석의 기법을 사용한다. **자유연상**은 내담자로 하여금 마음에 떠오르는 생각, 감정, 기억을 있는 그대로 이야기하도록 함으로써 과거 경험을 회상하고 과거의 외상적 사건과 결합된 정서를 배출하게 하는 방법이다. **꿈의 분석**을 통해서도 내담자의 내면세계에 대한 자료를 얻을 수 있다. 잠을 자는 동안에는 자아의 방어가 약해지므로 억압된 욕구와 충동이 더 쉽게 의식화되기 때문이다. 프로이트는 자유연상과 꿈 분석을 통해 무의식을 의식화만 하여도 증상의 상당한 정도가 해결된다고 보았다.

　　전이는 내담자가 과거 중요한 인물에 대해 느꼈던 생각이나 감정을 상담자에 대해 표출하는 것을 의미한다. 전이는 미해결된 갈등을 표면화시키는 중요한 역할을 한다. 전이 분석을 함으로써 과거의 관계와 경험이 현재 관계의 문제를 어떻게 일으키는지를 통찰할 수 있다(강갑원, 2004). 예를 들어, 어린 시절 권위주의적인 부모의 엄격한 양육을 받았던 내담자가 부모에 대해 가졌던 분노와 절망감을 상담자에게 표현하는 경우이다. 대부분의 전이의 감정은 무의식적이며 상담자의 기술은 내담자가 이러한 왜곡된 관계를 재편성하도록 돕는다(노안영, 2005).

해석은 상담자가 꿈, 자유연상, 전이 등의 의미를 내담자에게 지적하고 설명하는 것이다. 내담자가 이를 받아들일 준비가 되었을 때 해석을 해주면 내담자가 자신의 문제나 상태를 새로운 시각에서 바라보거나 이해하는 데 도움이 된다.

프로이트가 자유연상 때 사용했던 의자

2) 인간중심상담(비지시적상담)

① 기본가정과 목표

로저스(Rogers)는 인간은 성장하고 발달하려 하며 충분히 기능하려는 경향성, 즉 자기실현경향성을 가지고 있다고 보았다. 인간은 누구나 어제의 나보다 오늘의 내가 더 나아지기를 희망한다. 그러나 이 경향성은 자신이 있는 그대로 이해받고, 가치를 인정받으며, 수용되고 있다고 느낄 때 실현된다. 이때 인간은 내적인 자기실현경향성과 일치하는 방식으로 나아가려고 하며 궁극적으로 충분히 기능하는 사람(fully functioning person)에 이를 수 있다고 보았다. 그러나 타인이 원하는 존재가 되어야만, 즉 조건부로 가치를 인정받는다고 느낄 때, 사람들은 자기실현경향성과 불일치하는 방식으로 살아가게 된다. 조건부 사랑과 인정을 받기 위해 자신의 색깔을 퇴색시키는 것이다. 이때 스트레스와 정신건강 문제가 발생한다(이성진 외, 2010).

인간중심상담의 목표는 상담자가 내담자에게 바람직한 사회 환경을 제공해주어 충분히 기능하는 인간, 잠재력을 인식하고 실현하는 사람이 되도록 돕는 것이다. 즉, 무조건적 긍정적 존중을 통해 내담자가 자기존중을 회복하고 왜곡된 자기개념을 수정함으로써 자기를 실현할 수 있도록 돕는 것이다. 그래서 인간중심상담은 특별한 상담기법보다는 상담자와 내담자의 관계와 상담자의 태도를 강조한다.

② 기법

인간중심상담은 상담자가 공감적 이해, 진실성, 무조건적 존중(수용)과 같은 태도를 보일 때 내담자에게 긍정적 변화가 일어난다고 본다. **공감적 이해**란 내담자의 내면세계를 감정 이입하여 이해하는 것이다. 공감적 이해는 "내담자의 신발을 신고" 내담자의 감정을 거울에 비추어주듯이 보여줌으로써 자기 이해를 도와줄 뿐 아니라 내담자가 이해받고 있다는 인식을 준다.

⊃ 공감적 이해의 예

학 생: 시험을 너무 못봤어요.

상담자: 시험을 못봐서 많이 실망스럽구나.

학 생: 네, 엄마가 공부 안한다고 야단치셨었는데, 어떻게 성적을 말해야 할지 모르겠어요.

상담자: 엄마께 성적이 떨어졌다고 어떻게 말씀드릴지 걱정되는구나.

학 생: 네, 어떻게 해야 할지 모르겠어요.

진실성(genuineness) 또는 **일치성**(congruence)은 상담자의 반응이 내적 경험과 일치하는 상태, 즉 속으로 생각하고 느끼는 것과 언행이 일치하는 것을 의미한다. 상담자가 상담 중에 내담자에 대해 짜증스러움, 지루함, 놀람 등의 부정적인 감정을 느낄 수 있는데, 상담자 스스로 자신이 이런 감정을 느끼는 것에 대해 개방적이어야 한다. 그렇다고 상담자가 모든 감정을 표현해야 한다는 것은 아니다. 상담자의 진실성은 상담자 스스로 자기 내면에서 일어나는 경험에 대해 인식하면서 그 내용을 부정하지 않고 수용하는 자세를 의미한다. 상담자의 진실한 자세는 내담자가 자신을 진지하게 탐색할 수 있도록 도와주며, 상

담자가 자신의 감정을 적절하게 표현하는 모습을 보고 내담자가 배울 수 있다.

무조건적 존중(수용)이란 내담자를 한 사람의 인간으로서 가치 있는 존재로 인정하고 존중하는 것을 의미한다. 내담자에 대한 가치 판단을 하기보다는 인간으로서 내담자를 받아들여 주는 것을 말한다. 친구를 폭행하고 처벌을 기다리고 있는 학생을 상담한다고 하자. 그 학생에게 먼저 어떤 이야기를 하고 싶은가? 많은 사람이 "네가 무슨 잘못을 한 줄 아니? 반성을 해야지."라는 이야기를 하고 싶어한다. 하지만 그 학생의 현재 마음은 어떨까? 누군가 야단을 치지 않아도 충분히 현재의 상황이 당황스럽고, 힘들고, 무섭고, 후회스럽고, 두려울 것이다. 이때 학생의 행동에 관한 판단이 아니라 한 인간으로서의 학생을 받아들여 주는 것을 무조건적 존중이라 할 수 있다.

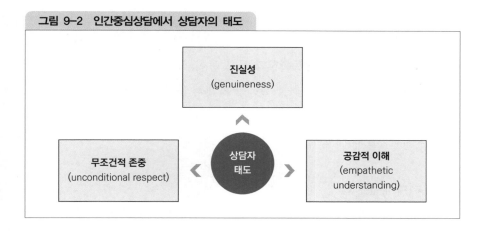

그림 9-2 인간중심상담에서 상담자의 태도

3) 행동주의 상담

① 기본가정과 목표

행동주의 상담은 행동주의 학습이론(고전적 조건형성, 조작적 조건형성)에 근거한 상담이론으로 학습의 원리와 법칙을 상담에 적용하여 행동을 수정하려는 접근이다. 행동치료(behavioral therapy)라고 불리기도 한다. 행동주의 상담은 행동의 원인을 감정, 사고, 신념 등과 같은 것으로 보지 않는다. 모든 인간의 행동은 경험에 의하여 학습된 것으로 본다. 그러므로 부적응 행동도 학습된 것이기 때문에 학습원리를 이용하면 교정될 수 있다고 가정한다.

행동주의 상담의 목표는 자극과 반응의 결합을 떼어내고(고전적 조건형성), 문제를 해결하기 위해 바람직한 행동을 증가시키거나 바람직하지 않은 행동을 바람직한 행동으로 변화시키는 데 있다(조작적 조건형성). 이러한 목표를 달성하기 위해 학습원리를 응용한 다양한 방법이 활용된다. 유아나 아동들의 부적응 문제에 대한 행동수정과 특수교육 분야에서 많이 사용되고 있다.

② 기법

행동주의 상담은 첫째, 변화시키고자 하는 목표 행동을 선정하여 구체적으로 정의한다. 둘째, 목표행동의 현재 기저선(baseline)을 파악한다. 셋째, 내담자에게 적합한 행동수정기법을 선정하고 적용한다. 넷째, 상담 과정 중에 목표 행동에서 나타나는 변화를 측정하고 목표를 달성하면 상담을 종결한다(이용남, 신현숙, 2011). 이 과정에서 행동관찰과 보상 등이 사용되기도 한다. 구체적인 행동수정 기법으로 고전적 조건화를 활용한 체계적 둔감화(systematic desensitization), 조작적 조건화를 활용한 프리맥(Premack)의 원리, 행동조성(shaping), 토큰경제 (token economy)를 소개한다.

- 체계적 둔감화

체계적 둔감화는 불안, 공포, 스트레스를 제거하는 데 목적이 있다. 그 방법은 불안 위계를 작성하고 이완 훈련을 통해 불안이 낮은 것에서 높은 것으로 하나씩 제거해 나가는 방법이다. 내담자에게 신체의 모든 근육의 긴장을 이완시키고 동시에 아름답고 조용하고, 안전하고, 평온한 장소에 있는 자기 자신을 상상하게 한다. 내담자가 심신을 이완시키는 방법을 학습한 후에 조용하고 이완된 심상과 함께 불안을 유발하는 장면을 떠올려 짝을 짓는다. 이때 불안이 가장 낮은 장면부터 차례로 시작한다. 위계표에 따라 모든 장면을 상상하는 동안 이완 반응을 유지할 수 있으면 체계적 둔감법을 마치게 된다.

- 프리맥의 원리

프리맥의 원리는 빈도가 높거나 선호도가 높은 활동을 강화물로 이용해서 빈도나 선호도가 낮은 활동을 증가시키는 원리를 말한다. 학습자가 컴퓨터 게임을 가장 좋아하고 공부하기를 싫어한다면 컴퓨터 게임을 강화물로 이용해서 공부시간을 증가시킬 수 있다. David Premack의 이름을 따서 붙인 원리이고 할머니의 법칙이라고도 한다(권대훈, 2009).

- 행동조성

행동조성은 복잡한 행동을 습득시키기 위하여 그 행동을 작은 단위로 나누어 각 단위를 강화하여 차례로 학습하도록 함으로써 전체 행동을 학습하도록 하는 방법이다. 예를 들면 어떤 부모가 자녀가 집에서 하루 2시간 정도 공부하게 하고 싶다고 할 때, 이러한 행동을 몇 가지 세부 행동으로 나눌 수 있다. 즉, 놀이터에서 집에 오는 것, 공부방에 들어가는 것, 책상에서 1시간 정도 공부하는 것, 책상에서 2시간 정도 공부하는 것으로 세분할 수 있다. 그런 다음 제일 먼저 아이가 집에 오는 행동을 강화하고, 집에 오는 것이 학습되면 공부방에 들어가는 행동을 강화하고, 그다음에는 책상에서 시간을 보내도록 강화하는 식으로 하여 최종적으로 2시간 동안 공부하게 하는 것이다.

- 토큰경제

토큰경제는 토큰을 이용해서 바람직한 반응의 확률을 증가시키는 기법이다. 토큰은 바람직한 행동을 한 사람에게 주는 강화물로, 토큰 그 자체로는 아무 가치가 없지만 다른 물품을 구입하거나 교환하는 데 사용될 수 있다. 포인트, 쿠폰, 별표, 스티커, 스탬프, 칩 등이 흔히 토큰으로 사용된다.

4) 합리적 정서행동상담(Rational Emotive Behavior Therapy, REBT)

① 기본가정과 목표

엘리스(Ellis)가 제창한 REBT는 대부분의 정서문제가 비합리적이고 비논리적인 사고에서 기인한다고 가정한다. 우리가 경험하는 정서와 행동은 우리가 경험한 어떤 사실 또는 사건 자체에 의해서라기보다 그 사실에 대하여 우리가 어떻게 생각하고 해석하느냐에 따라 달라진다고 본다.

엘리스는 인간의 심리적 부적응의 주요한 원인을 비합리적 신념이라고 본다. 심리적인 문제를 심각하게 겪고 있는 내담자뿐 아니라 일반적인 많은 사람도 비합리적 신념과 사고로 외부세상을 해석하고 판단한다. 비합리적 사고와 합리적 사고를 구분하는 기준은 융통성과 현실성이다. '모든', '항상', '반드시', '당연히', '~해야만 한다.' 등의 비현실적인 절대적 당위성에 대한 요구와 지나친 기대는 융통성이 없고, 현실적으로 실현 불가능한 경우가 많다.

- 비합리적 사고의 예
  - 나는 알고 있는 모든 사람들에게서 사랑받고 인정받아야 한다.
  - 나는 모든 일에 유능하고 성공해야 한다.

합리적 정서행동상담의 목표는 자기파괴적이고 비합리적인 사고와 신념을 합리적인 사고와 신념으로 바꾸는 것이다. 즉, 비합리적 신념을 관찰하여 발견하고 효과적으로 그것을 논박하면 문제가 되는 결과가 사라지거나 다시 나타나지 않게 되고 적절한 정서를 경험하고 적절한 행동을 하게 된다고 본다.

내담자: 전 만화를 그리고 싶거든요.

상담자: 문제는 뭔가요?

내담자: 부모님들이 제가 만화를 그린다고 하면 반대하실 게 뻔해요. 제가 공무원 시험에 합격하기를 바라고 계시거든요.

상담자: 당신은 공무원이 되고 싶지 않은거죠?

내담자: 그렇지만 부모님이 만화가가 되는 걸 반대하실 테니 공무원이 되어야죠.

상담자: 좋아하는 일이라도 부모님이 반대하시면 무조건 하지 말아야 한다? 부모님이 찬성하시는 일만 해야 한다?

교사: 어떤 이야기를 하고 싶니?

아동: 너무 화가 나서 죽겠어요.

교사: 무슨 일이 있었길래 그러니?

아동: 호영이가 다른 애랑 놀아요.

교사: 어떤 생각이 들어 화가 난 걸까?

아동: 호영이는 나랑만 놀아야 해요.

교사: 호영이는 정말 너랑만 놀아야 될까?

아동: 꼭 그렇지는 않지만... 나랑 많이 놀면 좋겠어요.

David & Shaffer(2005)

엘리스는 좋아하는 여자를 만나도 도무지 말을 걸 용기가 없었다. 이를 극복하려고 한 달간 브롱스 식물원 앞 벤치에 혼자 앉아 여자에게 무조건 말을 걸었다. 130명에게 시도했고, 데이트에 성공한 경우는 없었다. 그래도 130명 중 백 명이 대답을 해주었고 길게 대화를 나눈 사람도 꽤 되었다. 그를 안심시킨 건 구토를 하거나 도망치거나 경찰을 부른 여자는 없었다는 것이었다. 걱정할 만큼 의 비극은 없었기에 불안은 줄어들었고 이후 그는 어떤 여자에게도 말을 걸 수 있었다. "인생에 나쁜 일이 실제로 생기거나 생기리라 예상될 때마다 걱정하고 슬퍼하고 실망하라고만 스스로를 다독인다. 절대로 불안해하거나 절망하거나 분 노하지는 않으리라 다짐한다."

신효정 외(2016)

② 기법

엘리스의 합리적 정서행동상담은 다음의 다섯 단계로 진행되며, 각 단계 의 머리글자를 따서 ABCDE 모형이라고 한다. 선행사건(Antecedent) 및 부정적인 정서와 행동(Consequence)을 확인하고 사건과 부정적인 정서, 행동 사이에 개입 된 비합리적 신념(Belief)을 평가한다. 비합리적 사고에 대한 논박(Dispute)을 통 해 논박의 효과(Effect)로 합리적 신념과 사고를 형성하고, 새로운 정서를 경험 하고 적응적 행동을 하게 된다.

이 중 가장 중요한 논박은 정서와 관련된 신념이 아무런 근거가 없다는 것을 밝히는 과정이다. 방법은 주로 비합리적 신념에 대하여 질문을 하게 하는 데 질문의 핵심은 비합리적 신념의 비논리성, 현실성, 비실용성을 확인하는 데 에 있다. 다음과 같은 질문을 통해 확인할 수 있다. '그 생각의 논리적 근거는 무엇입니까? 그 생각이 왜 사실입니까? 그 생각이 맞다고 어떻게 확신하십니 까? 그것이 현실적으로 일어날 수 있습니까? 증거가 있습니까? 문제를 해결하 는 데에 도움이 됩니까? 그렇게 하면 무슨 이득이 있습니까?'

ABC분석	A(선행사건)	irB(비합리적 사고)	C(결과)
	시험에 떨어짐	시험에 떨어지면 내 인생은 끝이다.	절망, 우울, 무기력
D(논박)	절대로 시험에 떨어지지 않는 것이 현실적으로 가능한가? 성공한 사람들은 모두 시험에 합격했는가? 시험에 떨어진 사람들은 모두 불행한 삶을 살고 있는가?		
E(효과)	합리적 사고와 신념 형성으로 새로운 정서와 적응행동 시험에 합격했으면 좋았겠지만, 시험에 떨어졌다고 해서 모든 것이 절망적인 것은 아니다. 정서: 편안함, 행동: 다음 시험을 위해 계획을 세운다.		

5) 인지치료

① 기본가정과 목표

벡(Beck)이 개발한 인지치료는 개인이 가진 자동적이고 부정적인 사고가 세계를 지각, 해석하는 방식은 물론 행동 및 감정에 영향을 준다고 가정한다. 벡은 우울증 환자를 치료하면서 우울증 환자가 거의 자동적으로 자기 자신에 대해 '나는 틀렸어', '아무도 나를 좋아하지 않아', '잘될 리가 없어'와 같은 부정적이고 왜곡된 사고를 한다는 사실에 주목했다. 대표적인 **인지적 오류**에는 다음과 같은 것들이 있다.

- 과잉일반화: 특수 사례에 근거해서 자기 자신에 대한 총체적인 판단을 내리는 사고(예, 진희는 한 번의 시험에 떨어졌다. 실패 후 '나는 실패자야'라고 생각하고 있다.)
- 흑백 사고: 정보를 2개의 유목(옳고 그른) 중 하나로 분류하는 사고(예, 동훈이는 자기가 맡은 집안일을 하지 않아서 벌을 받았다. 동훈이는 다음과 같이 생각했다. "부모에게 나는 항상 나쁜 자식이야. 형은 언제나 자랑스러운 자식이지.")
- 선택적 주의: 사건의 특정 부분에 집착함으로써 다른 부분을 간과하는 사고(예, 명희는 대체로 시험을 잘 보았는데 과학만 80점을 받았다. 명희는 과학 시험을 망쳤다며 우울해하고 있다.)

- 개인화: 자기 자신과 무관한 사건을 자신과 관련된 것으로 해석하는 오류(예, 정문이의 부모는 이혼을 하려고 한다. 정문이는 최근에 문제를 일으켰는데, 부모의 이혼이 모두 자기의 잘못 때문이라고 생각한다.)

인지적 치료의 목적은 이러한 부정적인 사고를 인식하여 중단하는 것이다.

② 기법

인지치료에서는 부정적인 사고와 비합리적 신념이 정서적 문제(불안, 우울증 등)에 어떤 영향을 주는지를 설명하고, 사고와 신념을 관찰하고, 부정적인 사고를 인식하며, 부정적인 사고를 합리적인 사고로 대치하는 방법들을 사용한다(권대훈, 2009). 자신의 사고와 신념을 관찰하기 위해 역기능적 사고 기록지를 매일 적게 하기도 한다.

✓ **역기능적 사고 기록지**(김광웅, 2007) ▪참고자료▪

사용법: 기분이 변화할 때에 자신에게 "지금 나의 마음속에는 무엇이 스쳐 가는가?"라고 스스로 질문하십시오.

질문	응답
상황 1. 기분 나쁜 감정을 일으키게 한 일이나 생각 또는 상황은 무엇이었습니까? 2. (혹시 있었다면) 어떤 기분 나쁜 신체적 감각을 느꼈습니까?	
감정 1. 위 상황에서 발생한 (슬픔, 불안, 분노 등) 자신의 감정은 무엇이었습니까? 2. 그 감정의 정도는 얼마나 심했습니까? (1~100점으로 평가)	
자동적 사고(들) 1. 어떤 생각이나 장면이 마음속을 스쳐갔습니까? 2. 그것들을 각각 얼마나 믿었습니까?	

질문	응답
적응적 반응(자기방어) 1. (선택적) 어떤 사고의 왜곡을 하였습니까? 2. 이 표의 아래쪽에 있는 질문들을 자신에게 해보고 답을 적어보십시오.	
결과 1. 이제 각각의 자동적 사고들을 얼마나 믿고 있습니까? (1~100점으로 평가) 2. 지금 어떤 감정(슬픔, 불안, 분노 등)을 느끼며 그 감정은 어느 정도입니까? 3. 이제 무엇을 하려 합니까?	

* 적응적인 반응을 작성하는 데 도움이 되는 질문들:

1) 증거는 무엇인가? 이러한 생각을 뒷받침할 만한 증거는 무엇인가?
   이 생각에 반하는 증거는 무엇인가?
2) 또 다른 설명이 존재하는가?
3) 일어날 수 있는 가장 최악의 일은 무엇인가?
4) 자동적 사고를 믿음으로써 나타나는 효과는 무엇인가? 내 생각의 변화는 나에게 어떤 영향을 미치는가?
5) 만일 내 친구가 나와 비슷한 상황에 처해 있다면, 나는 그 친구에게 뭐라고 말해줄 것 같은가?

6) 현실상담(현실치료)

① 기본가정과 목표

글라서(Glasser)의 현실상담은 선택이론에 근거한 상담이론이다. 현실상담은 인간이 5개의 기본적인 욕구(생존, 사랑소속, 힘성취, 자유, 즐거움의 욕구)를 충족시키기 위해 노력한다고 가정한다. 인간의 행동은 5개의 욕구 중 하나의 욕구라도 충족되기 때문에 스스로 선택하는 것이다. 그래서 **선택이론**이라고 한다. 현실상담은 인간의 모든 행동(그것이 남이 보기에 합리적이든 비합리적이든 간에)이 결국 자기 자신이 선택한 것이므로 선택에 대한 책임도 전적으로 자신에게 있다는 점을 강조한다.

현실상담의 5가지 욕구는 다음과 같다.

① 생존의 욕구: 살아남고자 하는 욕구

② 사랑과 소속의 욕구: 사랑하고 사랑받으며 나누고 협력하고자 하는 욕구

③ 힘성취의 욕구: 사회적 지위 추구, 부의 축적, 승진 등과 같이 경쟁하고 성취하고, 인정받고 싶어하는 욕구

④ 자유의 욕구: 선택을 자유롭게 하고 싶어 하는 욕구

⑤ 즐거움의 욕구: 새로운 것을 배우고 놀이를 통해 즐기고자 하는 욕구

현실상담은 상담과정에서 행동에 초점을 맞춘다. 현실상담에서 말하는 **전행동**(total behavior)은 활동하기, 생각하기, 느끼기, 신체반응으로 구성된다. 이 네 요인이 동시에 일어나기 때문에 전행동이라는 단어로 설명한다(허일범, 이수진, 2011). 전행동 중 활동하기에 대해서는 개인이 거의 완전한 통제력을 가지고 있고, 생각하기도 다소 통제할 수 있다. 하지만 느끼기와 신체반응은 통제하기 어렵다. 이런 이유로 전행동을 이륜구동 자동차에 비유한다. 자동차의 앞바퀴인 활동하기와 생각하기 특히 활동하기를 변화시키면 뒷바퀴인 느끼기와 신체반응은 자동적으로 변화한다는 것이다(김인자, 2005). 이런 이유로 현실상담은 행동(활동하기)에 초점을 맞춘다.

그림 9-3 전행동 자동차

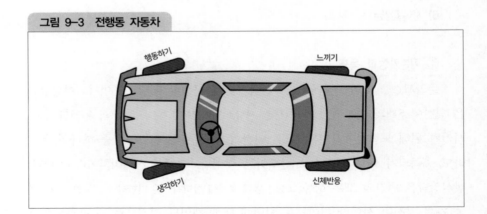

현실상담의 목표는 내담자가 기본적인 욕구를 제대로 충족시킬 수 있는 방법을 찾도록 도와줌으로써 궁극적으로 자신의 삶을 효과적으로 선택하고 통제할 수 있도록 하는 것이다.

② 기법
현실상담의 기법은 WDEP로 요약된다.
- Want 바람과 욕구(need)를 탐색한다.
- Doing 내담자가 자신의 삶에서 원하는 것을 달성하기 위해 뭘 하고 있는지 탐색한다.
- Evaluation 바람과 요구를 충족하는 데 있어 자신의 행동이 도움이 되었는지를 평가한다.
- Plan 실패 행동을 성공 행동으로 바꿀 수 있는 구체적 계획을 수립한다.

WDEP 적용과정을 요약한 예는 다음과 같다.
W: 김교사는 내담자인 선미가 무엇을 원하는지 그리고 상담을 통하여 무엇을 기대하는지를 물었다. 이에 선미는 친구들과 다투지 않고 사이좋게 지내고 싶다고 답하였다.
D: 김교사는 선미가 친구들에게 어떤 행동을 하고 있는지를 탐색하였다.
E: 김교사는 선미에게 친구관계를 개선하기 위해 얼마나 노력했는지, 친구를 대하는 자신의 행동이 얼마나 적절했는지 등을 스스로 평가해 보도록 도왔다.
P: 김교사는 선미의 친구관계를 개선하기 위해 선미가 앞으로 실천해야 할 구체적 방안과 계획을 수립하도록 도왔다.

① 간단한(simple) 계획을 세워라.
 • 바로 내가 쉽게 할 수 있는 행동을 계획하자.
 • 어떤 것을 하지 않겠다는 계획이 아닌 어떤 것을 하겠다는 계획을 세우자.
② 실현 가능한(attainable) 계획을 세워라.
 • 언제, 어디서, 무엇을, 어떻게 할 것인지를 구체적으로 계획하자.
③ 측정 가능한(measurable) 계획을 세워라.
 • 실천하는 정도를 점수나 숫자로 표시할 수 있는 계획을 세우자.
④ 즉시 실행할 수 있는(immediate) 계획을 세워라.
 • 지금 당장 할 수 있고 자주 되풀이할 수 있는 것을 계획하자.
⑤ 자신의 힘으로 할 수 있는(controled by the planner) 계획을 세워라.
 • 타인의 도움 없이 혼자서 할 수 있는 것을 계획하자.

허일범, 이수진(2011). 『이젠 내 힘으로 공부할 수 있어요』 참조.

다음 민호에게서 나타나는 문제행동의 원인에 대한 가설을 상담이론별로 다양
하게 세울 수 있다.

초등학교 5학년, 외동아들인 민호는 엄격하고 폭력적인 아버지와 무엇이든
다 받아주는 어머니 밑에서 자랐다. 어려서는 얌전하고 말을 잘 듣는 아이였
으나, 커가면서 점점 폭력적이고 반항적인 아이로 변해가고 있다. 최근 민호
는 싸움 중에 친구의 앞니를 부러뜨렸는데, 어머니가 사태를 해결해주지 않
으면 학교에 안 가겠다고 버티고 있다.

- 정신분석상담: 엄격하고 폭력적인 아버지에 대한 무의식적 분노가 표출되는 것이다.
- 인간중심상담: 존중과 이해를 받지 못해 부정적 자아개념을 형성한 것이다.
- 합리적 정서행동상담: 폭력으로 상대를 억압하지 않으면 상대가 자신을 무시할 거라고 생각하는 비합리적 신념이 폭력행동을 유발하는 것이다.
- 행동치료: 무조건 받아주는 어머니로 인해 폭력적인 행동이 강화되었다.
- 현실치료: 결핍된 힘성취의 욕구를 충족하기 위해 폭력이라는 잘못된 방법을 선택한 것이다.

참고영상

- KBS 스페셜 특별기획 다큐멘터리 '마음' 제3편
  무의식에 새겨진 마음을 깨우다
  https://youtu.be/KDJr98nSTpl

- KBS 신년기획 네트워크 특선 '습관' 1부 마음의 밧줄을 끊어라
  https://youtu.be/oBJN3qLyOCE

- EBS 다큐프라임 인간의 두얼굴 제3부 긍정적 착각
  https://youtu.be/k9_cKuLTXE8

- 로저스의 공감적 경청 워크숍 사례
  https://www.youtube.com/watch?v=9AHv-oNkw6k&t=2s

01   2003 초등

〈보기〉의 상황에서 나올 수 있는 어머니의 응답 중 공감 수준이 가장 높은 것은?

> 〈보기〉
> 엄마! 남의 방에 노크도 없이 막 들어오면 어떡해요. 여긴 내 방이란 말이에요.

① 너 왜 화를 내고 그러니? 집안에서 꼭 노크를 해야하니?
② 어, 얘 말하는 것 좀 봐. 엄마가 자식 방에도 맘대로 못 들어오니?
③ 혼자 있고 싶었는데 방해를 받아서 기분이 몹시 상했구나.
④ 너도 엄마 방에 들어올 때 노크하지 않잖니? 입장을 바꿔 생각해보렴.

02

항상 최고만을 추구하는 영수는 무슨 일이든 완벽해야 하며 결점을 드러내서는 안된다고 생각하게 되었다. 그러자 여러 가지 일로 스트레스에 직면하게 되었다. 영수에게 <u>적절한</u> 상담은?

① 정신분석상담   ② 행동치료
③ 합리적 정서행동치료   ④ 현실치료

03

〈보기〉에서 글라서의 현실치료 이론에 대한 옳은 설명을 모두 고른 것은?

> 〈보기〉
> ㄱ. 인간은 기본적으로 생존, 자유, 힘, 즐거움, 소속의 욕구를 가지고 있다.
> ㄴ. 인간은 행동을 선택할 수 있고 이미 행한 모든 행동은 선택에 의해 이루어진 것이다.
> ㄷ. 전행동은 활동, 생각, 느낌, 신체반응의 네 가지로 구성된다.
> ㄹ. 전행동 중에서 인간이 통제할 수 있고, 행동의 방향을 잡아주는 것은 활동과 신체반응이다.

① ㄱ, ㄴ   ② ㄱ, ㄷ   ③ ㄷ, ㄹ   ④ ㄱ, ㄴ, ㄷ

04 2012 중등

다음 세 명의 교사가 학생의 행동 특성을 변화시키기 위해 제안한 상담기법으로 가장 적절하게 연결된 것은?

> 김교사: 명수는 숙제를 해오지 않는 경우가 많습니다. 이 문제를 해결하기 위해 부모님과 의논해서, 숙제를 모두 마치면 명수가 좋아하는 인터넷 게임을 할 수 있도록 해주는 것이 좋을 것 같습니다.
>
> 서교사: 영수는 교사의 지속적인 칭찬이 있을 때에는 주의 집중하거나 과제물을 챙겨오는 등 긍정적 행동변화를 보이지만 그 행동이 계속 유지되지 못하는 경향이 있습니다. 긍정적 행동변화를 지속시키기 위해 매번 칭찬하기보다는 가끔씩 하는 것이 좋을 것 같습니다.

	김교사	서교사
①	정적강화	체계적 둔감화
②	정적강화	간헐적 강화
③	행동조성	자기조절
④	프리맥의 강화원리	간헐적 강화

05

다음은 어떤 인지오류에 해당하는가?

> 현담이는 중간평가에서 전체 평균이 5점 올랐다. 수학만 3점이 떨어지고 다른 과목은 모두 점수가 올랐다. 평균이 올랐으니 현담이의 기분이 좋을 것 같았지만, 현담이는 점수가 떨어진 수학 생각으로 머리가 아파오기 시작했다.

① 개인화   ② 점술   ③ 흑백 사고   ④ 선택적 주의

06 2006 초등

인간중심상담의 상담자가 상담장면에서 가장 중점적으로 취하는 행동은?

① 내담자의 자아상태, 교류, 게임, 각본 등을 분석한다.
② 내담자의 경험과 감정을 정확하게 공감하고 반영해준다.
③ 자유연상을 통해 내담자의 무의식 속에 억압된 욕구를 찾아낸다.
④ 내담자의 역기능적인 행동을 소거하고 효과적인 행동을 학습시킨다.

도란도란 함께 나누기

여러분은 지금까지 많은 선생님들을 만났습니다. 여러분이 만났던 선생님 중 가장 기억에 남는 선생님을 2~3명 정도 생각해 보고 어떤 이유에서 이 선생님이 좋은 선생님이었는지 아니면 그렇지 않았는지에 대해서 적어보고 이야기해 봅시다.

다음의 영화는 학생, 교사, 학교에 관한 영화입니다. 다음의 영화를 한 편씩 보고서 이 영화에 나타난 교사와 학생들의 모습과 여러분이 미래에 되고 싶은 선생님의 모습에 대해서 이야기 해봅시다.

10

교 사 론

① 교직의 의미와 특성

"교사란 ○○이다"라는 질문을 했을 때 학생들은 '등대, 가르치는 사람, 나침반, 최고의 배우자감, 제2의 부모'라는 응답을 한다. "교사는 ○○○ 해야한다"라는 질문에 대한 응답에는 '정직해야 한다, 잘 가르쳐야 한다, 평등해야 한다, 모범이 되어야 한다, 인내해야 한다, 공부해야 한다' 등의 답변을 한다. 이러한 응답들이 우리가 교사라는 직업에 대해 갖고 있는 생각, 즉 교직관이다.

교직관이란 교사라는 직업의 본질을 어떻게 보느냐 하는 문제이며 교사라는 직업을 어떻게 파악하느냐와 관련된 개념이다. 교직(敎職)은 일반적인 직업이 갖는 생계유지의 수단, 자아실현, 사회적 책무 등의 특성도 있지만 다음과 같은 교직만의 고유한 특성이 있다(강유정 외, 2018).

첫째, 교직은 일반적으로 교사보다 어리고 성장단계에 있는 학생을 대상으로 하는 직업이다. 미성숙한 성장단계에 있는 학생들을 대상으로 하기 때문에 교사는 학생의 인지적, 신체적, 사회적 특성을 파악하여 학생들의 가능성을 발견하고 키워갈 수 있도록 도와주어야 한다.

둘째, 교직은 학생들의 성장과 발달을 돕기 때문에 교사는 전문적인 지식과 방법을 가져야 한다.

셋째, 교직은 학생과 더불어 사회와 국가에 큰 영향을 주는 직업이다. 학생들의 교육을 어떻게 시키는가가 사회와 국가에 영향을 주기도 하고 또한 교육을 통해서 사회와 국가의 공적요구를 실현하기도 한다.

다섯째, 교직은 소명의식과 봉사의식이 강조되는 직업이다. 교직은 아무나 할 수 있는 일이 아니며 학생들의 잠재력과 성장을 위해 교사의 보이지 않는 많은 노력과 봉사가 요구된다는 것이다.

교직은 미성숙한 성장단계에 있는 학생들의 전인적 성장과 발달을 위해 사회에서 요구하는 인재로 키워내는 직업이다. 그러므로 이를 위해서는 전문적인 지식과 교수방법뿐만 아니라 다른 직업보다 높은 소명의식과 봉사의식이

(https://www.dreamstime.com/stock-photo-mentor-word-cloud-concept-grey-background-image9069
0862)

필요한 직업이라고 할 수 있다.

교직관

교사의 교직관은 실제 교육현장에서 학생들에게 미치는 영향이 크기 때문에 바람직한 교직관을 갖는 것은 중요하다. 사회변화에 따라 교직을 보는 관점이 달라지고 있지만 일반적으로 교직을 보는 관점은 성직관, 노동직관, 전문직관, 공직관으로 구분한다. 최근의 사회변화와 더불어 교직관을 정서적 노동자와 탈기술화로 보는 관점도 있다.

가. 성직관

성직관은 교직이 인간의 정신과 인격을 다루기 때문에 다른 직업과 달리 성스러운 일이라고 여긴다. 이 관점은 교사들이 누구보다도 윤리적으로 행동할 것을 요구한다. 또한 헌신과 희생, 봉사의 자세가 요구되고, 교사는 세속적, 물질적 가치를 추구해서는 안 되는 것으로 여겨진다. 교사를 다른 일반인이나 다름없는 생활인이나 직업인으로 보지 않고 도덕적, 인격적 감화를 주는 사람 혹은 본보기의 대상으로 바라보는 경향이 있는데 이것이 성직으로서의 교직관을 말한다. 똑같은 범법행위에도 일반대중이 교사에게 더욱 가혹한 평가를 하는 것은 우리 사회가 교직을 성직관적 입장에서 보기 때문이다.

나. 노동직관

노동직관은 교사를 노동자로 보는 관점이다. 교직은 정신적 노동을 주로 하는 노동직이며, 본질적으로 다른 직업과 차이가 없다는 것이다. 따라서 교사의 보수는 노동의 대가이고, 보수와 근무조건의 개선을 위해 단체교섭, 단체행동, 단결권의 노동 3권을 교사에게 보장해야 한다고 본다. 즉, 교사는 노동자로서의 권리와 의무를 이행함으로써 교원의 지위향상을 도모할 수 있다고 보는 관점이다(이지헌 외, 2012). 우리나라의 경우 전국교직원노동조합이 1980년대 후반에 결성되었으나 당시 합법적 조직으로 인정받지 못하여 조합원들이 직위해제되거나 해직당하기까지 했다. 1999년 마침내 합법성을 인정받아 교사의 제반 권리를 요구할 수 있는 조직이 되었다.

다. 전문직관

전문직관은 교직을 전문직으로 보는 관점이다. 첫째, 전문직의 요소는 고도의 자율성이다. 교사는 행정활동과는 달리 학급에서의 교육활동에 있어서만큼은 자율성을 갖는다. 둘째, 전문직의 자격을 취득하기 위해서는 장기간의 교육과 훈련을 받아 고도의 전문적 지식과 능력을 습득해야 한다. 셋째, 전문직은 시험 등의 절차를 거쳐 자격을 취득해야 한다. 교사는 엄격한 자격통제는 물론이고 임용절차를 거쳐 교단에 들어선다. 넷째, 전문직은 전문직 단체와 자체 윤리강령을 가지고 있다. 교직윤리는 구체적으로 학생에 대한 윤리, 동료 교사에 대한 윤리, 학부모에 대한 윤리, 학교조직에 대한 윤리, 교직공동체에 대한 윤리, 국가, 사회에 대한 윤리, 자신의 삶에 대한 윤리를 규정하고 있다. 다섯째, 전문직은 봉사적 성격을 지닌다.

라. 공직관

교직을 공직으로 본다는 것은 교육활동의 목적과 방법은 사적(私的)활동이 아닌 공공성(公共性)에 두는 공적활동이라는 것이다(김진한, 2007; 정미경 외, 2021). 교직은 국가와 사회의 공동선 추구라는 공교육의 이념 아래 국민 교육권을 보장하기 위한 것으로 교사를 공직제도의 하나로 보는 관점이다. 그러므로 교사는 공직자로서의 신분을 가진 사람이며 학교는 공공의 이익을 위한 공적 기관으로서의 성격을 갖는다.

이러한 맥락에서 사립학교 교원도 국공립 교원과 같은 신분보장을 받고 있다. 그러므로 사립학교의 교원도 국공립학교 교원에게 요구되는 교직활동 및 직무수행을 해야 한다. 이는 헌법에 보장된 교육의 권리와 의무가 국가의 현재와 미래를 보장하는 최고의 가치를 내포하는 공공성을 갖기 때문이다.

마. 최근의 교직관

교사에 대한 사회적 인식이 많이 변화하여 교직을 정서적 감정노동자, 탈기술화 측면으로 보는 관점(김병욱, 2012)도 있다. 교직을 정서노동의 하나로 보는 견해이다. 교사는 서비스를 제공하기 위해서 미소를 짓고, 눈을 마주치며 진실한 관심을 보이고 학생들과 친절하게 대화를 나눈다. 이러한 서비스 노동에 종사하는 사람들은 육체노동 외에도 이것과 차별화될 수 있는 노동을 수행하고 있는데, 이를 **감정노동, 정서노동**이라고 한다(조발그니, 2012). 교직도 학생이나 학부모가 특정의 느낌을 갖도록 교사 자신의 기분과는 무관한 인위적인 표정과 표현을 해야 하는 직업이다. 교사는 자신의 감정을 마음대로 표현할 수 없어 정서적 불일치를 겪기도 한다. 또 학생의 옳지 못한 행동을 꾸짖거나 벌을 준 후 그에 대해 학부모와 학생의 과격한 대응을 경험하게 되면 그러한 행동을 묵인하거나 방기하게 된다. 이러한 현대사회의 교직이 갖는 특징이 교사들의 많은 행동을 제약하게 되고, 정신건강에도 악영향을 미치고 있다. 정서적 감정노동자로서 교직은 학습지도와 생활지도, 학부모 상담 등의 업무에 있어 교사들이 감정의 소진과 우울감 등을 경험하는 경우가 많다는 것이다.

탈기술화란 분업과 지식 및 기술의 발달로 한때는 전문성을 지녔던 지식이나 기술이 점차 위축되고 작업에 대한 근로자의 자율성이나 통제력이 관리자의 관할로 옮겨가는 과정을 말한다. 이렇게 되면 노동자가 수행할 특별과업은 줄어들고, 그들의 노동은 파편화된다. 분업화되고 기술이 향상되면 노동자가 지녔던 통합적이고 종합적인 지식과 기술은 무력해지면서 노동이 단순 기술 수준으로 파편화된다(김병욱, 2012; 조발그니, 2012). 예를 들어 과거에 신발을 만들던 장인은 신발의 제작 과정 전체를 스스로 관할했으나, 현재의 신발 공장 노동자는 기술의 발달과 분업으로 전체 과정의 일부분에 해당하는 부분에만 관여한다.

교사가 직무 수행과정에서 그들의 전문적 소양을 얼마만큼 발휘하고 있으며, 그 직무를 어느 정도 지배, 통제하고 있느냐 하는 것은 중요하다. 학교에서 교사는 교육과정 편성과 수업보다는 공문서 처리, 학교행사 준비, 학교 공간배치, 학교에서 운영해야 하는 다양한 프로젝트 완성, 학생과 학부모의 민원 처리 등에 많은 시간을 할애하고 있다. 교육과정이나 교과서는 교육당국에서 만들어 내려 보내기 때문에, 교사는 정작 가르침의 주체가 되지 못하고 있다. EBS 방송이나 전자 수업 매체 그리고 사교육시장 등이 교직의 탈기술화 현상을 가속화시키는 원인이라고 할 수 있다.

✓ 번아웃(burn-out) 신드롬

■ 참고자료 ■

어느 날 문득 교실 문 열기가 싫거나 두려워질 때가 있다. 아이들이 모두 동시에 나를 괴롭히는 것처럼 보이고 수업시간에 나 혼자 떠들고 있는 것 같이 느껴질 때가 있을 것이다. 어떤 교사는 몇 년에 한두 번 그럴 것이고, 매일 그런 교사도 있을 것이다. 그런 경험을 한 번도 해 본 적 없는 교사도 있을까? 드물 것이다. 만약 그런 교사가 있다면 그는 행복한 사람이다.

왜 교사들은 이런 경험을 할까? 교사라는 직업이 연속되는 피로 사이클 위에 놓여 있기 때문이다. 교사들은 반복적으로 세 가지 피로를 경험한다. 첫째는 '수업 피로(lesson fatigue)'이다. 교사는 아이들과 교감하는 성공적인 수업을 통해 행복과 보람을 느낀다. 그 힘으로 교사 생활을 이어 가는데, 최근에는 각기 다른 것을 요구하는 아이들과 교감하는 일이 쉽지 않다. 아이들은 저마다 수준이 달라 수업내용이 쉬우면 쉽다고, 어려우면 어렵다고 불만이다. 이런 상황에서 가르치는 일은 압박이 되고, 교사들은 수업을 하면서 피로를 느낀다.

수업 준비와 진행에 어려움을 겪고 있는 교사들에게 상급자와 학교, 교육청 등의 기관은 여러 가지 행정 업무를 요구한다. 스스로 꼭 필요하다고 느끼지 못하는 업무들을 억지로 할 때 교사는 '기관 피로(institute fatigue)'에 시달린다.

또한 모든 것을 억지로 하면서 '공감 피로(compassion fatigue)'가 생기는데, 공감 피로가 쌓인 교사는 인간의 변화에 대해 냉소적이고 부정적으로 변한다. 진지하고 심각한 일을 피하며 조직 내에서 자신의 역할을 최소화시키려고 한다. 우리 주변을 둘러 보면 공감 피로에 빠진 교사들이 굉장히 많다. 그들은 대상이 무엇이 되었든 맹비난하고, 수업 시수를 줄이거나 담임, 보직 등을 맡지 않으려는 경향을 보인다. 이렇게 피로해진 교사의 마음은 처리되지 못한 쓰레기장이 된다.

교사들은 신체적, 정서적 질환으로도 위기에 처해 있다. 요아힘 바우어(Joachim Bauer)의 저서 <학교를 칭찬하라>에 따르면 뮌헨의과대학 교사건강연구소가 교사들의 신체적, 정서적 질환을 연구한 결과, 교사들이 지닌 신체 질환 중 가장 많은 것이 심혈관계 질환이라고 한다. 이 질환은 대부분 스트레스성으로 알려져 있다. 이 외에도 교사들은 직업병으로 성대 결절, 하지정맥류, 방광염, 습진, 건조증, 지방간과 같은 질환을 겪으며, 업무에서 오는 스트레스와 그들 자신이 부모로서 겪는 스트레스가 합쳐져 어려움을 겪는다.

김현수(2012). 『행복한 교실을 만드는 희망의 심리학』 참조.

✓ 감정노동자로서의 교사!

▪ 참고자료 ▪

학부모에게 자존감이 깎였다고 느꼈을 때
- 상담하러 온 학부모가 '젊은 선생이 애도 안 키워봤으면서 어떻게 아이들을 알겠느냐'고 할 때
- 교원평가에 학부모가 써놓은 장문의 비난 글을 읽었을 때
- 자기 뜻대로 해주지 않는다면서 학부모가 교육청에 나를 신고했을 때
- 태도가 좋지 않아 아이를 훈계했더니 학부모가 찾아와 심한 욕을 하며 물건을 부수었을 때
- '아이가 선생님은 안 좋아하는 이유를 알겠다'며 학부모가 면전에서 비꼴 때
- '당신은 무능한 교사'라며 학부모가 날 믿지 못하고 아이를 전학시켰을 때
- 학부모가 자기 아이의 폭력적인 행동이 나 때문이라고 했을 때
- 2학기에 중간 발령으로 담임을 맡게 되었는데 학부모가 1학기에 교실이 붕괴된 것에 대해 위압적인 태도로 꾸짖었을 때
- 제멋대로인 학부모에게 별 반박을 하지 못하고 겁내며 가만히 있었을 때
- 가출을 하는 등 문제행동을 일삼는 아이로 인해 힘들어 연락했더니 학부모가 '그래서 뭐 나더러 어떻게 하라는 거냐?'면서 오히려 따지고 폭언을 퍼부었을 때

학생에게 자존감이 깎였다고 느꼈을 때
- 나름대로 노력했지만 아이들이 통제되지 않을 때
- 학생이 전담선생과 더 친하게 지내면서 그 선생님과 나를 비교했을 때
- 반 아이들이 내 외모를 비하하며 놀리고, 나를 무시했을 때
- 학생이 나를 비웃고 욕설을 내뱉는 등 내 지시에 불응하는데, 정작 교사로서 학생 인권 등에 얽매여 할 수 있는 일이 없을 때
- ADHD학생이 들어오며 학습이 붕괴되어 가는데, 무엇을 해도 이 아이는 바뀌지 않고, 다른 아이들도 힘들어하고, 학부모는 도와주지 않고······ 결국 이 모든 게 내가 무능력해서 그렇다고 느껴질 때
- 아이들이 '선생님은 너무 만만하다'고 할 때
- 정성껏 준비했던 수업을 망치고 아이들 반응도 좋지 않을 때

서준호(2021). 『교사의 자존감(교사를 지키고, 학생을 바꾸는)』

3

교사의 역할과 자질

학생 개개인의 전인적 인격형성과 교육목적을 달성하기 위해서 교사의 역할과 자질이 매우 중요하다. '교육의 질은 교사의 질을 넘을 수 없다'는 말은 교사의 역할과 자질이 얼마나 중요한 것인가를 단적으로 표현한 것이라고 할 수 있다. 교사의 역할을 다음과 같이 정리할 수 있다(김희수, 최정선, 홍성훈, 2014; 정미경 외, 2021).

가. 교사의 역할

1) 교수자로서의 역할

교사의 가장 중요한 역할 중의 하나는 가르치는 일이다. 교사는 학생이 필요로 하는 지식, 기술, 태도에 대한 지식과 정보를 제공하고 학생이 배울 수 있도록 돕는 역할을 해야한다. 교수자로서의 역할을 위해서 교사는 전문적인 지식과 교수방법을 갖추어야 하며 지속적으로 자기개발을 해야 한다.

2) 학습조력자의 역할

학습조력자로서의 교사의 역할은 학생들이 지식을 습득할 수 있도록 도와주는 것이다. 학생 개개인의 인지적, 정의적, 신체적인 개인차를 고려하여 학습목표를 설정하도록 하고 그 목표를 달성할 수 있도록 도와주는 역할을 해야 한다.

3) 학생의 사회화 담당자로서의 역할

교사는 학생들이 한 사회의 시민으로서 살아가는 데 필요한 기술과 태도를 갖추도록 도움을 주어야 한다. 학생들이 학습과정과 학교에서의 다양한 활동을 통해 동료학생과 교사들과의 원만한 관계형성과 다양한 갈등해결을 경험하면서 자연스럽게 민주시민으로서의 자질과 태도를 배울 수 있는 기회를 제공하고 도와주어야 한다.

4) 모델링(modeling)으로서의 역할

교사의 사고와 행동은 학생들에게 많은 영향을 줄 수 있다. 교사는 학생의 중요한 모델링의 대상이기 때문에 항상 건전한 사고와 마음가짐, 언행을 조심해야 한다.

5) 학급경영자의 역할

교사는 학급을 운영하는 경영책임자이다. 교사는 학급경영의 계획수립, 교육과정 구성과 운영, 생활지도, 학생평가, 환경구성, 학부모 상담, 지역사회와의 연계 등의 학급경영 관련 역할을 수행해야 한다.

6) 생활지도 및 상담자로서의 역할

학교에서의 교과지도만큼 중요한 것이 **생활지도 및 상담활동**이다. 학생이 학교생활에 잘 적응하여 학교생활을 잘 수행하고 문제행동을 수정할 수 있도록 교사는 생활지도와 상담활동을 해야 한다.

나. 교사의 자질(김희수, 최정선, 홍성훈, 2014; 정미경 외, 2021)

1) 교육관

교사는 확고한 교육철학을 지녀야 한다. 교직의 본질과 사명에 대한 올바른 이해를 바탕으로 자신의 교육관, 교사관, 윤리관, 학생관 등을 정립해야 한다. 교사 자신에 대한 끊임없는 성찰이 이를 가능하게 한다. 상황에 따라 흔들리는 교육관도 바람직하지 않지만, 그렇다고 너무 경직된 교육관을 가지는 것도 바람직하지 않다. 교사는 유연하면서도 분명한 교육관의 확립을 위해 노력해야 한다.

2) 학생에 대한 교육적 사랑

교사는 학생을 배려해야 한다. 피교육자에 대한 무한한 관심과 염려는 교육의 필요조건이다. 교사가 학생을 사랑하고 아끼고 있다는 마음을 느낄 때 학생의 학교에 대한 참여 또한 높아지고 교육목표 달성도 높아질 것이다.

3) 전문지식

교사는 전공 교과에 대한 전문지식을 갖추어야 한다. 교육관이 투철하고 학생들을 사랑하는 교육애가 넘친다 하더라도 교사가 자기 교과에 대한 전문성을 갖추지 못하면 곤란할 것이다. 교사는 가르치는 사람이면서 동시에 연구하는 사람이어야 한다. 해당 교과목에 대해 끊임없이 연구하는 교사는 그 핵심 내용을 학생들에게 더욱 확실하게 가르칠 수 있다.

다. 교수기술

교사는 효과적인 교수기술을 알고 실행할 수 있어야 한다. 교사가 전공분야에 대한 해박한 지식을 갖추고 있다고 해서 잘 가르칠 수 있는 것은 아니다. 특정 교수방법이 모든 학생들에게 효과적인 것도 아니다. 따라서 학생들의 능력, 적성, 관심, 흥미를 잘 파악하고, 이에 맞게 적절히 가르칠 수 있는 능력이 필요하다. 교사는 다음과 같은 교수기술을 갖추도록 해야 하며 끊임없이 노력해야 한다.

첫째, 교수자의 성품이다. 여기에서 말하는 교수자의 성품은 교사가 자신의 교수전략에 대한 **교수효능감**(teaching efficacy)을 어떻게 갖고 있는지 그리고 학습자를 바라보는 긍정적 기대감을 의미한다. 교수효능감은 교수행위가 학생들의 학습에 영향을 미칠 수 있다는 교사의 기대를 말하며, 자기 자신의 교수능력에 대한 개인적 평가를 말한다. 교사 자신의 교수능력에 대해 긍정적인 교수효능감이 높은 교사가 교수학습과정에서도 좋은 수업을 할 가능성이 높다고 할 수 있다. 교사의 기대는 학생의 행동과 성적에 관한 교사의 추측을 뜻한다. 지능, 지금까지의 성적, 전 담임교사의 의견, 가족 사항 등이 적힌 학생기록부는 교사가 학생에 대해 갖는 기대에 주된 영향을 미친다. 더불어 첫인상, 학교 규칙 준수 상황, 학습습관이나 자세, 성취동기 등도 영향을 미친다. 흔히 교사는 좋은 기대건 나쁜 기대건 간에 개학 후 며칠 사이에 학생에 대한 특정한 기대를 하게 된다고 한다.

교사가 학생에게 갖는 **긍정적인 기대감**은 긍정적인 결과를 가져올 수 있는데 이것을 **피그말리온 효과**(pygmalion effect)라고 한다. 1968년 하버드대학교 사회심리학과 교수인 로버트 로젠탈(Robert Rosenthal)과 미국에서 20년 이상 초등학교 교장을 역임한 레노어 제이콥슨(Lenore Jacobson)은 미국 샌프란시스코의 오크 초등학교에서 전교생을 대상으로 지능검사를 한 후 검사결과와 상관없이 무작위로 한 반에서 20% 정도의 학생을 뽑았다. 그 학생들의 명단을 교사에게 주면서 '지적 능력이나 학업성취의 향상 가능성이 높은 학생들'이라는 거짓 정보를 제공했다. 8개월 후 이전과 같은 지능검사를 다시 실시하였는데, 그 결과 명단에 속한 학생들은 다른 학생들보다 평균 점수가 높게 나왔다. 뿐만 아니라 학교 성적도 크게 향상되었다. 그중 학년이 낮을수록, 하위계층일수록 성적 향상이 뚜렷하였다. 명단에 오른 학생들에 대한 교사의 기대와 격려가 중요한 요인이었다. 이 연구 결과는 교사가 학생에게 거는 기대가 실제로 학생의 성적 향상에 효과를 미친다는 것을 입증하였다.

이와 반대로 학생의 행동에 대해 부정적으로 반응하고 기대하는 것을 **낙인**(labeling)**이론**이라고 한다. 교사의 부정적인 차별적 기대감이 학생들의 자아개념에 영향을 미친다. 실제로 교사들이 열등집단으로 분류한 학생들은 자신을 '멍청이'라고 생각하고 믿음에 맞도록 행동하는 경향을 보였다(김병욱, 2007). 하그리브스(Hargreves)와 레스트(Rest) 등은 중등학교를 대상으로 교사들이 학생에게 낙인을 붙이는 과정을 연구하였다. 그 과정은 교사가 학생에 대한 첫인상을 형성하는 추측단계, 자신의 첫인상이 맞음을 확인하는 정교화단계, 학생에 대한 교사의 개념을 고착화하는 고정화단계이다.

둘째, 교수자의 **언어적 의사소통능력**과 **비언어적 의사소통능력**이다. 교사는 학생들에게 교과내용을 전달하는 데 있어 명확한 발음, 음성의 높낮이, 강약, 속도, 명확한 내용 전달이 필요하다. 더불어서 교수자의 복장과 표정, 태도, 자세, 고른 시선처리(eye-contact), 적절한 제스처, 동선과 같은 비언어적인 의사소통능력도 교육내용 이해와 전달에 매우 중요한 요소이다.

셋째, **수업조직화능력**이다. 수업내용의 효과적, 효율적, 매력적인 전달을 위해서 논리적 조작화를 하여 학습내용을 제시해야 한다. 내용 구성요소 간의 관계, 계열, 적합성, 비교, 조합, 연결관계를 고려하여 학습내용을 구조화하여 제시해야 한다. 그리고 제시된 학습내용의 이해를 위해 다양한 전략을 사용해야 한다. 적절한 예(example)와 비예(non-example) 제시, 적절한 연결어 사용, 중요한 부분에 대해서는 단서를 제공하고 노트정리를 하도록 격려해야 한다. 또한 복잡한 수업내용 이해를 위해서는 적절한 표와 그림으로 도식화하여 제공할 필요가 있다.

넷째, 수업과정에 있어 교사의 질문은 학생들의 호기심을 자극하고 본인들이 무엇을 알고 모르는가를 점검하는 기회를 제공한다. 교사는 질문을 하는 데 있어 개방적인 질문을 해야 하고 학생들이 대답할 수 있는 2~3초 정도의 **대기시간**(waiting time)을 주어야 한다. 질문에 대한 답변이 학생들 사이에 오고

표 10-1 수업내용 설명 시 고려사항

전달	• 적절한 동선 유지, 단 지나치게 움직이는 것은 피한다. • 일상생활의 사례를 통해 구체적인 설명을 제공한다. • 한 주제에 대해 한 번에 6분 이상 말하지 않는다.
목소리	• 자연스러운 대화체로 목소리에 변화를 주고 편안한 속도로 말한다. • 준비한 자료나 교재를 읽는 것은 절대 피해야 한다. • 핵심을 제시한 후 잠시 멈추는 것은 강조하는 좋은 방법이다.
시선처리	• 학생들과 시선을 완전히 마주친 후에 말한다. • 학생들과 골고루 눈을 마주칠 수 있도록 노력한다. • 수업시간 동안 계속적으로 학습자와의 시선접촉이 되도록 한다.
몸동작	• 자연스러운 몸동작이 바람직하다. • 주머니에 손을 넣거나, 손으로 깍지, 허리에 손을 얹거나, 교탁에 기대는 등의 자세는 피한다.
시각자료	• 문자보다는 시각자료 내용이 오래 기억된다. • 시각자료로 언어 강조/명료화하여 학생들이 요점을 기억하도록 한다. • 과도한 시각자료의 사용은 오히려 학습효과를 반감시킨다.

갈 수 있도록 해야 하며 학생의 답변에 대해서 정오 피드백보다는 구체적인 정보 제공적인 피드백을 해야 한다.

다섯째, 교수자의 **설명능력**은 매우 중요하다. 수업내용 설명 시 전달방법, 목소리, 시선, 제스처, 시각자료 제공에 있어서 다음과 같은 요소를 고려해야 한다(박숙희, 염명숙, 2013).

그리고 최근에는 교사의 교수기술 개선과 좋은 수업을 위해 수업컨설팅이 이루어지고 있다. 교사가 자신의 수업을 영상으로 촬영하여 본인 스스로 살펴보면서 개선해야 할 교수기술을 파악할 수도 있지만 동료 교사 또는 전문 수업 컨설턴트에게 의뢰하여 조언을 듣는 것도 교사의 교수기술을 향상시키는 한 방법이다.

표 10-2 수업을 위한 교수자 행동 체크리스트

	교수자 행동
수업 준비	학기마다 새로운 교수방법을 배워서 적용한다
	가르치는 교과를 지속적으로 연구한다
	수업 전 수업목표에 맞는 학습방법과 전략을 세운다
	수업 전 수업노트나 교수-학습 자료를 준비한다
	수업계획서를 구체적이고 성실하게 작성한다
수업 구조화	수업도입에서 수업의 구체적인 목표를 제시한다
	수업도입에서 이전 시간 학습내용을 다시 설명한다
	수업도입에서 수업내용의 전체적인 개요를 제시한다
	학생의 이해를 돕기 위한 다양한 예를 제시한다
	중요한 내용은 반복, 강한 어조로 강조한다
	수업중에 수업내용을 요약하거나 개괄한다
	수업목표가 얼마나 잘 달성되었는가를 평가한다
	마무리에 전체적인 요약을 제공한다
	차시학습에 대한 예고와 준비과제를 설명한다

상호작용	학생들이 수업에 적극적으로 참여하도록 격려한다
	학생들에게 질문을 하고 적절한 피드백을 제공한다
	학생들이 수업에 참여하도록 다양한 활동을 제공한다
	학생들과 관심사를 파악하고 수업내용과 관련된 다양한 예를 제시한다.
	학생의 호기심을 자극하는 다양한 매체를 활용한다
교수자 행동	역동적이고 열정적으로 수업을 진행한다
	눈 맞춤, 제스처, 동선 등 비언어적 의사소통을 적극적으로 활용한다
	적절한 목소리 크기, 고저, 중요한 부분 강조가 있는 역동적인 의사소통을 한다.

오선아, 임태형(2019), 수정하여 작성함

교사의 전문성 개발(김희수, 최정선, 홍성훈, 2014; 정미경 외, 2021)

　교사 **전문성**이란 교사의 직무수행에 필요한 능력, 자질, 성향, 가치, 기술, 행동양식과 그것을 가능하게 하는 여러 가지 요인을 포함하는 개념이다. 교육부는 단순히 교원 생애 단계에 따른 연수지원에 국한되지 않고 개별교원에게 맞춤형 연수체제를 마련하여 교원 전문성을 증진하고자 한다. 또 4차 산업혁명과 COVID−19 이후의 새로운 교육플랫폼의 변화에 적응하기 위한 교원역량 제고를 위한 패러다임적 변화를 모색하고 있다(교육부, 2021). 오프라인에서의 집합형 연수방식뿐만 아니라 비대면(Untact) 트렌드에 맞춰, 원격 및 에듀테크 기반의 교원연수 체제를 마련하고 있다.

　교사의 자기계발은 교육기본법 제14조 제1항 '교원의 전문성에 대한 존중'과 제2항 '교원은 교육자로서 갖추어야 할 품성과 자질을 향상시키기 위하여 노력하여야 한다.'라는 규정에 근거하여 교사는 교육활동의 주체로서 자기계발을 위해 노력해야 한다. **교원연수**란 교원이 직무를 수행하는 데 필요한 지식, 기술, 태도 등을 임용 이전에 장기적인 교육을 통해 이루어진 것이라면 재직기

간 중에 있어서도 계속적인 교육을 통해 그러한 능력을 유지, 개선, 강화해야 한다.

교원연수는 기관중심, 학교중심, 개인중심으로 분류하여 실시된다. 기관중심의 교원연수는 교육부 산하 연수기관이 지도하며 자격연수, 직무연수, 특별연수로 구분된다. 자격연수는 교원자격취득을 위한 연수로 1·2급 정교사, 교감·원감연수, 교장·원장 자격연수, 전문상담, 사서, 보건, 영양교사와 같은 비교과 자격연수가 있다. 직무연수는 직무수행에 필요한 능력을 배양하는 연수이며, 특별연수는 전문지식 습득을 위한 연수를 말한다.

학교중심 교원연수는 각급 학교장의 책임하에 실시되는 것으로 학교 자체의 연간 교육활동계획에 따라 실시된다. 학교중심 교원연수는 주로 연구수업, 교과연수, 직원연수, 전달강습 등의 교내 자율장학 형태로 실시된다. 개인중심 교원연수(자기장학)는 교원 스스로 자신의 전문성 신장과 자기계발을 위한 자율연수 형태로 운영된다. 학위취득을 위한 대학원 진학, 교원연수원 등록을 위한 자격 및 직무연수, 사설학원이나 평생교육시설 프로그램 등의 연수활동 참여가 개인중심 교원연수라고 할 수 있다.

참고영상

- EBS 다큐프라임 학교의 고백 6부 잘난 아이들
  https://www.youtube.com/watch?v=ClZrnuzTNDU

- EBS 왜 우리는 대학에 가는가? 5부 말문을 터라
  (학생들은 결코 질문하지 않는다)
  https://youtu.be/p3ebrJp5G_0

- 교사는 어떻게 탄생하는가? 세바시 1037회
  https://youtu.be/YOGZjGgxotY

01 2011 초등

교직관에 대한 설명으로 가장 적절한 것은?

① 노동직관은 일부에서 주장되고 있지만 아직은 법적으로 전혀 인정되지 않고 있다.

② 전문직관은 교원 양성기관의 설립과 자격제도의 도입으로 설명될 수 있는 교직관이다.

③ 성직관은 성직자가 교직을 담당하였던 것에서 유래한 것으로, 오늘날 전면 부정되고 있다.

④ 공직관은 국가공무원 신분에 근거한 것이므로 공, 사립학교 교원에게는 해당되지 않는다.

⑤ 성직관, 전문직관, 노동직관, 공직관은 상호 배타적이기 때문에 한 시대에 공존할 수 없다.

02 2009 초등

다음은 어떤 심리적 현상에 관한 내용인가?

> 초등학교에서 학년 초 학생들에게 지능검사를 실시한 후 무작위로 20%를 선정하여 반을 편성하고 담임교사에게 그 학생들이 1년 후 놀랄만한 지적 성장을 할 것이라고 말해주었다. 그 결과 학년 말에 그들은 다른 반 학생보다 지능지수가 유의하게 향상되었다. 이처럼 교사의 기대가 학생들의 성취에 미치는 긍정적 현상을 (   )라 한다.

03 2008 중등

낙인이론에 관한 설명 중 옳지 않은 것은?

① 낙인은 추측 → 고정화 → 정교화의 순서로 이루어진다.

② 낙인의 주요 요인에는 성, 인종, 외모, 경제적 배경 등이 있다.

③ 낙인에 따른 교사의 차별적인 기대는 학생의 자기지각에 영향을 준다.

④ 낙인이론은 학교에서 교사와 학생 간의 상호작용을 연구하는 데 활용된다.

CHAPTER 1   1. ③   2. ③   3. ①   4. ④   5. ②

CHAPTER 2   1. ③   2. ①   3. ③   4. ④   5. ①   6. ①

CHAPTER 3   1. ③   2. ①   3. ③   4. ③   5. ①

CHAPTER 4   1. ②   2. ①   3. ④   4. ③   5. ③   6. ③

CHAPTER 5   1. ③   2. ④   3. ③   4. ①   5. ①

CHAPTER 6   1. ③   2. ⑤   3. ④   4. ③

CHAPTER 7   1. ①   2. ④   3. ④   4. ④   5. ④   6. ④

CHAPTER 8   1. ②   2. ①   3. ②   4. ①   5. ④

CHAPTER 9   1. ③   2. ③   3. ④   4. ④   5. ④   6. ②

CHAPTER 10   1. ②   2. 피그말리온 효과   3. ①

ANSWER

CHAPTER 1 교육학의 이해

강창동(2014). 교육사회학의 이해. 서울: 학지사.

권대훈(2016). 교육평가. 서울: 학지사.

성태제(2014). 교육평가의 기초. 서울: 학지사.

성태제, 강대중, 강이철, 곽덕주, 김계현, 김천기, 김혜숙, 봉미미, 유재봉, 이윤미, 이윤식, 임웅, 홍후조(2012). 최신교육학개론. 서울: 학지사.

신현숙, 오선아, 류정희, 김선미(2020). 교육심리학. 서울: 학지사.

우치타 타츠루(2012). 좋은 선생도 없고 선생 운도 없는 당신에게 스승은 있다. 박동섭 역. 서울: 도서출판 민들레.

유재봉(2002). 현대 교육철학 탐구. 파주: 교육과학사.

이병승, 우영효, 배제현(2008). 쉽게 풀어 쓴 교육학. 서울: 학지사.

이지헌, 김누리, 김수정, 김영록, 김희봉, 노석준, 손승남, 이두휴, 이정화(2010). 교육학의 이해. 서울: 학지사.

이창덕, 임칠성, 심영택, 원진숙(2007). 삶과 화법. 서울: 박이정.

정범모(1968). 교육과 교육학. 서울: 배영사.

정윤경(2010) 교사를 위한 교육철학. 파주: 교육과학사.

홍은숙, 이한규, 김재춘, 김영화, 김재웅(2011). 파주: 교육과학사.

Dewey, J. (1916). Democracy and education: An introduction to the philosophy of education. New York: MacMillan.

Dewey, J. (1944). Democracy and Education. New York: The Free Press.

Durkheim, E. (2006). *Education et Sociologie*. Paris, PUF.

Peters, R. S. (1966). The Philosophy of Education. Oxford: Oxford University Press.

CHAPTER 2 교육철학의 기초

고려대학교 교육문제연구소 편(2010). K 교육학. 서울: 원미사.

고미숙(2013). 교육철학. 서울: 문음사.

데구치 하루아키(2021). 철학과 종교의 세계사. 서수지 역. 서울: 까치.

참 고 문 헌

목영해, 양진건, 이형재, 한규원(2010). 교육의 역사와 철학. 파주: 교육
　　과학사.

서울대학교사범대학교육연구소 편(1981). 교육학용어사전. 서울: 배영사.

성태제, 강대중, 강이철, 곽덕주, 김계현, 김천기, 김혜숙, 봉미미, 유재봉,
　　이윤미, 이윤식, 임웅, 홍후조(2012). 최신교육학개론. 서울: 학지사.

이돈희(1999). 교육정의론. 파주: 교육과학사.

이병승, 우영효, 배제현(2008). 쉽게 풀어 쓴 교육학. 서울: 학지사.

조발그니, 류정희(2013). 교육학의 기초. 서울: 청목출판사.

Blake, N., Smeyer, P., Smith, R., & Standish, P.(ed). (2003). The
　　Blakwell Guide to the Philosophy of Education. Oxford:
　　Blackwell.

Durey, A., & Larcher, C., (2005). "Philosophie de l'éducation", in
　　Dinctionnaire de l'éducation de de la formation. (Ed. Champy,
　　P., & Etévé, C.). Paris: RETZ.

CHAPTER 3　교육심리학의 기초

권대훈(2016). 교육심리학의 이론과 실제. 서울: 학지사.

김성열, 강현석, 김석우, 김회수, 도승이, 박인우, 박주병, 성기선, 손은령,
　　신종호, 이길재, 이상무, 이희수, 정제영(2021). 미래교사를 위한
　　교육학개론. 서울: 학지사.

김춘경, 이수연, 이윤주, 정종진, 최웅용(2016). 상담학 사전. 서울: 학지사.

성태제, 강대중, 강이철, 곽덕주, 김계현, 김천기, 김혜숙, 봉미미, 유재봉,
　　이윤미, 이윤식, 임웅, 홍후조(2014). 최신교육학개론. 서울: 학지사.

신종호(2008). 연구로 본 교육심리학: 잠재능력의 계발. 서울: 학지사.

신현숙, 오선아, 류정희, 김선미(2020). 교육심리학. 서울: 학지사.

이신동, 강창동, 구자억, 김동일, 김복영, 김희규, 모경환, 박성옥, 박춘성,
　　이정기, 정대용, 정윤경, 최철용(2020). 새로운 교육학개론. 서울:
　　학지사.

임상훈, 박선희, 윤소희, 이상우, 이전이, 이혜정, 권양이, 최태진(2022).
　　기초를 세우는 교육학개론. 파주: 교육과학사.

조발그니, 류정희(2013). 교육학의 기초. 서울: 청목출판사.

Campbell, L., Campbell, B., & Dickinson, D. (2009). 다중지능과 교수-학습 [*Teaching & Learning through Multiple Intelligences*]. (이신동, 정종진, 이화진, 이정규, 김태은 공역). 서울: 시그마프레스. (원저는 2003년에 출판)

Caruso, D. R., Mayer, J. D., & Salovey, P. (2002). Emotional intelligence and emotional leadership. In R. Riggio, S. Murphy, & F. J. Pirozzolo (Eds.), *Multiple intelligences and leadership* (pp. 55-74). Mahwah, NJ: Lawrence Erlbaum Associates.

Collaborative for Academic, Social and Emotional Learning (CASEL). (2017). Retrieved from http://www.casel.org.

Gardner, H. (1987). Beyond the IQ: Education and human development. *Harvard Educational Review, 57*(2), 187-196.

Goleman, D. (1995). *Emotional intelligence*. New York: Bantam Books.

Guilford, J. P. (1968). *Creativity, intelligence, and their educational implications*. San Diego, CA: Robert Knapp.

Lepper, M. R., Greene, D., & Nisbett, R. E. (1973). Undermining children's intrinsic interest with extrinsic reward: A test of the "overjustification" hypothesis. *Journal of Personality and social Psychology, 28*(1), 129-137.

Piaget, J., & Inhelder, B. (1956). *The child's concept of space*. London: Routledge & Paul.

Thorndike, E. L. (1905). *The elements of psychology*. New York: A. G. Seiler.

Torrance, E. P. (1977). *Creativity in the classroom: What research says to the teacher*. Washington DC: NEA.

REFERENCE

참고문헌 **255**

참 고 문 헌

CHAPTER 4 교육사회학의 기초

강창동(2014). 교육사회학의 이해. 서울: 학지사.

김병성(2017). 교육사회학. 서울: 학지사.

김병욱(2012). 교육사회학. 서울: 학지사.

김신일(2015). 교육사회학. 서울: 교육과학사.

김영화(2010). 교육사회학. 서울: 교육과학사.

김천기(2018). 교육의 사회학적 이해. 서울: 학지사.

목영해(1994). 후 현대주의 교육학. 파주: 교육과학사.

목영해, 박균섭, 송도선, 강기수(2010). 교육의 철학과 역사. 파주: 교육
과학사.

이종각(1996). 교육사회학총론. 서울: 동문사.

조발그니(2005). 프랑스 ZEP이 한국의 교육복지투자우선지역 정책보완
에 주는 시사점. 교육사회학연구, 15(3), 239-262.

조발그니, 류정희(2013). 교육학의 기초. 서울: 청목출판사.

Hargreaves, D. H. (1975) Interpersonal Relations and Education:
Student Edition, Routledge and Keegan Paul Ltd.

Wills, P.(2004). 학교와 계급재생산: 반학교문화, 일상, 저항. 김찬호 역.
서울: 이매진.

CHAPTER 5 교육과정의 기초

고려대학교 교육문제연구소 편(2010). K 교육학. 서울: 원미사.

교육부. 2022 개정 교육과정 총론 주요사항(시안). (2021.11.24).

구병두, 최종진, 김부국, 김상남, 차승봉, 박균달, 정의식, 김경민, 이범석,
이경철, 구희진(2017). 교육과정. 경기: 양서원.

김대현(2011). 교육과정의 이해. 서울: 학지사.

김재춘, 부재율, 소경희, 양길석(2010). 예비, 현직 교사를 위한 교육과정
과 교육평가. 서울: 교육과학사.

김희수, 최정선, 홍성훈(2014). 이해하기 쉽게 쓴 교육학개론. 서울: 동문사.

손충기(2011). 교육과정. 서울: 태영출판사.

안영진, 고연경(2018). 교육학개론, 서울: 동문사.

이지헌, 송현종, 이두휴, 손승남, 이정화, 김희봉, 김희봉, 김영록, 이순덕, 곽유미, 임배(2018). 교육학개론. 서울: 학지사.

이홍우(2006). 지식의 구조와 교과. 서울: 교육과학사.

정미경, 조금주, 권재기, 김한나, 안혜진, 이유정(2021). 교육학개론. 고양: 공동체.

조발그니(2011). 교육학강의노트. 목포: 목포가톨릭대학교 출판부.

홍후조(2011). 알기쉬운 교육과정. 서울: 학지사.

CHAPTER 6   **교육행정의 기초**

강연흥(2017). 자율경영을 위한 학교장의 리더십. 서울교육, 228호.

국가법령정보센터(2020). Retrieved from https://www.law.go.kr.

김달효(2011). 교육행정 및 교육경영. 서울: 학지사.

김성열, 강현석, 김석우, 김회수, 도승이, 박인우, 박주병, 성기선, 손은령, 신종호, 이길재, 이상무, 이희수, 정제영(2021). 미래교사를 위한 교육학개론. 서울: 학지사.

양병찬(2020). 지역과 함께 하는 교육, 교육협력 거버넌스, *교육정책포럼, 322*, 4-8.

윤정일, 송기창, 조동섭, 김병주(2010). 교육행정원론. 서울: 학지사.

이신동, 강창동, 구자억, 김동일, 김복영, 김희규, 모경환, 박성옥, 박춘성, 이정기, 정대용, 정윤경, 최철용(2020). 새로운 교육학개론. 서울: 학지사.

정미경, 조금주, 권재기, 김한나, 안혜진, 이유정(2021). 교육학개론. 고양: 공동체.

조발그니, 류정희(2013). 교육학의 기초. 서울: 청목출판사.

주삼환, 천세영, 김택균, 신봉성, 이석열, 김용남, 이미라, 이선호, 정일화, 김미정, 조성만(2010). 교육행정 및 교육경영. 서울: 학지사.

Paul, J. (1999). Administrer, gérer, évaluer les systèmes éducatifs. Paris: ESF.

참 고 문 헌

CHAPTER 7 교육방법 및 교육공학의 기초

고려대학교 교육문제연구소 편(2010). K 교육학. 서울: 원미사.

권대훈(2009). 교육심리학의 이론과 실제. 서울: 학지사.

김보경(2018). 학교수업 설계를 위한 교육방법 및 교육공학. 서울: 학지사.

나일주(2010). 교육공학 관련 이론. 서울: 교육과학사.

류지헌, 김민정, 김소영, 김혜원, 손찬희, 이영민, 임걸(2013). 교육방법
　　　및 교육공학. 서울: 학지사.

박숙희, 염명숙(2009). 교수-학습과 교육공학. 서울: 학지사.

백영균, 한승록, 박주성, 김정겸, 최명숙, 변호승, 박정환, 강신천, 윤성철
　　　(2015). 스마트 시대의 교육방법 및 교육공학. 서울: 학지사.

변영계, 김영환, 손미(2000). 교육방법 및 교육공학. 서울: 학지사.

서울대학교 교육연구소(1999). 교육학 용어사전. 서울: 하우동설.

유승우, 임형택, 권충훈, 이성주, 이순덕, 전희정(2018). 교육방법 및 교육
　　　공학. 양서원.

이병승, 우영효, 배제현(2021). 쉽게 풀어 쓴 교육학. 서울: 학지사.

이용남, 신현숙(2011). 교육심리학. 서울: 학지사.

이인숙, 한승연, 임병노(2010). 교육공학·교육방법. 서울: 도서출판 문음사.

이지헌, 송현종, 이두휴, 손승남, 이정화, 김희봉, 김영록, 이순덕, 곽유미,
　　　임배(2018). 교육학개론. 서울: 학지사.

장경원, 이미영, 김정민, 박문희, 전미정, 이수정(2019). 알고 보면 만만한
　　　PBL수업. 서울: 학지사.

정미경, 한윤영, 권재기, 안혜진(2020). 효과적인 수업을 위한 교육방법
　　　및 교육공학. 고양: 공동체.

최영주(2015). 미술치료 수업에서 PBL적용. 한국재활심리학회, 22(3),
　　　531-547.

Barrows, H. S., & Myers, A. C. (1993). Problem-Based Learning in
　　　Secondary Schools. Unpublished monograph. Springfield, IL:
　　　Problem-Based Learning Institute, Lanphier High School and
　　　Southern Illinois University Medical School.

Newby, Stepich, Lehman, Russell(2008). 교수·학습을 위한 교육공학.
　　　노석준, 오선아, 오정은, 이순덕 역. 서울: 학지사.

Reigeluth, C. M. (1999). What is instructional design theories. In C, M. Reigeluth (Ed.), Instructional Design Theories and Models. NJ: Lawrence Erlbaum Associates.

Sternberg & Williams(2003). 교육심리학. 전윤식, 허승희, 정명화, 황희숙, 강영심, 유순화, 신경숙, 강승희, 김정섭 역. 서울: 시그마프레스

CHAPTER 8 교육평가의 기초

교육부(2021). 2022 개정 교육과정 총론 주요사항(시안).

국정기획자문위원회(2017). 문재인 정부 국정운영 5개년 계획.

권대훈(2016). 교육평가. 서울: 학지사.

김경희, 이명진(2021). 교수학습과 학생평가 개선을 위한 서·논술형 평가 지침 활용 및 피드백 효과 제고 방안. 교육과정평가연구, 24(3), 27-51.

김석우(2015). 교육평가의 이해. 서울: 학지사.

김성열, 강현석, 김석우, 김회수, 도승이, 박인우, 박주병, 성기선, 손은령, 신종호, 이길재, 이상무, 이희수, 정제영(2021). 미래교사를 위한 교육학개론. 서울: 학지사.

박철홍, 강현석, 김석우, 김성열, 김회수, 박병기, 박인우, 박종배, 박천환, 성기선, 손은령, 이희수, 조동섭(2014). 현대 교육학개론. 서울: 학지사.

성태제(2016). 교육평가의 기초(2판). 서울: 학지사.

성태제, 강대중, 강이철, 곽덕주, 김계현, 김천기, 김혜숙, 봉미미, 유재봉, 이윤미, 이윤식, 임웅, 홍후조(2014). 최신 교육학개론. 서울: 학지사.

이병승, 우영효, 배제현(2021). 쉽게 풀어 쓴 교육학. 서울: 학지사.

이지헌, 송현종, 이두휴, 손승남, 이정화, 김희봉, 김영록, 이순덕, 곽유미, 임배(2018). 교육학개론. 서울: 학지사.

정명화, 이로미(2020). 교육학개론. 고양: 공동체.

한국교육과정평가원(2017). 과정을 중시하는 수행평가, 이렇게 해요! KICE 연구·정책브리프 vol.5.

한국교육과정평가원(2019). 수업과 연계한 과정 중심 평가, 어떻게 할까

REFERENCE

요? KICE연구·정책브리프 vol.14.

홍성열(2002). 사회과학도를 위한 기초통계. 서울: 학지사.

Newby, Stepich, Lehman, Russell(2008). 교수·학습을 위한 교육공학.
　　　노석준, 오선아, 오정은, 이순덕 역. 서울: 학지사.

CHAPTER 9 생활지도와 상담

강갑원(2004). 상담이론과 실제. 파주: 교육과학사.

권대훈(2009). 교육심리학의 이론과 실제. 서울: 학지사.

김광웅(2007). 현대인과 정신건강. 서울: 시그마프레스.

노안영(2005). 상담심리학의 이론과 실제. 서울: 학지사.

신효정, 송미경, 오인수, 이은경, 이상민, 천성문(2016). 생활지도와 상담.
　　　서울: 박영story.

이성진, 임진영, 여태철, 김동일, 신종호, 김동민, 김민성, 이윤주(2010).
　　　교육심리학 서설. 서울: 교육과학사.

이용남, 신현숙(2011). 교육심리학. 서울: 학지사.

이장호(1991). 단기상담의 주요이론과 접근방법. 한양대학교 학생생활연
　　　구소 단기상담과 위기개입 세미나 자료집. 미간행 자료.

정순례, 양미진, 손재환(2020). 청소년상담 이론과 실제. 서울: 학지사.

허일범, 이수진(2011). 이젠 내 힘으로 공부할 수 있어요. 한국학술정보.
　　　경기도 파주.

CHAPTER 10 교사론

강유정, 김영훈, 장기풍, 최화숙(2018). 교육학개론. 서울: 동문사.

교육부(2021). 2022년 교원 연수 중점 추진방향. 교육부 교원양성연수과
　　　(2021.10)

김병욱(2007). 교육사회학. 서울: 학지사.

김병욱(2012). 교육사회학. 서울: 학지사.

김진한(2007). 교사를 위한 교육학. 서울: 학지사.

김현수(2012). 행복한 교실을 만드는 희망의 심리학. 에듀니티.

김희수, 최정선, 홍성훈(2014). 이해하기 쉽게 쓴 교육학개론. 서울: 동문사.

박숙희,염명숙(2013). 교수·학습과 교육공학, 서울: 학지사.

서준호(2021). 교사의 자존감. 서울: 알에이치코리아.

오선아, 임태형(2020). 대학교수 대상 수업컨설팅이 교수행동의 중요도와 실천도에 미치는 효과. 학습자중심교과교육연구. 20 (1), 687-704.

이지헌, 김영록, 김희봉, 노석준, 손승남, 송현종, 이두휴, 이정화(2012). 교육학의 이해. 서울: 학지사.

정미경, 조금주, 권재기, 김한나, 안혜진, 이유정(2021). 교육학개론. 고양: 공동체.

조발그니(2012). 지방사립대학교 간호학과 여학생들의 직업인식, 직업능력개발연구, 15(1), 103-127.

저자 소개

조발그니

전남대학교 대학원 교육학과 교육사회학 전공(교육학박사)
현 목포가톨릭대학교 유아교육과 교수

류정희

전남대학교 대학원 교육학과 학교심리 전공(교육학박사)
현 광주대학교 청소년상담평생교육학과 교수

오선아

전남대학교 대학원 교육학과 교육공학 전공(교육학박사)
현 광주대학교 교육혁신연구원 교수

김진영

전남대학교 대학원 교육학과 교육공학 전공(교육학박사 수료)
현 서영대학교 유아교육과 교수

김선미

전남대학교 대학원 교육학과 학교심리 전공(교육학박사)
현 동강대학교 유아교육과 교수

교육학의 이해

초판발행   2022년 2월 28일

지은이   조발그니 · 류정희 · 오선아 · 김진영 · 김선미
펴낸이   노 현

편 집   김다혜
기획/마케팅   이후근
표지디자인   이소연
제 작   고철민 · 조영환

펴낸곳   ㈜ 피와이메이트
              서울특별시 금천구 가산디지털2로 53, 한라시그마밸리 210호(가산동)
              등록 2014. 2. 12. 제2018-000080호
전 화   02)733-6771
f a x   02)736-4818
e-mail   pys@pybook.co.kr
homepage   www.pybook.co.kr
ISBN   979-11-6519-251-8   93370

정 가   19,000원

박영스토리는 박영사와 함께하는 브랜드입니다.